全国高职高专规划教材——工学结合教材

仓储与配送管理实务

浦玲玲　主编

中国环境出版社 · 北京

图书在版编目（CIP）数据

仓储与配送管理实务/浦玲玲主编. —北京：中国环境出版社，2016.1

全国高职高专规划教材. 工学结合教材

ISBN 978-7-5111-2568-2

Ⅰ. ①仓… Ⅱ. ①浦… Ⅲ. ①仓库管理—高等职业教育—教材②物流配送中心—企业管理—高等职业教育—教材 Ⅳ. ①F253

中国版本图书馆 CIP 数据核字（2015）第 231654 号

出 版 人　王新程
责任编辑　黄晓燕　侯华华
责任校对　尹　芳
封面设计　宋　瑞

出版发行　中国环境出版社
（100062　北京市东城区广渠门内大街 16 号）
网　　址：http://www.cesp.com.cn
电子邮箱：bjgl@cesp.com.cn
联系电话：010-67112765（编辑管理部）
010-67112735（环评与监察图书分社）
发行热线：010-67125803，010-67113405（传真）

印　　刷　北京市联华印刷厂
经　　销　各地新华书店
版　　次　2016 年 1 月第 1 版
印　　次　2016 年 1 月第 1 次印刷
开　　本　787×960　1/16
印　　张　18
字　　数　324 千字
定　　价　31.00 元

编审人员

主　　编　浦玲玲（南通科技职业学院）

副 主 编　季　敏（南通职业大学）

任积丽（南通科技职业学院）

冒　昊（林森物流集团有限公司）

编写人员　艾小玲（南通科技职业学院）

陆　娟（南通科技职业学院）

余　燕（南通科技职业学院）

彭　璐（南通科技职业学院）

李克卫（南通科技职业学院）

主　　审　蒋庆飞（江苏通邦物流信息咨询有限公司）

序　言

工学结合人才培养模式经由国内外高职高专院校的具体教学实践与探索，越来越受到教育界和用人单位的肯定和欢迎。国内外职业教育实践证明，工学结合、校企合作是遵循职业教育发展规律，体现职业教育特色的技能型人才培养模式。工学结合、校企合作的生命力就在于工与学的紧密结合和相互促进。在国家对高等应用型人才需求不断提升的大环境下，坚持以就业为导向，在高职高专院校内有效开展结合本校实际的“工学结合”人才培养模式，彻底改变了传统的以学校和课程为中心的教育模式。

《全国高职高专规划教材——工学结合教材》丛书是一套高职高专工学结合的课程改革规划教材，是在各高等职业院校积极践行和创新先进职业教育思想和理念，深入推进工学结合、校企合作人才培养模式的大背景下，根据新的教学培养目标和课程标准组织编写而成的。

本套丛书是近年来各院校及专业开展工学结合人才培养和教学改革过程中，在课程建设方面取得的实践成果。教材在编写上，以项目化教学为主要方式，课程教学目标与专业人才培养目标紧密贴合，课程内容与岗位职责相融合，旨在培养技术技能型高素质劳动者。

前　言

当前，物流业已成为我国经济新的增长点，物流业人才已成为我国 12 种紧缺人才之一。仓储与配送活动作为现代物流系统中的重要环节，在现代商品流通中的作用很大，它通过对商品的保管储存、装卸搬运、流通加工、配送、订单处理和信息处理等工作的统一管理，降低流通成本，提高物流效率。

本教材是根据技术领域和职业岗位（群）对仓储与配送专业人员的要求，基于工作任务分析得出 36 项工作任务，从 36 项工作任务中进行提炼分析得出 9 个典型工作任务：仓储与配送商务操作，入库检验、理货，在库盘点，出库备货，出库作业，退货作业，仓库安保，仓库信息，配送调度。将典型工作任务转化成学习项目才能实现教学需求，从而决定了整个教材的编写思路是基于仓储与配送工作流程而设计的。本教材设置一个第三方物流企业的背景，学生在学习过程中可以逐步掌握仓储与配送工作过程中的基本技能。

本教材的特色是以真实物流企业仓储与配送工作流程为依据，在多年物流实战和教学经验的基础上，邀请了行业协会专家、物流企业主管和具有丰富实践教学经验的“双师型”骨干教师编写而成。同时，本教材还吸收了我们近几年教学改革的最新成果，力求使教室还原为工作场所、教学内容工作情境化，开展理论和实践一体的“教、学、做”相融合的仿真教学。同时实习内容还融入了近些年的全国物流技能竞赛要求，更进一步强化学生的实践动手能力培养。

本书由浦玲玲主编，季敏、任积丽、冒昊副主编，艾小玲、陆娟、余燕、彭璐、李克卫参编。蒋庆飞负责本书的主审。在本书的编写过程中，引用了许多同行的成果，参考了大量的相关资料，林森物流集团有限公司给予了很大的支持。在此，谨向相关专家和作者及林森物流集团的相关领导表示感谢！

由于编者水平有限，书中疏漏、错误之处在所难免，恳请读者提出宝贵意见。

编　者

2015年1月

目　录

项目一　仓储企业认知

【学习目标】

1．理解仓储及仓储管理的概念，理解仓储的种类，掌握通过设计调查问卷对某企业进行仓储现状调研的技能。

2．了解各类仓库设备的适用条件，能识别仓库设施设备，能熟练操作常见的仓库设备。

3．理解仓库平面布局的要求，具备依据作业流程进行仓储企业平面布局的能力。

4．了解仓储企业组织结构及岗位设置，具有仓储企业组织结构设计和岗位职责制定技能。

任务 1　企业仓储配送管理现状调研

【任务描述】

仓储一直以来不被企业重视。企业一般只把仓库当做是一个货物进出的地方，一个消耗人力、物力、财力的地方，一个不能产生任何经济效益的地方，因此对仓储这一环节的投入是少之又少。这直接导致了仓储技术设备和仓储管理水平的落后，仓库功能结构的单一，也导致了客户服务水平的不高，这实际上导致了仓储环节的运营成本过高，拖累了企业业绩的提升。对某地区企业的仓储现状进行调查，思考存在的问题以及今后的改进措施。

【任务引导】

1．请结合下列企业分别进行分析企业为什么需要仓储活动。

（1）生产企业——常州速派奇车业有限公司。

（2）零售企业——苏宁云商（苏宁电器）。

（3）批发企业——常州凌家塘蔬菜批发市场。

（4）麦德龙——仓储式超市。

（5）常州粮食现代物流中心——常州城北国家粮食储备库。

2．请结合以下问题分析仓储类型有哪些种类。

（1）常州速派奇车业有限公司自己建造仓库进行原材料、零部件与成品的仓储。

（2）上海申美饮料有限公司将南通大区的仓储配送业务外包给林森物流集团有限公司。

3. 仓储功能可以分为基本功能和增值服务功能，请分析下列仓储活动的功能。

（1）常州速派奇车业有限公司的仓储物流活动。

（2）苏宁云商（苏宁电器）的仓储物流基地。

（3）物流金融网（http：//www.99569.com/index.asp）提供仓单质押的业务，流程如图 1-1 所示。

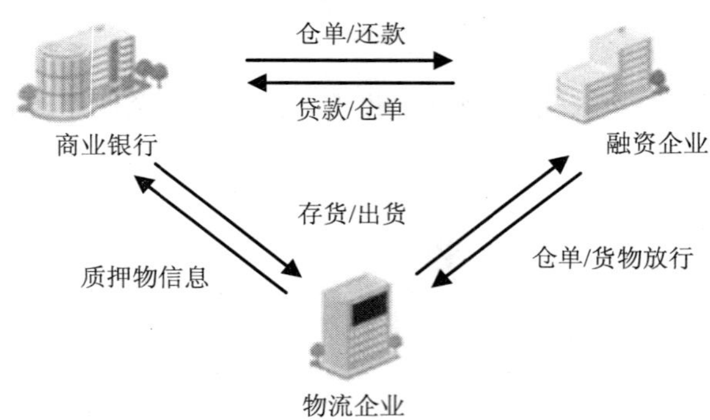

图 1-1　仓单质押的业务流程（图片引自物流金融网）

【知识准备】

仓储随着物资储存的产生而产生，又随着生产力的发展而发展，是商品流通的重要环节之一，也是物流活动的重要支柱。在社会分工和专业化生产的条件下，为保证社会再生产的顺利进行，必须储存一定量的物资，以满足一定时期内社会生产和消费的需要。

一、仓储及仓储管理的概念

所谓仓储，是指以改变“物”的时间状态为目的的活动，通过仓库或特定的场所对物品进行保管、控制等管理，从克服产需之间的时间差异中获得更好的效用。在物流系统中，仓储和运输被视为两大支柱，其原因在于：运输承担了改变“物”的空间状态的重任，而仓储则承担了改变“物”的时间状态的重任。

仓储的性质可归结为：仓储是物资产品的生产过程的持续，物资的仓储也创造着产品的价值；仓储既包含静态的物品贮存，也包含动态的物品存取、保管、控制的过程；仓储活动发生在仓库等特定场所；仓储的对象既可以是生产资料，也可以是生活资料，但必须是实物动产。

仓储管理就是对仓库以及仓库内储存的物资所进行的管理，是仓储机构为了充分利用所具有的仓储资源，提供高效率的仓储服务所进行的计划、组织、协调和控制的过程。具体来说，它包括仓储资源的获取、仓库管理、经营决策、商务管理、作业管理、仓储保管、安全管理、财务管理、劳动人事管理等一系列的管理工作。

二、仓储的种类

仓储的本质都是为了储存和保管，但由于经营主体、仓储对象、经营方式和仓储功能的不同，不同的仓储活动具有不同的特征。仓储的分类见表 1-1。

表 1-1　仓储的分类

分类方法	种　类
仓储经营主体	企业自营仓储
	商业营业仓储
	公共仓储
	战略储备仓储
仓储对象	普通货物仓储
	特殊货物仓储
仓储功能	储存仓储
	物流中心仓储
	配送仓储
	运输中转仓储
仓储物的处理方式	保管式仓储
	加工式仓储
	消费式仓储

三、仓储的功能

从物流角度分析，仓储的功能可以分为基本功能和增值服务功能。仓储的基本功能主要是存储保管、存期控制、数量管理和质量维护；仓储的增值服务功能是指利用物资在仓库的存放，开展多种服务来提高仓储附加值、促进物资流通、提高社会资源效益，主要包括交易中介、流通加工、配送、配载等功能。

（一）基本功能

1．储存保管

储存保管是指在特定的场所，将物品收存并妥善保管，确保被储存的物品不受损害。储存保管是仓储最基本的功能，是仓储产生的根本原因。因为有了产品剩余，需要将剩余产品收存，就形成了仓储。储存的对象必须是有价值的产品，储存要在特定的场地进行。储存的目的是确保储存物的价值不受损害，保管人有义务妥善保管好存储物。存储物始终属于存货人所有，存货人有权控制存储物。

2．存期控制

仓储的物资有可能是长期的存储，也可能只是短时间的周转存储。存期的控制自然就形成了对流通的控制。当交易不利时，可以将商品储存，等待有利的交易机会。流通控制的任务就是对物资是进行仓储还是进入流通做出安排，确定储存时间和储存地点。

3．数量管理

仓储的数量管理包括两个方面：一方面，存货人交付保管的仓储物的数量和提取仓储物的数量必须一致；另一方面，保管人可以按照存货人的要求分批收货和分批出货，对储存的货物进行数量控制。

4．质量维护

根据收货时仓储物的质量交还仓储物是保管人的基本义务。为了保证仓储物的质量不发生变化，保管人需要采用先进的技术和合理的保管措施妥善地保管仓储物。仓储物发生危险时，保管人不仅要及时通知存货人，而且还要及时采取有效的措施减少损失。

（二）增值服务功能

1．交易中介

仓储经营人利用大量存放在仓库的有形资产，利用与物资使用部门广泛的业务联系，开展现货交易中介具有较为便利的条件，同时也有利于加速仓储物的周转和吸引新的仓储业务。仓储经营人利用仓储物进行物资交易不仅会给仓储经营人带来收益，而且还能充分利用社会资源，加快社会资金周转，减少资金沉淀。交易中介功能的开发是仓储经营发展的方向。

2．流通加工

加工本来是生产的环节，但随着消费的个性化、多样化发展，生产企业将产品的定型、分装、组配、装潢等工序留到最接近销售的仓储环节进行，使得仓储成为流通加工的重要环节。

3．配送

设置在生产和消费集中地区附近的从事生产原材料、零部件或产成品的仓储，对生产车间和销售点的配送成为其基本的增值服务。根据生产进度和销售的需要，仓库不间断地、小批量地将仓储物送到生产线、零售商店或收货人手上。仓储配送业务的发展有利于生产企业降低存货，减少固定资金的投入，实现准时制生产；有利于商店减少存货，降低流通资金使用量，且能保证销售。

4．配载

大多数运输转换仓储都具有配载的功能。货物在仓库集中集货，按照运输的方向进行分类仓储，运输工具到达时出库装运。而在配送中心就是不断地对运输车辆进行配载，确保配送的及时和运输工具的充分利用。

四、仓储业市场调研的方法

关于市场调研的方法有很多，选用的方法是否得当，对调查结果的影响极大。一般有以下几种方法：

（一）询问法

以询问的方式了解情况，收集资料，并将所要调查的问题以面谈、电话、书面等形式向被调查者提出询问，从而获得所需的各种情况和资料。

（二）观察法

通过观察被调查客户的情况来收集资料。比如可以四处走访、观察，听一听客户是如何议论各物流公司的，物流公司各项服务如何。通过这种方法收集的资料一般比较真实，但所花时间太长，花费资金多，同时了解的内容过于表面，无法深入了解问题的实质。

（三）实验法

从影响调查对象的若干个因素中选择一个或几个因素作为实验因素，在保证其他因素均不发生变化的条件下观察实验因素的变化对调查对象的影响程度，为企业的决策提供参考依据。

（四）问卷调查法

问卷调查法是指通过向被调查者发放调查问卷来收集所需信息的方法。采用问卷调查法可以了解客户的认识、看法和喜好程度等，并可以分析处理这些数据，得出结论。问卷调查的关键就是问卷的设计。

【任务实施】

一、任务实施步骤

1. 将学生以每组 5～8 人进行分组，每组选出一位组长，组织协调完成此次任务。
2. 每组通过网络或电话黄页查询确定一家仓储企业，与之取得联系，并进行实地参观调研。
3. 在明确调查目的、对象、方式、组织安排、调研内容后，拟订调查提纲，初步制订调查方案。
4. 设计调查问卷：小组成员根据调查目的设计出仓储配送问卷调查表，内容包括企业性质规模、物流服务内容、仓库类型、仓库设备设施、仓库面积利用率、自有仓库比例、仓库信息化、仓储服务收费、客户满意度等。
5. 调研实施：每组分工合作，采取现场调研、电话咨询、网络调查等方式对该企业仓储配送现状进行调查。
6. 对调查内容进行整理、分析。
7. 各小组根据调查内容完成调研报告，制作汇报 PPT。
8. 每组选一名代表在班级进行调研 PPT 汇报，小组其余同学补充。同时接受别组同学和老师提问。

二、成绩考核

地区仓储业现状调研报告的撰写成绩考核标准

考核小组__________ 组长__________ 小组代表__________

考核内容	考核标准	小组得分	实际得分
地区仓储业现状调研报告的撰写	1．调研方案全面、合理	15 分	
	2．调查问卷设计合理	15 分	
	3．调查报告撰写全面	30 分	
	4．PPT 制作图文并茂	20 分	
	5．回答问题正确	20 分	
合计		100 分	

任务 2　仓库平面布局方案设计

【任务描述】

随着市场需求的扩大与经营管理水平的提升，林森物流集团有限公司可口可乐项目得到客户认可，现中标嘉兴区可口可乐仓储配送项目。根据嘉兴可口可乐项目操作流程及嘉兴区的仓库现状，李某被公司要求对嘉兴仓库（总建筑面积为 3 000 平方米，长 60 米，宽 50 米）进行平面布局，并提交平面布局图。那么李某应如何完成此项任务？

【任务引导】

1．请结合下列企业资料分析所属仓库的种类。

（1）中储发展股份有限公司（简称中国储运）露天货场 350 万平方米，库房 200 万平方米，铁路专用线 78 条长 75 000 米，起重运输设备近千台，年吞吐能力 6 000 多万吨，居于国内仓储行业龙头地位。

（2）2012 年 2 月 28 日，苏果投建的第二家物流基地——苏果淮安物流配送中心在淮安经济技术开发区举行了动工仪式。该中心占地面积 426 亩[①]，建成后年物流总量可达 61 亿元，年货物吞吐量可达 800 万吨，将超越南京马群物流，成为

① 15 亩=1 公顷，后同。

江苏乃至华东地区内最大的物流中心之一。该项目分两期建设，一期工程建有常温配送中心、信息控制中心、配电基础设施、停车场、办公及生活中心等，建筑面积 12 万平方米，2013 年底完工；二期工程建有农副产品加工中心及冷链配送中心、网购配送中心、呼叫中心、职工休息中心等，2014 年底完工。

（3）无锡圣马危险化学品仓储公司占地面积 27 881 平方米，拥有甲类仓库 1 650 平方米、乙类仓库 7 300 平方米、丙类仓库 2 400 平方米，经无锡市安监局批准可以存放的危险品已达 155 种。

（4）如皋粮食储备库，库区占地面积 88 586 平方米，总建筑面积 41 434 平方米。现有 10 幢 20 个廒间高大平房仓，仓容 5 万吨，立筒仓 6 座，仓容 2 万吨，周转仓仓容 1 万吨，总仓容 8 万吨。集办公、结算、军供、粮质检测、信息管理于一体的综合大楼近 5 000 平方米；拥有 300 米长的千吨级的内港池码头，可容纳 4 艘 1 000 吨级的船只同时装卸；有两台固定式吊机和一台移动式吊机，有 2 万平方米的码头场地，设置 100 吨和 30 吨级的电子汽车衡各一座，便于汽车运输计量作业（http：//rglscbk.com/）。

（5）扬子江药业集团有限公司建立了自动化立体仓库，储存量大、自动化程度高、质量保证措施好、安全系数高，而且温度保持在 20 摄氏度以下，湿度 40%～50%。

2．林森物流集团可口可乐项目仓库布局和仓库结构本身有着怎样的关联？

3．根据林森物流集团可口可乐项目仓库布局图，计算各个功能区域面积所占总面积的比例，并分析是否合理。

【知识准备】

仓库是保管、存储物品的建筑物和场所的总称。仓库的概念可以理解为用来存放货物包括商品、生产资料、工具和其他财产，及对其数量和价值进行保管的场所或建筑物等设施，还包括用于防止减少或损伤货物而进行作业的土地或水面。从社会经济活动看，无论是生产领域，还是流通领域都离不开仓库。

一、仓库的分类

（一）按运营形态的不同分类

1．营业仓库

按照仓库业管理条例取得营业许可，保管他人物品的仓库称为营业仓库。营业仓库是社会化的一种仓库，面向社会以经营为手段、以盈利为目的。与自有仓库相比，营业仓库的使用效率更高。第三方物流企业所建的仓库属于营业仓库。

2．自营仓库

自营仓库是指由企业或各类组织自营自管，为自身提供储存服务的仓库。仓库的建设、保管物品的管理以及出入库等业务均由公司自己负责。所保管物品的种类、数量相对确定，仓库结构和装卸设备与之配套。

3．公用仓库

国家或公共团体为了公共利益而建设的仓库称为公共仓库，即为公共事业配套服务的仓库。这是一种专业从事仓储经营管理的、面向社会的、独立于其他企业的仓库。

（二）根据保管条件的不同分类

1．普通仓库

普通仓库是指常温下的一般仓库，用于存放一般的物资，对于仓库没有特殊要求。

2．冷藏仓库

冷藏仓库是指具有冷却设备并隔热的仓库（10℃以下），一般多存放农副产品、特殊药品等对于储存温度有要求的物品。

3．恒温仓库

恒温仓库是指能够调节温度、湿度的仓库（温度在 10～20℃）。

4．特种危险品仓库

特种危险品仓库是用于存放易燃、易爆、有毒、有腐蚀性或有辐射性物品的仓库。危险品由于可能对人体以及环境造成危害，因此在此类物品的储存方面一般会有特定的要求，例如许多化学用品就是危险品，它们的储存都有专门的条例。

（三）根据仓库功能分类

1．储存仓库

储存仓库主要对货物进行保管，以解决生产和消费的不均衡，如秋季生产的大米要在第二年出售，常年生产的化肥要在春、秋季供应，这些问题只有通过仓储来解决。

2．流通仓库

流通仓库除具有保管功能外，还能进行流通加工、装配、简单加工、包装、理货以及配送，具有周转快、附加值高、实践性强的特点，从而减少了在连接生产和消费的流通过程中商品因停滞而产生的费用。

3．配送中心仓库

配送中心仓库是向市场或直接向消费者配送商品的仓库。作为配送中心的仓库，往往具有存货种类众多、存货量较少的特点，还要进行商品包装拆除、配货组合等作业，一般还需开展配送业务。

4．保税仓库

保税仓库是指经海关批准，在海关监管下，专供存放未办理关税手续而入境或过境货物的场所。也就是说，保税仓库是获得海关许可的、能长期储存外国货物的本国国土上的仓库。同样，保税仓库是获得海关许可的能装卸或搬运外国货物并暂时存放的场所。

（四）按照仓库的结构分类

1．单层仓库

单层仓库是最常见的，也是应用最广泛的一种仓库建筑类型，这种仓库只有一层，高度一般不超过 6 米，也就当然的不需要设置楼梯，其造价低，适合人工操作。

2．多层仓库

多层仓库一般占地面积较小，它一般建在人口稠密、土地使用价格较高的地区，由于是多层结构，因此一般使用垂直输送设备来搬运货物。

3．立体仓库

立体仓库又被称为高架仓库，一般高度在 12 米以上，它也是一种单层仓库，但与一般单层仓库的不同在于它利用高层货架来储存货物，而不是简单地将货物堆积在库房地面上。在立体仓库中，由于货架一般比较高，所以货物的存取需要采用与之配套的机械化、自动化设备，一般在存取设备自动化程度较高时也将这样的仓库称为自动化仓库。

4．罐体式仓库

罐体式仓库主要储存石油、天然气和液体化工产品等。

5．简易仓库

简易仓库是指临时代用的一些固定的或活动的简易仓棚等。其构造简单、造价低廉，使用极方便，一般在仓库不足而又不能及时建库的情况下使用。

6．露天堆场

露天堆场是用于在露天堆放货物的场所，一般堆放大宗原材料，或者不怕受潮的货物。

二、仓库结构

（一）平房建筑和多层建筑

仓库的结构，从出入库作业的合理化方面考虑，尽可能采用平房建筑，这样储存产品就不必上下移动，因为利用电梯将储存产品从一个楼层搬运到另一个楼层费时费力，而且电梯往往也是产品流转中的一个瓶颈，因为有许多材料搬运机通常都会竞相利用数量有限的电梯，从而影响库存作业效率。但是在城市内，尤其是在商业中心地区，土地有限且昂贵，为了充分利用土地，采用多层建筑成为最佳的选择。在采用多层仓库时，要特别重视上下楼的通道设计。

（二）仓库出入口和通道

仓库出入口的位置和数量是由建筑的开建长度、进深长度、库内货物堆码形式、建筑物主体结构、出入库次数、出入库作业流程及仓库职能等因素所决定的。仓库出入口尺寸的大小是由卡车是否出入库内，所用叉车的种类、尺寸、台数、出入库次数，保管货物的尺寸大小所决定的。库内的通道是保证库内作业畅顺的基本条件，通道应延伸至每一个货位，使每一个货位都可以直接进行作业，通道需要路面平整和平直，减少转弯和交叉。对载货汽车来说，出入口的宽度和高度的最低限度必须达到 4 米；对叉车来说，出入口的宽度和高度必须达到 2.5～3.5 米。出入口通常采用卷帘式铁门。

（三）立柱间隔

库房内的立柱是出入库作业的障碍，会导致保管效率低下，因而立柱应尽可能减少。一般来说，仓库的立柱间隔应考虑出入库作业的效率，以汽车或托盘的尺寸为其中的一个基准，通常来说 7 米的间隔较适当，这是适合 2 台大型载货车（2.5 米×2）或 3 台小型载货车（1.7 米×3）的作业间隔，也是适合放 6 个标准托盘（1.1 米×6）的间隔。此外，平方建筑的仓库拓宽立柱间隔比较容易，而且钢骨架结构建筑的仓库可不设立柱。

（四）天花板的高度

由于实现了仓库的机械化、自动化，因此现在对仓库天花板的高度也提出了很高的要求。即使用叉车的时候，标准提升高度为 3 米，而使用多端式高门架的时候要达到 6 米。另外，从托盘装载货物的高度看，包括托盘的厚度在内，密度大且不稳定的货物，通常以 1.2 米为标准；密度小且稳定的货物，通常以 1.6 米为标准。以其倍数（层数）来看，1.2 米/层×4 层=4.8 米，1.6 米/层×3 层=4.8 米，因此，仓库的天花板高度最低应该是 5～6 米。

（五）地面

地面的构造主要是地面的耐压强度，地面的承载力必须根据承载货物的种类或堆码高度具体研究。通常，一般平房普通仓库地面承载力为 2.5～3 吨，其次是 3～3.5 吨，多层仓库层数加高，地面承受负荷能力减少，一层是 2.5～3 吨，二层是 2～2.5 吨，三层是 2～2.5 吨，四层是 1.5～2 吨，五层是 1～1.5 吨甚至更小。地面的负荷能力是由保管货物的重量、所使用的装卸机械的总重量、楼板骨架的跨度等所决定的。流通仓库的地面承载力还必须保证重型叉车作业的足够受力。

三、仓库总平面布置

（一）仓库总平面布置的要求

（1）要适应仓储企业生产流程，确保储存商品安全，有利于仓储企业生产正常进行。

（2）能够充分利用现有设施设备，最大限度地利用仓库面积，有利于提高仓储经济效益。

（3）符合安全保卫和消防工作要求，有利于保证安全生产和文明生产。

（4）防止重复搬运、迂回运输和避免交通阻塞。

（5）符合当前需要和长远利益，减少将来仓库扩建对正常业务的影响。

（二）影响仓库总平面布置的因素

1．仓库的专业化程度

所谓仓库的专业化程度就是库存货物的种类的多少。种类多，专业化程度就低；种类少，专业化程度就高。很明显，专业化程度越高，仓库总平面布置的难度就越小，因为不同的商品所需要的储存保管方法及装卸搬运方法是不同的。比如自动化仓库对于那些品种比较单一，规格比较一致的商品存储就非常具有优势，但如果商品差异太大，就无法用统一的管理方式进行规范。仓库的专业化程度越低，仓库总平面布置的难度就会越大。

2．仓库规模

仓库的规模越大，功能越多，所需要的设施设备通常就越多，设施设备之间的配套衔接成为总平面布置中的重要问题，这增加了仓库总平面布置的难度。比如不同的货区作业方式是不同的，而且当仓库规模比较大的时候，不同的货区呈现出单独模块化的趋势。

3．环境设施、地质地形条件

仓库周围环境主要是指附近的地质情况、交通条件、供应商及客户的分布等，也可能对仓库的布局产生影响。

（三）仓库的总体构成及规划

仓库总平面一般可以划分为生产作业区、辅助生产区和行政生活区三大部分。

1．生产作业区

仓库生产作业区是仓库的主体部分，是商品储运活动的场所，主要包括储货区、铁路专用线、道路、装卸台等。

储货区是储存保管、收发整理商品的场所，是生产作业区的主体区域。储货区主要由保管区和非保管区两大部分组成。保管区主要用于储存商品，非保管区主要包括各种装卸设备通道、待检区、收发作业区、集结区等。现代仓库已由传统的储备型仓库转变为以收发作业为主的流通型仓库，其各组成部分的构成比例通常为：合格品储存区面积占总面积的40%～50%：通道占总面积的8%～12%；待检区及出入库收发作业区占总面积的 20%～30%；集结区占总面积的 10%～15%；待处理区和不合格品隔离区占总面积的5%～10%。

库区铁路专用线应与国家铁路、码头、原料基地相连接，以便机车直接进入库区内进行货运。库内的铁路线最好是贯通式，一般应顺着库长方向铺设，并应使岔线的直线长度达到最大限度，其段数应根据货场和库房宽度及货运量来决定。

现代仓库道路的布局，是根据商品流向的要求，结合地形、面积、各个库房建筑物、货场的位置后，再决定道路的走向和形式。汽车道主要用于起重搬运机械调动及防火安全，同时也要考虑保证仓库和行政区、生活区之间的畅通。仓库道路分为主干道、次干道、人行道和消防道等。主干道应采用双车道，宽度应在6～7 米；次干道为 3～3.5 米的单车道；消防道的宽度不少于 6 米，布局在库区的外周边。

在河网地区建仓库，应尽量利用水路运输的有利条件。首先，应对河道的水文资料进行调查，以便确定码头的位置、建筑式样以及吊装设备的种类。码头的位置应选在河床平稳、水流平直、水域堤岸放宽、水足够深的地方，以便于船舶安全靠、离码头，进行装卸作业。

2．辅助生产区

辅助生产区是为商品储运保管工作服务的辅助车间或服务站，包括车库、工具设备库、变电室、油库、维修车间等。值得注意的是，油库的设置应远离维修车间、宿舍等易出现明火的场所，周围须设置相应的消防设施。

3．行政生活区

行政生活区是行政管理机构办公和职工生活的区域，具体包括办公楼、警卫室、化验室、宿舍和食堂等。为便于业务接洽和管理，行政管理机构一般布置在仓库的主要出入口，并与生产作业区用隔墙分开。这样既方便工作人员与作业区的联系，又避免非作业人员对仓库生产作业的影响和干扰。职工宿舍楼一般应与生产作业区保持一定距离，以保证仓库的安全和生活区的安宁。此外，现代仓库的消防水道，应以环行系统布置于仓库全部区域，在消防系统管道上需装有室内外消火栓。消火栓应沿道路设置，并靠近十字路口，其间隔不超过 100 米，距离墙壁不少于 5 米。根据当地气候，消火栓可建成地下式或地上式。

（四）库房内部规划

按照仓储作业的功能特点以及 ISO 9000 国际质量体系认证的要求，库房储存区域可划分为待检区、待处理区、不合格品隔离区、合格品储存区等。

1．待检区

待检区用于暂存处于检验过程中的商品。这些商品一般采用黄色的标志以区别于其他状态的商品。

2．待处理区

待处理区用于暂存不具备验收条件或质量暂时不能确认的商品。这些商品一般采用白色的标志以区别于其他状态的商品。

3．不合格品隔离区

不合格品隔离区用于暂存质量不合格的商品。处于不合格隔离状态的商品一般采用红色的标志以区别于其他状态的商品。

4．合格品储存区

合格品储存区用于储存合格的商品。处于合格状态的商品一般采用绿色的标志以区别于其他状态的商品。

为方便业务处理和保证库内货物的安全，待检区、待处理区和不合格品隔离区一般设在仓库的入口处。仓库内除设置上述基本区域外，还应根据仓储业务的需要，设置卸货作业区、流通加工区和出库备货区等。

【任务实施】

一、实施步骤

1．将学生以每组 5～8 人进行分组，每组以李某的名义独立完成，画出公司嘉兴仓库的平面布局图。

2．每组派一名代表讲解该组平面布局的依据及平面布局。

3．小组同学接受老师和其他同学的提问。

4．其他小组评价该仓库平面布局图是否合理，并提出不妥之处。

5．小组成员针对不妥之处，提出修改方案，并根据作业流程重新设计仓库总平面布置图。

二、成绩考核

仓库平面布局方案设计成绩考核标准

考核小组__________ 组长__________ 小组代表__________

考核内容	考核标准	小组得分	实际得分
仓库平面布局方案设计	1．仓库平面布局全面	30 分	
	2．汇报讲解思路清晰	30 分	
	3．布局方案修改合理	20 分	
	4．回答问题正确	20 分	
合计		100 分	

任务 3　仓库设备的识别与操作

【任务描述】

嘉兴区仓库布局好之后，为了进一步提高物流作业效率，结合可口可乐商品的特性，需要为现有仓库配备必需的仓储设施设备，李某如何根据设备配备原则，来选择经济的设备呢？配备好设备后还要对新员工进行培训，使新员工能熟练掌握常见设备的操作。

【任务引导】

1．现有卡车运来 300 吨（单瓶 1.5 升）雪碧，为了顺利入库，你会选择哪些仓储设备？

2．苏宁云商常州地区物流中心项目总投资 3.9 亿元，新增仓库自动化设备、信息终端设备、运输设备和通信设备等现代化设备，在常州地区建立集采购结算、物流配送、客户服务为一体的多功能区域性物流中心。苏宁云商为什么要上自动化仓库设备？

3．某公司在秋季备肥时节，一次性购置了 1 万个装载托盘，大大提高了货物装卸搬运的灵活性和可运性，更为下一环节的物流提供了极大的便利。大家讨论一下小小的托盘发挥了多大的作用？

4．叉车的使用促进了托盘运输和集装箱搬运的发展，带来了“搬运革命”。使用叉车的效果表明：① 减轻劳动强度，节约劳动力。一台叉车可以代替 8～15 名装卸工人。② 缩短作业时间，提高作业效率，加速车船的周转。③ 提高仓库容积的利用率，促进多层货架和高层仓库的发展，容积利用系数可提高 40%。④ 减少货物破损，提高作业的安全性、可靠性。叉车作用这么大，你知道叉车有哪些种类吗？

【知识准备】

一、仓储设备的种类

仓储工作中所使用的设备按其用途和特征可以分为装卸搬运设备、保管设备、计量设备、养护检验设备、通风照明设备、消防安全设备、劳动防护设备以及其他用途设备和工具等。在仓库设备的具体管理中，则应根据仓库规模的大小进行恰当的分类。

（一）装卸搬运设备

装卸搬运设备是用于商品的出入库、库内堆码以及翻垛作业的设备。这类设备对改进仓储管理、减轻劳动强度、提高收发货效率具有重要作用。

目前，我国仓库中所使用的装卸搬运设备通常可以分为三类。

（1）装卸堆垛设备。包括：桥式起重机、轮胎式起重机、门式起重机、叉车、堆垛机、滑车、跳板以及滑板等。

（2）搬运传送设备。包括：电瓶搬运车、皮带输送机、电梯以及手推车等。

（3）成组搬运工具。包括：托盘、网络等。

（二）保管设备

包管设备是用于保护仓储商品质量的设备。主要可归纳为以下几种：

（1）苫垫用品：起遮挡雨水和隔潮、通风等作用。包括：苫布（油布、塑料布等）、苫席、枕木、石条等。苫布、苫席用在露天堆场。

（2）存货用具：包括各种类型的货架、货橱。

货架即存放货物的敞开式格架。根据仓库内的布置方式不同，货架可采用组合式或整体焊接式两种，整体式的制造成本较高，不便于货架的组合变化，因此较少采用。货架在批发、零售量大的仓库，特别是立体仓库中起很大的作用。它便于货物的进出，又能提高仓库容积利用率。

货橱即存放货物的封闭式格架。主要用于存放比较贵重的或需要特别养护的商品。

（三）计量设备

计量设备是用于商品进出时的计量、点数，以及货存期间的盘点、检查等。如：地磅、轨道秤、电子秤、电子计数器、流量仪、皮带秤、天平仪以及较原始的磅秤、卷尺等。随着仓储管理现代化水平的提高，现代化的自动计量设备将会更多地得到应用。

（四）养护检验设备

养护检验设备是指商品进入仓库验收和在库内保管测试、化验以及防止商品变质、失效的机具、仪器。如：温度仪、测潮仪、吸潮器、烘干箱、风幕（设在库门处，以隔内外温差）、空气调节器、商品质量化验仪器等。在规模较大的仓库这类设备使用较多。

（五）通风保暖照明设备

通风保暖照明设备根据商品保管和仓储作业的需要而设。

（六）消防安全设备

消防安全设备是仓库必不可少的设备。它包括：报警器、消防车、手动抽水器、水枪、消防水源、沙土箱、消防云梯、灭火器等。

（七）劳动防护设备

劳动防护设备主要用于确保仓库职工在作业中的人身安全。

二、货架

货架是指用立柱、隔板或横梁等组成的立体储存物品的设施[（GB/T 18354—2006）《物流术语》]。

（一）货架的优缺点

（1）货架是一种架式结构物，可充分利用仓库空间，提高库容利用率，扩大仓库储存能力。

（2）存入货架中的货物，互不挤压，物资损耗小，可完全保证物资本身的功能，减少货物的损失。

（3）货架中的货物，存取方便，便于清点及计量，可做到先进先出。

（4）货架中的货物，可以采取防潮、防尘、防盗、防破坏等措施，以提高物资存储质量。

（5）很多新型货架的结构及功能有利于实现仓库的机械化及自动化管理。

货架系统是物流技术发展的成果，但并不意味着货架系统适用于所有的仓库，其缺点主要体现在如下几方面：

① 选择货架后，不能随意更改，这将会阻碍仓库变化的运营方式。

② 货架系统要有较高的仓储管理水平作保证。

③ 货架系统不适用于较重物品的存储。

④ 货架系统对仓库建设标准的要求，对照明系统、消防系统的要求都较高。

⑤ 货架系统投资较大，需要与价值昂贵的升高叉车相配合。

（二）货架的种类

货架的种类繁多，常见的分类如下。

1．按照货架的高度分类

（1）低层货架：高度在 5 米以下；

（2）中层货架：高度在 5～15 米；

（3）高层货架：高度在 15 米以上。

2．按照货架的承载能力分类

（1）轻型货架：每层货架的承载能力在 250 千克以下；

（2）中型货架：每层货架的承载能力在 800 千克以下；

（3）重型货架：每层货架的承载能力在 800 千克以上。

3．按照结构特点和用途分类

（1）层架式货架。

① 结构。层架式货架的应用非常广泛，如果按层架存放货物的重量分类，可以分为重型和轻型层架；按其结构特点分类，有层格式、抽屉式等类型，如图 1-2 和图 1-3 所示。

图 1-2　层格式货架

图 1-3　抽屉式层架

② 特点及用途。层架结构简单，适用性强，有利于提高空间利用率，方便作业的存取，是人工作业仓库主要存储设备。层格式货架主要用于存放规格复杂多样、必须互相隔开的物品。抽屉式层架主要用于存放比较贵重或怕尘土、怕湿的小件物品。

（2）托盘货架。

① 结构。托盘货架是指专门用于存放堆码在托盘上的货物的货架，其基本形态与层架类似，但承载能力和每层空间适于存放整托盘货物，如图 1-4 所示。

② 特点及用途。托盘货架结构简单，可调整组合，安装简易，费用经济；入库不受先后顺序的限制；储物形态为托盘装载货物，配合升降式叉车存取。

（3）阁楼式货架。

① 结构。阁楼式货架，是将储存空间做成上、下两层规划，利用钢架和楼板将空间间隙隔为两层，下层货架结构支撑上层楼板，如图 1-5 所示。

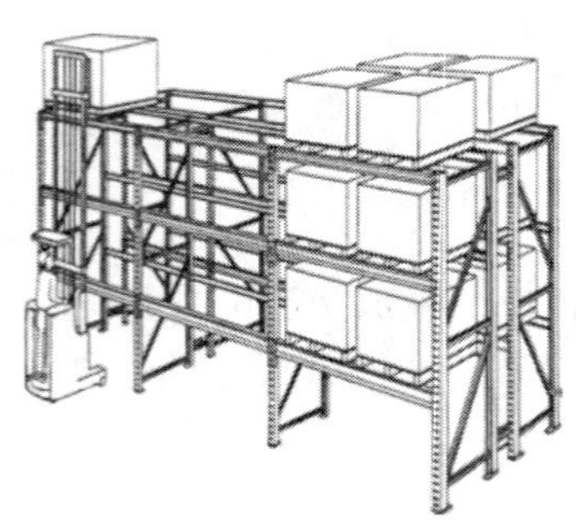

图 1-4 托盘货架

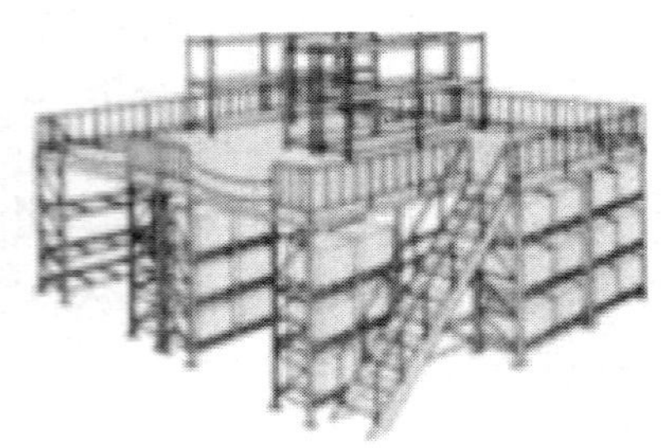

图 1-5 阁楼式货架

② 特点及用途。阁楼式货架可以有效增加空间利用率，通常上层存放轻量物品，不适合重型搬运设备运行，上层物品搬运需配垂直输送设备。

（4）悬臂式货架。

① 结构。悬臂式货架，是在立柱上装设杆臂构成的，如图 1-6 所示。悬臂常用金属材料制造，其尺寸一般根据所存放物料尺寸的大小确定。为防止物料损伤，常在悬臂上加垫木质衬垫或橡胶带以起保护作用。

② 特点及用途：悬臂架为开放式货架，不大便于机械化作业，需配合跨距较宽的设备。一般高度在 6 米以下，空间利用率较低，为 35%～50%。

（5）移动式货架。

① 结构。移动式货架底部装有滚轮，通过开启控制装置，滚轮可沿道轨滑动，如图 1-7 所示。

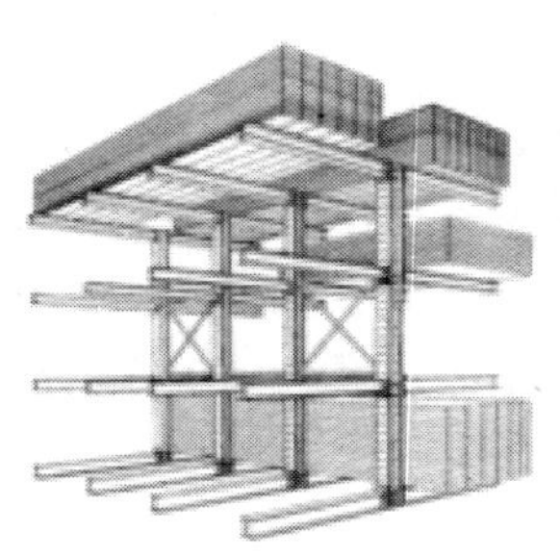

图 1-6 悬臂式货架

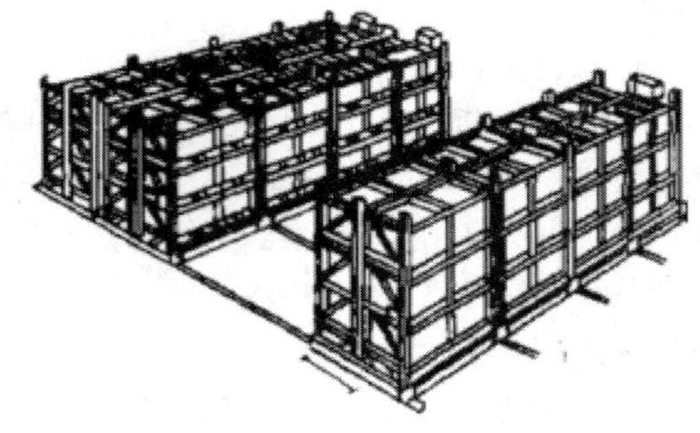

图 1-7 移动式货架

② 特点及用途。移动式货架平时密集相接排列，存取货物时通过手动或电力驱动装置使货架沿轨道水平移动，形成通道，可以大幅度减少通道面积，地面使用率可达 80%，而且可直接存放每一箱货物，不受先进先出的限制。其广泛应用于办公室存放文档，图书馆存放档案文献，金融部门存放票据，工厂车间和仓库存放工具及物料等。但相对来说机电装置较多，建造成本也较高，维护也比较困难。

（6）倍深式托盘货架。

① 结构。倍深式托盘货架与一般托盘货架结构基本相同，只是把两排托盘架结合起来增加储位而已，如图 1-8 所示。

图 1-8　倍深式托盘货架

② 特征及用途。虽然其储位密度增加了一倍，但在存取性和出入库方便性方面略差，并且必须采用倍深式叉车（一次可作业两个托盘）。

（7）重力式货架。

① 结构。重力式货架在货架每层的通道上，都安装有一定坡度的、带有轨道的导轨，低端作为出货端，而高端作为入货端，入库的单元货物在重力的作用下，由入库端流向出库端，如图 1-9 所示。

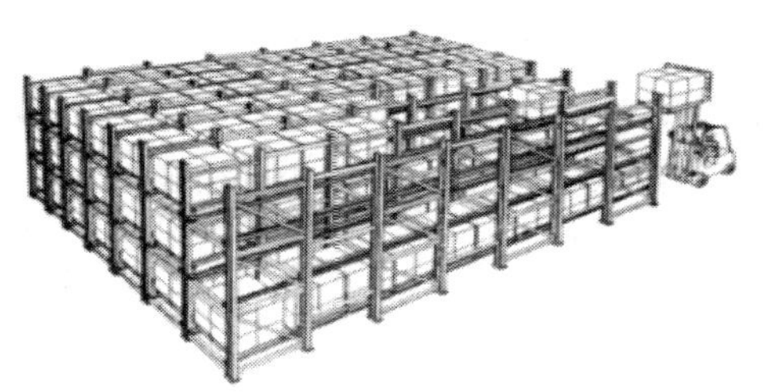

图 1-9　重力式货架

② 特点及用途。重力式货架通常成密集型配置，在排与排之间没有作业通道，能够大规模密集存放货物，减少了通道数量，可有效节约仓库空间，大大提高仓库面积利用率；能保证先进先出，并且方便拣货；其拣货端与入货端分离，能提高作业效率和作业的安全性。而且重力式货架可以根据需要设计成适合托盘、纸箱、单件货物储存的结构和形式。

（8）驶入、驶出式货架。

① 结构。驶入、驶出式货架单用钢质结构，钢柱上有向外伸出的水平突出构件，叉车将托盘送入，由货架两边的悬轨托住托盘及货物。这种货架可供叉车（或带货叉的无人搬运车）驶入、驶出和存取单元托盘货物，如图 1-10 所示。

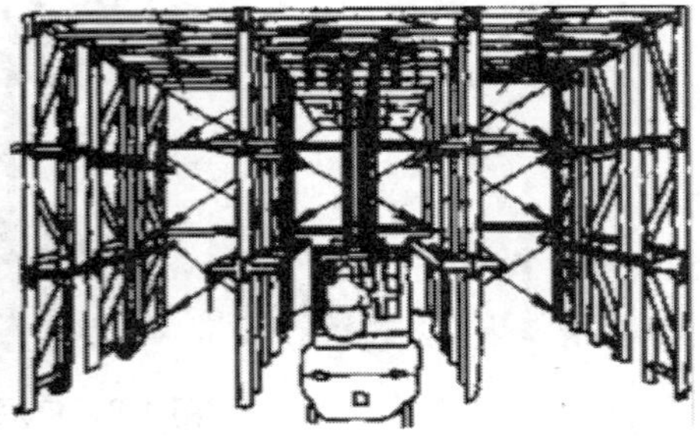

图 1-10　驶入、驶出式货架

② 特点及用途。驶入、驶出式货架属高密度配置，高度可达 10 米，库容利用率可以高达 90%以上。适用于大批量、少品种配送中心使用，但不太适合太长或太重物品。而且驶入式货架存取货时受先后顺序的限制，因此该种货架的同一通道内的货物品种必须相同或同一通道内的货物必须一次完成出入库作业。

（9）旋转式货架。

① 结构。旋转式货架一般有水平旋转和垂直旋转两种形式，如图 1-11 所示。

② 特点及用途。旋转式货架操作简单，存取作业迅速，货架转动的速度很快，可以达到 30 米/分的速度。它的存取效率很高，可以通过计算机控制实现自动存取和自动管理，通过计算机快速检索功能可迅速寻找储位，快捷拣货，储存物可以是纸箱、包、小件物品。取料口高度符合人体工程学，适合操作人员长时间作业。由于旋转式货架可适用于各种空间配置，存取出入口固定，所以空间利用率较高。旋转式货架适用于制造业当中对于电子元件、精密机械等小批量、多品种小物品的储存及管理。

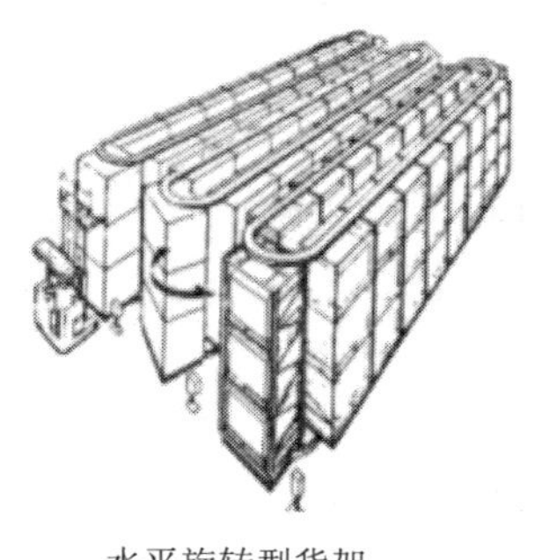

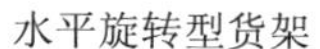

水平旋转型货架

垂直旋转型货架

水平整体旋转货架

图 1-11 旋转式货架

（三）货架的选择

一般仓储货架的选用是从经济及效率的观点，综合考虑各项因素，以决定最合适的仓储货架类型。

1．物品特性

储存物品的外形、尺寸直接关系到仓储货架规格的选定，储存物品的重量则直接影响到选用何种强度的仓储货架。而储存的单位，即以何种单位来储存，栈板、容器或单品均有不同的仓储货架选用类型。对应于不同的物品特性，不同的货架有着不同的适用范围，如表 1-2 所示。

表 1-2 几种常见货架的主要适用范围

货架种类		主要适用范围
层架式	层格式	存放规格复杂多样、容易搞混的，需相互隔离的货物
	抽屉式	比较贵重或怕尘土、怕湿的小件物品
托盘货架		适于存放整托盘货物
阁楼式		适用于各种类型货品的存放，上层放轻量货物可有效利用空间
悬臂式		适用于长条状或长卷状货品
移动式		适用于各种类型货品的存放，能充分利用通道空间
贯通式		适用于量多样少货品，不适合太长或太重货物

2．存取性

一般存取性与储存密度是相对的。也就是说，为了得到较高的储存密度，则必须相对牺牲物品的存取性。虽然有些类型的仓储货架可得到较佳的储存密度，但相对其储位管理较为复杂，而且常常无法做到先进先出。因此选用何种类型的仓储货架，可说是各种因素的折中，也是一种策略的应用。

3．出入库量

某些类型的仓储货架虽然有很好的储存密度，但其出入库量却不高，适合于低频率的作业。出入库量高是非常重要的数据，它是仓储货架类型选择需考虑的一个关键因素。

4．搬运设备

仓储货架的存取作业是靠搬运设备来完成的，因此选用储存设备需同时考虑搬运设备。如货架通道宽度直接影响到堆高机的类型。

5．厂房架构

仓储货架的选用须考虑梁下有效高度，以决定仓储货架的高度，而梁柱位置则会影响仓储货架的配置。其他如地板承重强度、平整度也与货架的设计、安装有关。另外，还要考虑防火和照明设施。

三、托盘

托盘是指在运输、搬运和储存过程中，将物品规整为物品单元时，作为承载面并包括承载面上辅助结构件的装置[《物流术语》（GB/T 18354—2006）]。我国托盘规格主要有800毫米×1 000毫米、800毫米×1 200毫米、1 000毫米×1 200毫米三种。

（一）托盘的特点

（1）托盘的主要优点有：① 自重量小；② 返空容易；③ 装盘容易；④ 装载量适宜，组合量较大；⑤ 节省包装材料，降低包装成本。

（2）托盘除了具有以上所述优点外，也有以下不足：① 保护产品性能不如集装箱；② 露天存放困难，需要有仓库等设施；③ 托盘本身的回运需要一定的运力消耗和成本支出；④ 托盘本身也会占用一定的装载空间。

（二）托盘的种类

1．按托盘的结构分类

（1）平板托盘。又称平托盘，是由上层板或者单层板另加底脚支撑构成，无上层装置，在承载面和支撑面间夹以纵梁，可使用叉车或搬运车等进行作业，如图1-12所示。按叉车叉入方式分类，其分为单向叉入型、双向叉入型、四向叉入型三种。按材料分类，其分为木制品托盘、钢制托盘、铝合金托盘、胶合板托盘、塑料托盘、纸板托盘、复合材料托盘等。

图 1-12 平托盘

（2）立柱托盘。立柱托盘是在平托盘基础上发展起来的，没有侧板，在托盘上部的四个角有固定式或可卸式的立柱，有的柱与柱之间有连接的横梁，使柱子成门框型。立柱托盘的特点是在不压货物的情况下可进行码垛，多用于包装物料、管材等的集装，如图 1-13 所示。

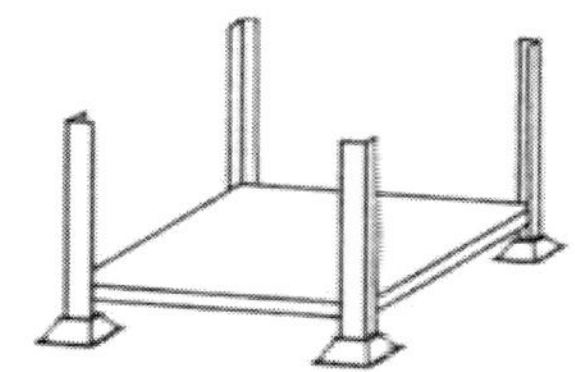

图 1-13 立柱托盘

（3）箱式托盘。箱式托盘也是在平托盘的基础上发展而来的，它的基本结构是以沿托盘四个边的板式、栅式、网式等栏板和下部平面组成的箱体，顶部可以有盖或无盖。箱式托盘有固定式、折叠式和可拆卸式三种，如图 1-14 所示。

图 1-14 箱式托盘

（4）滑片托盘（简称滑板）。滑片托盘是由瓦楞纸、板纸或者塑料制成的板状托盘，具有轻、薄、价廉的特点，但是需要带有特殊附件的叉车进行，如图 1-15 所示。

（5）轮式托盘。轮式托盘是在柱式、箱式托盘下部装有小型轮子可以移动的各种托盘，在生产企业物流系统中，其可以兼做作业车辆，如图 1-16 所示。

图 1-15　滑片托盘

图 1-16　轮式托盘

（6）特种专用托盘。例如，航空托盘、平板玻璃托盘、油桶专用托盘、托盘货架式托盘、轮胎托盘等。

2．按制作的材料分类

（1）木制托盘。木制托盘是托盘中最传统和最普及的类型。由于木材具有价格低廉、易于加工、成品适应性强、可以维修等特点，而为绝大多数用户所采用。木质托盘可以分为美式托盘和欧式托盘，分别如图 1-17 和图 1-18 所示。美式托盘为木制托盘中结构较简单的形式，分为单面、双面，多为双向进叉型。欧式托盘是使用较多的一种类型，均为四向进叉型。

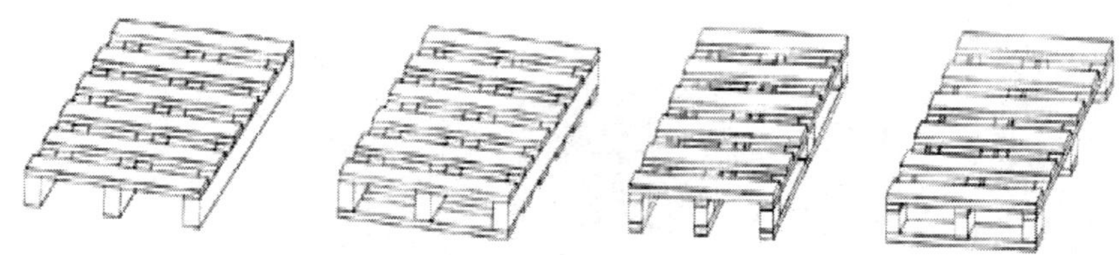

图 1-17　美式托盘　　图 1-18　欧式托盘

（2）塑料托盘。塑料托盘一般采用高密度聚乙烯（HDPE）一次生产成型。与木制托盘相比，其整体性好，卫生洁净，在使用中又具有质轻、无钉刺、无静电、耐酸碱、易清洗等特点。同时其使用寿命高于木制托盘 3～5 倍，单次使用成本低于木制托盘。根据生产工艺的不同，塑料托盘基本可分为注塑和吹塑两大类。

注塑托盘，如图 1-19 所示，是用低压高密度聚乙烯经注塑一次成型。由于原材料成本低于吹塑托盘，目前在国内的应用较普及。其缺点是承载力稍小，在双梁式货架上（无卡板，横梁）载重一般不超过 1 吨。同时，由于其生产工艺，托盘结构一般为单面使用型，双面使用型只能用两个单面托盘焊接或加螺栓制成，因而较少生产。

吹塑托盘，如图 1-20 所示，是采用高分子量高密度聚乙烯吹塑合模一次生产成型。相比注塑托盘，其承载力大，抗冲击性强，寿命更长。不足之处是吹塑工艺导致产品全部为双面结构，手动托盘搬运车及托盘举升车无法使用，从而限制了其应用。另一方面，较高的原材料成本使其价格高于注塑托盘。

图 1-19 注塑托盘

图 1-20 吹塑托盘

（3）纸制托盘。纸制托盘多采用高强度蜂窝纸芯与高强度卡纸、纤维板组合而成，如图 1-21 所示。它利用可靠的力学原理来实现托盘的机械性能，以满足常规运输的要求。纸制托盘均为一次性托盘，具有重量轻、成本低、出口免检、处理简便等特点。缺点是其承载量小。

（4）钢制托盘。与其他材质的托盘相比，钢制托盘具有最好的承载性、牢固性及表面抗侵蚀性。但缺点同样突出，主要是重量大，无法人工搬运且价格高昂。其多用于石油化工等对托盘有特殊要求的领域。如图 1-22 所示。

（5）木塑复合托盘，如图 1-23 所示，是一种最新的复合材料托盘。它综合了木制托盘、塑料托盘和钢制托盘的优点，而基本上摒弃了其不足。机械化的生产，高密度、高强度、耐腐蚀、不吸水的型材，解决了木制托盘洁净度差、生产质量无法规范和寿命短的问题，而具有塑料托盘的特点；其相当于木制托盘的板材切割及组装方式，又解决了塑料托盘在结构适应性及维修维护方面的问题，同时其承载性相比塑料托盘也大大提高；在重量及成本上又远远低于钢制托盘。其缺点是自重较大，约为木制、塑料托盘的 2 倍，人工搬运略有不便，以及由此造成的成本优势不大（约相当于国产注塑托盘）。

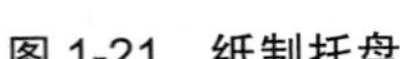
图 1-21 纸制托盘

图 1-22 钢制托盘

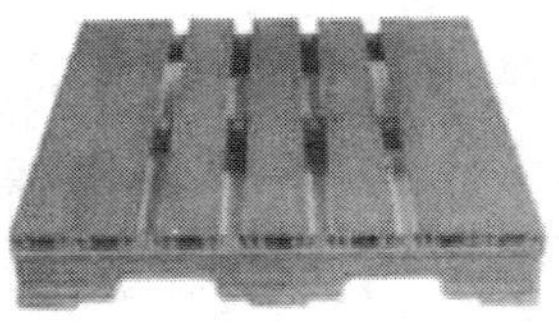
图 1-23 木塑复合托盘

（三）托盘的标准与规格

托盘虽然只是一个小小的器具，但由于托盘具有重要的衔接功能、广泛的应用性和举足轻重的连带性，在装卸搬运、保管、运输和包装等各个物流环节的效率化中，都处于中心位置，所以，托盘的规格尺寸是包装尺寸、车厢尺寸、集装单元尺寸的核心。

由于托盘的尺寸涉及的面太广，关联因素太复杂，做到真正的一致和统一实在不容易，必须有一个过程。目前自然形成了三大地区核心尺寸。美国的国家标准托盘尺寸为：1.219 米×1.016 米（48 英寸×40 英寸），周边国家加拿大和墨西哥为：1 米×1 米，澳大利亚为：1.165 米×1.165 米和 1.1 米×1.1 米。欧洲国家采用 0.8 米×1.2 米尺寸的较多，而德国、英国和荷兰都采用 0.8 米×1.2 米和 1 米×1.2 米两种尺寸，北欧各国拥有 0.8 米×1.2 米的统一型托盘。而亚洲国家，以日本、韩国、新加坡和我国台湾地区为核心，采用 1.1 米×1.1 米的尺寸的比例较大，普及率在逐年升高，并逐渐影响我国，有应用范围扩大到整个亚洲的趋势。

由于历史的原因，我国托盘规格比较复杂。到目前为止适用于集装箱的托盘共有四种标准规格：0.8 米×1.2 米、0.8 米×1 米、1 米×1.2 米、1.1 米×1.1 米。在这几种托盘中，1.1 米×1.1 米规格托盘是为配合现在流行的 ISO 国际集装箱而被设计出来的，1 米×1.2 米规格托盘被很多国家采用，这两种托盘是世界上目前使用最为广泛的托盘。

（四）使用托盘的注意事项

托盘在使用过程中要注意以下几点：

（1）叉车叉取托盘时，叉齿要保持水平，不应上下倾斜；

（2）叉车必须对准叉孔，垂直于托盘，不应斜着进出托盘；

（3）严禁甩扔空盘；

（4）不准用叉齿推移、拖拉托盘；

（5）空托盘应用叉车整齐叠放，避免碰撞和日晒雨淋；

（6）如用绳索捆扎货物，捆扎方向应与边板平行。

（五）托盘集合的方法

1．科学地选择装盘码垛方式

目前托盘码垛的主要形式有旋转交错式、正反交错式、纵横交错式和重叠式，如图 1-24 所示。

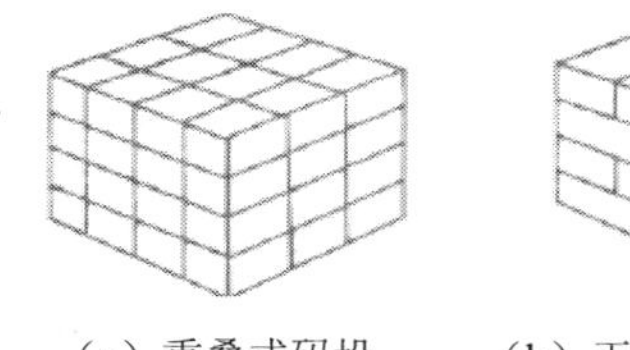

（a）重叠式码垛

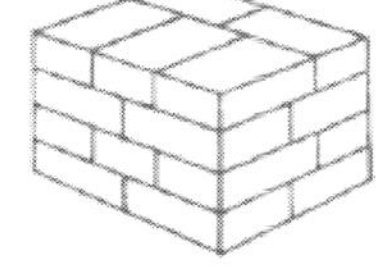

（b）正反交错式码垛

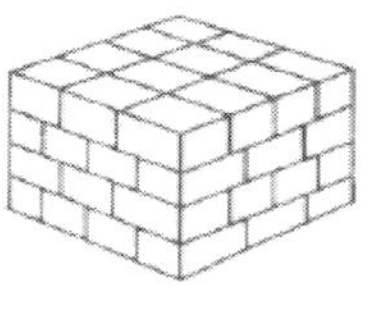

（c）纵横交错式码垛

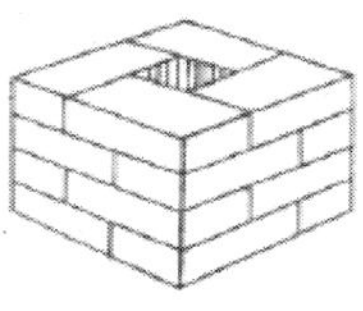

（d）旋转交错式码垛

图 1-24 托盘码垛的主要形式

2．托盘的加固方法

（1）捆扎；

（2）网罩紧固；

（3）框架加固；

（4）中间夹摩擦材料紧固；

（5）专用金属卡具固定；

（6）黏合紧固；

（7）胶带粘扎；

（8）平托盘周边垫高；

（9）收缩薄膜紧固；

（10）拉伸薄膜紧固。

四、叉车

叉车又名铲车、装卸车，是指各种叉具、能够对物品进行升降和移动以及装卸作用的搬运车辆[《物流术语》（GB/T 18354—2006）]，是仓库装卸搬运机械中应用最广泛的一种设备。叉车由自行的轮胎底盘和能垂直升降、前后倾斜的货叉、门架等组成。它不仅可以将货物叉起进行水平运输，还可以将货物提升进行垂直堆码。

（一）叉车的特点

（1）叉车将装卸和搬运两种作业合二为一，提高了作业效率。

（2）在仓库、车站、码头和港口等货物搬运装卸的场所都能应用叉车进行作业，有很强的通用性。

（3）与大型起重机械相比，它成本低、投资少、见效快，经济效益好。

（4）与汽车相比较，它的轮距小，外形尺寸小，重量轻，能在作业区域内任意调动，适应货物数量及货流方向的改变，可机动地与其他起重运输配合工作。

（5）叉车可以在许多机具难以使用的领域作业。

（二）叉车的种类

1．平衡重式叉车

平衡重式叉车的货叉位于叉车的前部，为了平衡货物重量产生的倾翻力矩，在叉车的后部装有平衡重，以保持叉车的稳定性，如图 1-25 所示。平衡重式叉车是目前应用最广泛的叉车，占叉车总量的 80%左右，具有操作简单、机动性强、效率高等特点。它的轮距和转弯半径大，行走平衡，适用于路面较窄、搬运距离较长的场站、配送中心和工厂。按照其使用动力的不同，可分为内燃叉车和电瓶叉车等。

图 1-25　平衡重式叉车

2．前移式叉车

前移式叉车有两条前伸的支腿，如图 1-26 所示，它在作业时支腿不能插入货物的底部，而门架可以带动整个起升机构沿支腿内侧的轨道移动，这样货叉在取货后稍微起升一个高度即可缩回，使货物的重心位于前、后轮之间，保证叉车运行时的稳定。与其他形式的叉车相比，前移式叉车具有不需要平衡重、自重轻、降低直角通道道宽和直角堆垛宽的特点，适用于车间和仓库内作业。

（a）坐驾前移式叉车

（b）站驾前移式叉车

（c）侧驾前移式叉车

图 1-26　前移式叉车

3．侧面式叉车

侧面式叉车，如图 1-27 所示，是货叉和门架位于车体侧面的装卸作业车辆。其作业的主要特点有两个：一是在出入库作业的过程中，车体进入通道，货叉面向货架或货垛，这样在进行装卸作业时不必先转弯然后作业，这个特点使得侧面式叉车适合于窄通道作业；二是有利于搬运条型尺寸货物，因为长尺寸货物与车体平行，不受通道宽度的限制，是较长货物如管材、钢板等形状物体的理想搬运工具。由于搬运时，物体位于车体一侧，仓库通道宽度可减少到最低，仅略大于车体宽度即可。

4．窄通道三向堆垛叉车

窄通道三向堆垛叉车，如图 1-28 所示，是为高货架而特别设计的叉车。三向叉车可做三向操作——向前、向左及向右，叉车车身多比较窄，转弯半径小，使仓库的空间得以更有效的运用，增加了储存面积，极大地提高了仓库空间的利用率，主要用于窄巷道高层货架立体仓库。

5．高位拣选叉车

高位拣选叉车，如图 1-29 所示，是指操作台上的操作者可与装卸装置一起上下运动，并拣选储存在两侧货架内物品的叉车。其适用于多品种、少量入出库的特选式高层货架仓库。它的起升高度一般为 4～6 米，最高可达 13 米，大大提高了仓库空间利用率。为保证安全，操作台起升时，只能微动运行。

图 1-27　侧面式叉车

图 1-28　窄通道三向堆垛叉车

图 1-29　高位拣选叉车

（三）叉车的选择

（1）平衡重式叉车需要较大的作业空间，主要用于露天货场作业。

（2）前移式叉车以蓄电池为动力，不会污染环境，一般用于室内作业。转弯半径也小，可有效提高仓库的面积利用率。

（3）窄通道式叉车由于货叉的结构特征决定了其较好的稳定性，尺寸小，转弯半径小，适用于工厂车间，而且还适用于仓库内效率要求不高，但需要有一定堆垛、装卸高度的场合。

（4）侧面叉车主要用于长料货物的搬运。

五、起重机械

（一）起重机械的概念及工作特点

起重机械是一种循环、间歇运动的装卸机械，主要用来垂直升降货物或兼作货物的水平移动，以满足货物的装卸、转载等作业要求。在工作中，各工作机构经常处于反复启动、制动的状态，而稳定运动的时间较为短暂。起重机以装卸为主要功能，搬运的功能较差，搬运距离很短。大部分起重机体移动困难，因而通用性不强，主要应用于港口、车站、仓库、物流中心等场所。起重机的作业方式是从货物上部起吊，因而需要的作业空间高度较大。起重机适用于装卸大件笨重货物，借助于各种吊索也可以装卸其他货物，起吊运能力较大，一般为3～30吨。起重机的合理运用对减轻劳动强度，降低运输成本，提高劳动生产率，加快车船周转，实现装卸搬运机械化起着重要作用。

（二）起重机械的基本类型

1．桥式类起重机

桥式类起重机配有起升机构、大车运行机构和小车运行机构。依靠这些机构的配合，可在整个长方形场地及其上空作业，使用于车间、仓库、露天货场等场所。桥式类起重机包括：通用桥式起重机、门式起重机、岸边集装箱装卸桥、冶金专用起重机等。

（1）桥式起重机。桥式起重机又称桥式行车，俗称桥塔或天车，其桥架由主梁和端梁构成，沿架设在建筑物上的行车轨道行走。小车在主梁上横向运行，一般用于库房内部，如图1-30所示。

（2）门式起重机。门式起重机俗称门吊，其桥架（大车）由主梁和支腿构成门架，沿地面轨道行走。起重机构（小车）在桥梁主梁上沿小车轨道横向运行，一般用于露天货场，如图 1-31 所示。

（3）岸边集装箱装卸桥。岸边集装箱装卸桥是在港口使用的一种装卸起重机。它主要用在港口码头、车站等场合进行货物的装卸与搬运，特点是装卸率高，通常以生产率来衡量和选择装卸桥，如图 1-32 所示。

图 1-30　桥式起重机

图 1-31　门式起重机

图 1-32　岸边集装箱装卸桥

2．臂架类起重机

臂架类起重机配有起升机构、旋转机构、变幅机构和运行机构，液压起重机还配有伸缩臂机构。依靠这些机构的配合动作，可在圆柱形场地及上空作业。臂架类起重机可装在车辆上或其他运输工具上，构成运行臂架式起重机。这种起重机具有良好的机动性，可适用于码头、货场、工厂等场所。

（1）固定式起重机。固定式起重机，如图 1-33 所示，采用单排交叉滚柱式或球式回转支撑，可做 360°全回转，运转平稳，使用可靠，适用于内河港口中小型码头、库场、堆栈或厂区内进行件杂物或散货的装卸作业。

图 1-33　固定式起重机

图 1-34　汽车起重机

（2）移动式起重机。移动式起重机主要有汽车起重机、轮胎起重机、履带式起重机和门座起重机等几种类型。这里主要介绍汽车起重机和门座起重机。

汽车起重机是在通用或专用汽车底盘上，装上起重工作装置及设备的起重机，如图 1-34 所示。它具有通过性好、机动灵活、行驶速度快、可迅速转移作业地点、到达目的地能够快速投入工作等优点，并且制造容易且较经济。它特别适合于流动性大、不固定的作业场所。由于汽车车身较长，转弯半径较大，且只能在起重机的两侧和后方进行作业。

门座起重机是装在沿地面轨道行走的门形底座上的全回转臂架起重机，如图 1-35 所示，它是码头前沿的通用起重机械之一。门座起重机的工作地点相对比较固定，可以以较高的生产率完成船到岸、船到车、船到船之间等多种装卸作业。

（3）浮式起重机。浮式起重机，如图 1-36 所示，是以专用浮船作为支撑和运行装置，浮在水上作业，可沿水道自航或托航。它广泛应用于海河港口，可单独完成船到岸或船到船的装卸作业。

图 1-35　门座起重机

图 1-36　浮式起重机

【任务实施】

一、手动液压托盘搬运车操作

1．将学生以每组 5～8 人进行分组。

2．工具准备：手动液压托盘搬运车、托盘若干、纸箱若干。

3．老师示范操作步骤：

（1）检查舵柄。舵柄的作用是控制液压系统的启动，开启舵柄后，液压系统可以产生压力，释放舵柄后，液压系统的压力也随之消失。检查舵柄是否已经放下。

（2）检查完毕后，提起舵柄，使货叉下降，便于叉取托盘。

（3）将货叉推入托盘槽内。货叉推入托盘槽内时，手柄应与地面或货叉保持垂直。同时，手臂伸直，两手同时抓住手柄的两端。

（4）启动液压设备。货叉插入托盘槽后，上下摇动手柄，启动液压系统，使货叉上升，上升到离地面无摩擦的距离后即可移动。

（5）移动货物。移动货物的时候，为了使用方便和视线不被货物挡住，应用手拉着叉车，而不是推。运送到位后，提起舵柄，使货叉下降。

（6）将货物放到目标位置。将货物搬运到进货暂存区的目标位置，等待验收。

4．手动液压叉车的安全使用：

（1）使用手动叉车前，必须经过培训。

（2）叉车叉必须完全进入卡板下面，将货物叉起，保持货物的平稳。

（3）叉车在使用时，必须注意通道及环境，不能撞及他人、商品和货架。

（4）叉车只能一人操作。

（5）叉车空载时，不能载人或在滑坡上自由下滑。

（6）叉车不用时，必须处于最低的状态，且存放在规定的地方。

（7）叉车的载重不能超过极限。

（8）损坏的叉车必须进行维修或报废，不得再使用。

5．学生按照老师的示范进行操作。

二、手动堆高车操作

1．将学生以每组5～8人进行分组；

2．工具准备：手动堆高车、托盘若干、纸箱若干；

3．老师示范操作步骤：

（1）检查刹车和泵站的工作状况。

（2）检查完毕后，双手握住操纵手柄，用力使车辆慢慢向工作货物行驶，如果要停车，可用手刹制动或脚刹，使车辆停车。

（3）在货叉低位的情况下与货架保持垂直，小心接近货架然后插入托盘底部。

（4）回退堆垛车让货叉移出托盘。

（5）升起货叉到达要求的高度，慢慢移动到待卸货托盘处，同时确保货叉容易进入托盘并且货物处在货叉的安全位置上。

（6）提升货叉直到托盘从货架上被抬起。

（7）在通道中慢慢后退；

（8）缓慢放低货物的同时确保货叉在降低过程中不接触障碍。注意：货物升起过程中，转向和刹车操作必须缓慢、小心。

4．学生按照老师的示范进行操作。

三、半自动电动堆高车操作

1．将学生以每组 5～8 人进行分组；

2．工具准备：半自动电动堆高车、托盘若干、纸箱若干；

3．老师示范操作步骤：

（1）熟悉设备的结构及性能。

（2）使用前检查以下项目：检查各控制和驱动装置，挡货架、各类开关、操作手柄、轮子及紧固件，如发现异常，应及时报告；

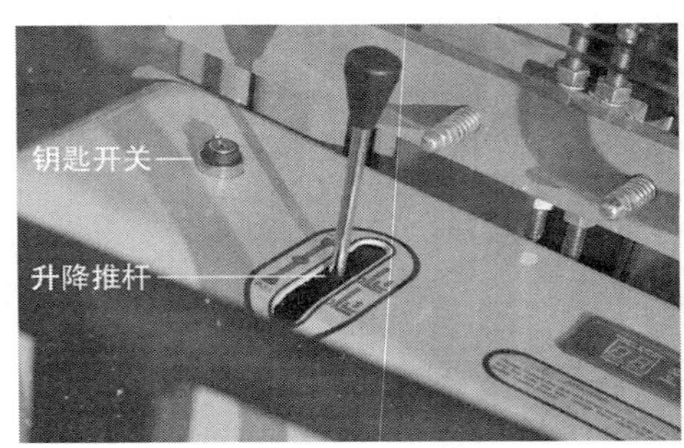

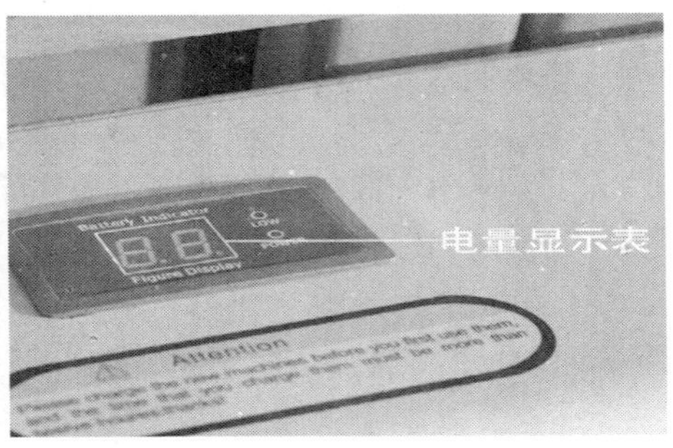

（3）通过人力推动行走，运行中不可推/拉“T”形手把，双手应扶住左右“U”形扶手。半电动堆高车的转向操纵是通过转向机构作用在两侧转向轮上，直接将转向操纵手柄转过需要的角度即可。

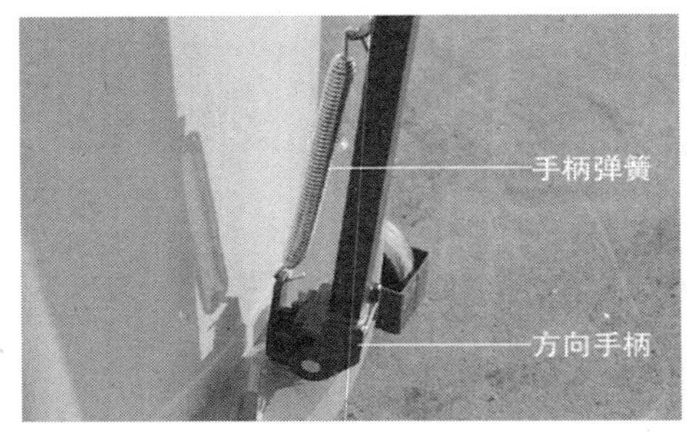

（4）在货叉低位的情况下与货架保持垂直，小心接近货架然后插入托盘底部。回退堆高车让货叉移出托盘。刹住堆高车。

（5）开动钥匙开关，推动升降推杆，升起货叉到达要求的高度，慢慢移动到待卸货托盘处，同时确保货叉容易进入托盘并且货物处在货叉的安全位置上。

（6）提升货叉直到托盘从货架上被抬起。

（7）在通道中慢慢后退。

（8）推动升降推杆，缓慢放低货物同时确保货叉在降低过程中不接触障碍。

4．半自动电动堆高车的安全使用：

（1）操作者必须熟悉设备的结构及性能，严禁超性能使用设备。

（2）托盘必须顶在货叉的根部，并使货物均匀地放在货叉上，严禁超偏搬运和单叉挑行。

（3）起重前必须了解货物的重量，应严格按照叉车的额定载荷曲线图范围来装载货物，并在此基础上再减少 15%。

（4）不用时，将车停放在稳妥的地方，将货叉下降着地，断开电源。

（5）未经培训和授权人员禁止操作堆高车。

（6）货叉离地面行走时货叉离地不超过 20 厘米，行走在较差道路情况下作业时，应降低行走速度。

（7）不准人站在货叉下或在叉下行走，禁止搬运尺寸超过 1.2 米托盘的货物和形状不规则的货物。

（8）行驶与提升不许同时进行。

（9）严禁在货叉或机体上搭人。

5．学生按照老师的示范进行操作。

四、成绩考核

装卸搬运设备操作成绩考核标准

考核小组____________ 组长__________ 小组代表_________

考核内容	考核标准	小组得分	实际得分
装卸搬运设备操作	1．手动液压托盘搬运车操作完整规范	30 分	
	2．手动堆高车操作完整规范	30 分	
	3．半自动电动堆高车操作完整规范	40 分	
合计		100 分	

任务 4　仓储企业岗位认知

【任务描述】

嘉兴区项目运行在即，公司人事处公开招聘项目经理 1 名，调度 1 名，保管员 4 名，叉车工 1 名，会计 1 名，订单处理员 1 名。王某刚从某职业学院物流管理专业毕业，想应聘保管员一职。他想知道如何成为一名合格的保管员，将来的职业晋升空间有多大。对此，王某到公司南通项目部进行了详细的岗位了解。

【任务引导】

1. 从企业招聘的角度，上相关网站查看有关仓储的企业提供哪些职位。

2. 仓储工作一般社会认可度不高，作为刚入职的新员工，你怎么看待这个问题？员工如何在基层岗位上崭露头角？

【知识准备】

一、岗位设置遵循的原则

（一）岗位设置的数目应符合最低数量原则

对岗位的设置不要太多，岗位数量要尽可能的少，这样做的目的是使所有的工作尽可能地集中，不要特别分散。从经济角度来说，不必花很多人工费。每一个人、每一个岗位的工作人员都应该承担很多责任。

（二）所有岗位要求实现最有效的配合

岗位设置的时候，对承担的责任进行划分。一般区分为主责、部分和支持三类，这样来确定配合关系。主责是指某一个人所负的主要责任；部分指只负一部分责任；支持是指责任很轻，只协助他人。每个人的主责、部分和支持一定要划分清楚。

（三）每个岗位能否在企业组织中发挥最积极的作用

岗位在组织设置里面应该发挥最大的作用。每一个岗位都要有相应的主责，然后有部分或者支持性工作。

（四）每个岗位与其他岗位的关系是否协调

“是否协调”是指岗位之间的责任不交叉、没有空白。避免某一个责任，张同志是主责，李同志也是主责，两个人分不清到底谁是主责、出了事谁负主要责任、在工作中谁主动。一项职能没有人负主责，就是岗位职责出现了空白。

（五）岗位设置是否符合经济、科学和系统化的原则

如果岗位设置的特别多，参与这项工作的人就多，企业支付的费用就多，这不符合经济化原则。如果岗位设置过少，可能某一个事情就没有人管，或者某一个岗位的员工负担特别重而产生怨气，这项工作就做不好。所以要体现经济化原则，也要符合科学原理。

二、仓储企业组织结构

（一）管理的层次与幅度

1．管理层次

管理层次是指组织内纵向管理系统所划分的等级数。管理层次越多，企业的各项政策、指令传达的时间越长，失真的可能性越大，最理想的状态是消除管理层次，实现信息纵向“短路”。因此，提倡尽可能地减少管理层次，现代化的企业组织更倾向于管理幅度宽，少层次，即扁平化管理。

2．管理幅度

管理幅度是指一个管理人员直接管理的下属有多少，也就是他直接控制的幅度，太大，无暇顾及，太小可能没有完全发挥作用。

（二）组织结构形式

仓储企业常见的组织结构有直线制、直线职能制、事业部制等形式。

1．直线制

上下级职权贯穿于组织的最多层到最低层，从而形成指挥链的组织结构形式，该种组织方式适合于仓库规模小、人员不多、业务简单的小型仓储企业。如图 1-37、表 1-3 所示。

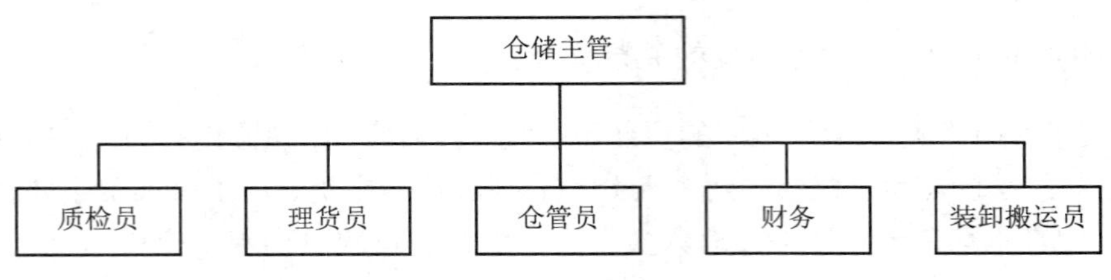

图 1-37　直线制组织结构

表 1-3　直线制组织结构的优缺点

优点	缺点
从上到下垂直领导，不设行政职能部门，组织精简，指令传达迅速，责任权限明确，仓储企业主管的管理意图得到充分执行	管理中的各种决策易受管理者自身能力的限制，对管理者的要求较全面，当业务量大、作业复杂的情况下，仓储企业主管会感到压力太大，力不从心

2．直线职能制

直线职能制的管理模式是在直线制的基础上加上职能部门，各职能部门分管不同专业，这些职能结构都是某种职能的组合体。该组织形式一般被大中型企业普遍采用，是一种较有效的形式。如图 1-38、表 1-4 所示。

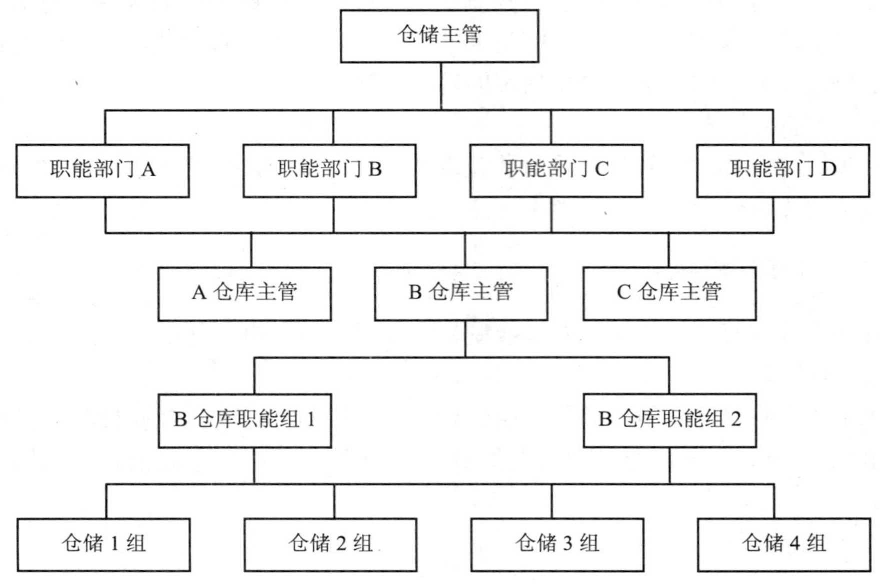

图 1-38　直线职能制组织结构

表 1-4 直线职能制组织结构的优缺点

优点	缺点
克服了直线制管理模式中管理者的精力和工作时间有限的缺点	各职能部门之间有时会发生矛盾，因此需要密切配合

3．事业部制

事业部制管理模式是一种较为复杂的仓储组织管理模式，它是在总公司的领导下，以某项职能（或某项目）为事业部，实行统一管理、分散经营的管理方法。事业部制组织结构形式适用于大型仓储企业。如图 1-39、表 1-5 所示。

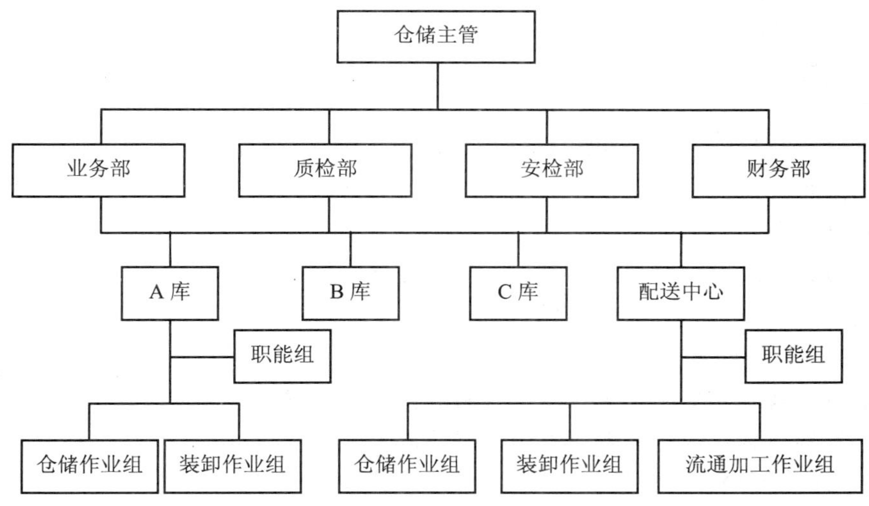

图 1-39 事业部制组织结构

表 1-5 事业部制组织结构的优缺点

优点	缺点
管理决策程序完善，运行效率高，各事业部内部管理权利相对集中，有独立经营管理能力	增加了管理层次，造成机构重叠，管理人员和管理费用增加，由于各事业部独立经营，各事业部之间人员互换困难，互相支援性较差

三、仓储企业岗位要求

在仓储企业中，一般设置保管员、理货员、商品养护员等岗位（《中华人民共和国职业分类大典》)。每个工作岗位都有自己的工作特点，每个工作岗位的工作内容不尽相同。

(一) 保管员

保管员是指对存储物品进行保存、维护管理的人员。保管员从事的工作主要包括:

1. 核对物品的入库凭证，清点入库物品，与送货人员办理交接手续;
2. 对入库物品进行数量、质量和包装验收，发现问题，做出事故记录;
3. 安排物品的存放地点，登记保管账、卡和货位编号;
4. 定期盘点、清仓查库，向存货部门反映并催其处理积压、呆滞、残损、变质等异状货物。

(二) 理货员

理货员是指在仓库、配送中心、超市、港口码头等企业中，从事物品整理、挑选、配货、包装、复核、置唛和物品交接、验收、整理、堆码等作业的人员。理货员从事的工作主要包括:

1. 核对物品品种、数量、规格、等级、型号和重量等;
2. 按照凭单挑选物品;
3. 对拣出的物品进行复核;
4. 检验物品的包装、标志，对出库待运的物品进行包装、拼装、改装或加固包装，对经拼装、改装和换装的物品填写装箱单;
5. 在出库物品的外包装上设置收货人的标记;
6. 严格执行仓库安全管理的规章制度，时刻保持警惕，做好防火、防盗、防破坏、防虫鼠害等安全保卫工作，防止各种灾害和人身伤亡事故，确保人身、物资、设备的安全;
7. 按物品的运输方式、流向和收货地点将出库物品分类管理，分单集中，填写物品启运单，通知运输部门提货发运;
8. 对物品进行搬运、整理、堆码;
9. 鉴定货运质量，分析物品残损原因，划分运输事故责任;
10. 办理物品交接手续。

(三) 商品养护员

商品养护员是指对库存商品进行保养维护的人员。具体的工作如下:

1．检查商品储存场所与环境，使其符合安全储存的要求；

2．使用化学试剂、测潮仪等检测仪器或凭感官检测入库商品的质量、包装，发现问题，做出事故记录；

3．使用温度、湿度测量仪测量、记录库内温度、湿度；

4．控制、调节库房内的温度和湿度；

5．检查在库商品的储存状况，做出检查记录；

6．对发生异状的商品进行翻垛通风、摊开晾晒、挑选整理、药剂除虫等处理，并提醒保管员催销催调。

四、仓储企业人员执业资质要求

在仓储企业中，对于不同职位的人员也有不同的资质要求，具体可以分为仓库管理员和仓储经理两个级别[《仓储从业人员职业资质》（GB/T 21070—2007）]。

（一）仓库管理员

仓库管理员是仓库内从事与物品仓储作业管理有关的一线操作人员的统称，包括直接从事物品收发、出入库、分拣、理货等工作的人员，不含装卸工，简称“仓管员”。仓管员应掌握的基本知识和基本技能如下：

1．基本知识

（1）仓储作业流程。

① 了解物品验收规则及出入库程序和分管库房的情况；

② 掌握储存分区、分类、货位编号、定量堆码、复核、盘点对账等工作内容与方法；

③ 了解气候、温湿度变化对仓储作业的影响。

（2）库存物品。

① 具体与本岗位有关的物理、化学、商品养护学的基本知识；

②了解所保管物品的性能、特点；

③了解所保管物品的储存技术标准及温湿度要求。

（3）仓储工具设备。

① 懂得常用仪器、仪表、设备、工具的使用方法和保养知识；

② 掌握计算机相关知识。

（4）安全防护。

① 掌握消防安全基本知识和操作规程；

② 了解仓库安全的内容及要求；

③ 懂得物品包装储存图示标志及一般消防器材的使用方法。

2．基本技能

（1）仓储作业。

① 按照有关规范，准确进行日常的物品收、发、保管业务，根据订单进行分拣、拆零、加工、包装、备货等作业；

② 准确地填表、记账和盘点对账；

③ 合理地选择仓储设备；

④ 合理地进行分区分类、货位编号和堆码苫垫；

⑤ 用感官和其他简单方法鉴别物品的一般质量，正确记录和合理调节库房温湿度；

⑥ 对库存物品进行一般性的保管和养护。

（2）设备工具的使用。

① 会操作计算机；

② 正确使用一般装卸搬运、计量、保管、养护、检验、消防、监控设备与设施。

（3）管理技能。

① 发现差错和问题，及时处理，准确办理查询、催办及报亏等手续；

② 熟知消防、匪盗等有关电话号码、消防器材的存放地点和使用方法，出现情况能迅速报警，对火灾等灾害采取有效办法及时进行扑救；

③ 通过“仓储管理信息系统”（WMS）进行物品出入库、在库等信息的处理（传输、汇总、分析等）；

④ 结合本职工作写出书面总结分析报告；

⑤ 指导装卸、搬运人员安全、规范地进行作业。

（二）仓储经理

仓储经理是指从事仓储经营管理活动，具有经营管理权或业务指挥权与生产要素调度配置权的管理者，包括公司层面的仓储、运作经理或总监，分公司的经理或库区经理等。仓储经理应掌握的业务知识，理论知识及技能要求如下。

1．业务知识

仓储经理除具有仓库管理员应掌握的相关基本知识外，还应该掌握以下内容：

（1）仓储作业流程、操作规范与管理软件的运用；

（2）熟悉所保管物品的质量标准、储存技术标准、包装技术标准及物品质量鉴别方法；

（3）常用仪器、仪表及工具、消防器械的基本性能、特点、使用和日常保养知识；

（4）计算机及仓储管理信息系统相关知识。

2．理论知识

（1）掌握现代仓储管理、现代仓储技术与设备等方面的知识，基本掌握供应链管理、现代物流管理、现代运输管理等知识；

（2）掌握国家物流、仓储、运输等方面的政策、标准；

（3）全面系统地掌握仓库消防安全各种制度、规定、措施及其操作规程；

（4）掌握仓储成本核算与控制、合理库存与绩效管理等仓储管理的基本知识；

（5）具有一般企业管理所需的财务管理、客户关系管理、质量管理、市场营销、融资管理等方面的知识；

（6）具有领导与管理学、公关关系管理和项目管理知识；

（7）掌握国内外仓储行业发展的基本情况与动态，了解国内外物流业现状与发展趋势。

3．技能要求

仓储经理除具有仓库管理员应具有的基本技能外，还应该具有组织领导、方案设计、人力资源管理、制度建设、过程控制和质量管理、运作成本核算、信息技术管理和一定的谈判、沟通、营销能力。

【任务实施】

一、实施步骤

1．将学生以每组 6～8 人进行分组，每组选出一位组长，组织协调完成此次任务。

2．上网查找资料，分组讨论，完成仓储管理相关岗位需求调查表（表 1-6）。

表 1-6　仓储管理相关岗位需求调查表

序号	企业名称	岗位名称	岗位职责	岗位要求	信息来源
1					
2					
3					

3．根据以上调查结果，各小组以王某名义完成仓储企业常见岗位说明书。

4. 由小组指定代表进行任务汇报，小组其余同学补充或接受别组同学的提问。

二、成绩考核

仓储企业岗位认知成绩考核标准

考核小组__________ 组长__________ 小组代表__________

考核内容	考核标准	小组得分	实际得分
仓储企业岗位认知	1．岗位需求调查表内容全面、详细	40 分	
	2．岗位说明书总结到位、内容具体	40 分	
	3．汇报说明准确、清晰	20 分	
合计		100 分	

项目二 仓储商务作业

【学习目标】

1．掌握仓储合同的基本格式、主要内容、合同双方的权利和义务，具备熟练拟定仓储合同的技能。

2．能依据《合同法》的规定判断仓储合同的有效性，具有处理仓储合同纠纷的能力；

3．熟悉仓单内容，掌握仓单的相关业务操作技能，如仓单的制作、分割、转让、凭单提货等。

任务 1 仓储项目合同书的撰写

【任务描述】

林森物流有限公司与上海申美饮料有限公司协商一致，双方约定：由林森物流有限公司为上海申美饮料有限公司储存保管、配送可口可乐饮料，合同有效期限为一年，仓库租金是每平方米每天 0.6 元，共租用 3 000 平方米，每月月末通过银行转账结清。任何一方违约，均需支付违约金 3 万元，如无异意，1 周后正式签订合同。总经理委托业务部的小马代理签订该合同，那么小马该如何起草和签订一份有效的仓储合同呢？

【任务引导】

1．仓储合同是不是保管合同？
2．仓储合同订立的双方是什么？
3．仓储物不同、仓储业务不同，仓储合同格式是不是一样呢？
4．仓储合同应该包括哪些内容？

【知识准备】

仓储商务是指仓储经营人利用其仓储保管能力向社会提供仓储保管产品并获取经济收益的商业行为。仓储商务活动是企业对外经济活动的综合体现，其内容包括制定企业经营战略、企业调研和市场开拓、商务磋商和签订商务合同、合同的履行等。仓储经营人必须对仓储商务活动进行计划、组织、指挥、控制，才能达到满足社会需要，充分利用企业资源降低成本、降低风险，塑造企业良好形象，最终创造最大经济效益的目的。

一、仓储合同的定义和法律特征

（一）仓储合同的定义

《中华人民共和国合同法》（以下简称《合同法》）第381条将仓储合同规定为："仓储合同是保管人储存存货人交付的仓储物，存货人支付仓储费的合同。"仓储合同是我国合同法分则的有名合同，仓储合同与保管合同是不同的概念，适用的《合同法》分别不同。

仓储合同标的：仓储保管行为（空间、时间、保管要求）。

仓储合同标的物：存货人交存的仓储物（生产资料或生活资料），是有形的实物动产。

（二）仓储合同的法律特征

1．仓库营业人员须为有仓储设备并专门从事仓储保管业务的人。

2．仓储保管合同的对象须为动产。

3．仓储合同为约成合同。

4．仓储合同为双方有偿合同、不要式合同。存货方主张货物已交付或行使返还请求权时以仓单为凭证。

（三）仓储合同与保管合同的区别和联系

1．联系

两者基本性质都是保管人保管寄存人交付的保管物，并返还该物的合同。仓储合同是保管合同的一种。

2．区别

（1）保管合同可以是有偿的，也可以是无偿的，原则上是无偿的，除非另有约定；仓储合同是双务有偿合同；

（2）保管合同自保管物交付时成立，因此是实践合同；仓储合同自合同成立时生效，因此是诺成合同，这一区别经常用于解决相关的法律问题；

（3）保管合同对保管人的资格无特别的要求，而仓储合同必须是经过仓储营业登记专营或兼营仓储保管业务的人；

（4）仓储合同标的物必须是动产，而对保管合同没有做规定。

二、仓储合同的种类

（一）一般保管仓储合同

仓库经营人提供完善的仓储条件，接受存货人的仓储物进行保管，在保管期届满时，将原先收保的仓储物原样交还给存货人而订立的仓储保管合同。该仓储合同的仓储物为确定物，保管人需要原样返还。

（二）混藏式仓储合同

混藏式仓储是指存货人将一定品质、数量的种类物交付给保管人，保管人将不同存货人的同样仓储物混合保存，存期届满时，保管人只需以相同种类、品质、数量的商品返还给存货人，并不需要原物归还的仓储方式。

这种仓储方式常见于粮食、油品、矿石或保鲜期较短的商品的储藏。混藏式仓储合同的标的物为确定种类物，保管人严格按照约定的数量、质量承担责任，且没有合理损耗的权利。混藏式仓储合同具有保管仓储物价值的功能。

（三）消费式仓储合同

存货人在存放商品时，同时将商品的所有权转移给保管人，保管期满时，保管人只需将相同种类、品质、数量的替代物归还给存货人。存放期间的商品所有权由保管人掌握，保管人可以对商品行使所有权。消费保管的经营人一般具有商品消费的能力，如面粉加工厂的小麦仓储、加油站的油库储存、经营期货交易的保管人等。消费式仓储合同的不同之处是涉及仓储物所有权转移到保管人，自然的保管人需要承担所有人的权利和义务。

（四）仓库租赁合同

仓库所有人将所拥有的仓库以出租的方式开展经营仓储，由存货人自行保管商品的仓储经营方式。仓储人只提供基本的仓储条件，进行一般的管理，如环境管理、安全管理等，并不直接对所存放的商品进行管理。仓库租赁合同严格意义上来说不是仓储合同，只是财产租赁合同，但是由于出租方具有部分仓储保管的责任，具有仓储合同的一些特征。

三、签订仓储合同的基本原则

公平交易的基础是建立在遵守合理签订合同的基本原则之上的，这些原则是双方权利得到保障的基础。

（一）平等的原则

《合同法》规定当事人双方法律地位平等，这是任何合同行为都需要遵循的原则。订立仓储合同的双方应按照平等的法律地位进行平等协商，订立公平的合同。任何一方采取恃强凌弱，或者行政命令的方式订立的合同都是无效的合同。平等的原则还包括订立合同机会平等的原则，不能采取歧视性选择的方式订立合同。

（二）自愿与协商一致的原则

当事人在订立合同时完全根据自身的需要和条件，利用各自的知识和能力，通过广泛的协商，双方在整体上接受合同的约定，是合同生效的条件。任何采取胁迫、欺诈的手段订立的合同都会是无效的合同。合同未经协商一致，将来在合同履行中会发生严重的争议，会造成合同无法履行。

（三）信息对称的原则

交易双方对货物仓储及其服务一般要实现信息对称，不得隐瞒有损仓储业务进行的相关知识、信息、技术、货物真实性、合法性、危险性、防护保管要点和自身服务条件的不足缺陷与经营限制。

（四）等价有偿的原则

仓储合同是双务合同，合同当事人双方都要承担相应的合同义务，享受相应的合同利益。保管人的利益体现在收取仓储费和劳务费上，保管人在仓储过程中服务水平的高低，决定了所能获得报酬的多少以及投入多少。这也是公平交易的核心内涵。

（五）合法和不损害社会公共利益的原则

当事人在订立合同时要严格遵守国家法律及相关法规制度的规定，不得进行违反任何法律法规的行为，包括不能发生侵害所有权、超越经营权、侵犯国家主权、危害环境等违法行为，也不能违反社会公德侵犯他人的合法权益。不仅经营的过程要合法，对于仓储的货物也要控制在合法范围之内，对于违禁毒品、未报批的危险有害物品、淫秽反动物品、侵犯知识产权物品、违禁枪支刀具物品等不得进行私下仓储和交易，更不能出具仓单进行转让和交割。

不损害社会公共利益的原则要求当事人在合同行为中不进行有损社会治安秩序、扰乱社会经济秩序、妨碍其他经营人和人民的生产生活、影响社会道德等不良行为。不损害社会公共利益从内容上说属于道德规范，但在《合同法》的规定中形成了法律规范，损害社会公共利益已成为违法的行为。违反公共利益的仓储活动必将受到社会和政府的谴责和管制。

四、仓储合同的主要条款

仓储合同为不要式合同，没有严格的条款规定。当事人根据需要商定合同事项，且由双方协议采用合同的形式。仓储合同的条款主要有：

（一）存货人、保管人的名称、地址

合同当事人是履行合同的主体，需要承担合同责任，需要采用完整的企业注册名称和登记地址，或者主办单位地址。主体为个人的须明示个人的姓名和户籍地或常住地。这是今后确定司法管辖权的一个重要依据。必要时可在合同中增加通知人，但通知人不是合同当事人，仅仅履行通知当事人的义务。

（二）仓储物的品种、数量、质量、适用标准、包装、件数和标记标志

仓储物必须是动产，因此需要明确地将仓储物特定化。仓储物的品种指所存仓储物的名称，即全称、标准名称或类别的标准名称。在订立仓储合同时，必须明确规定仓储物的全名或品类，必须清晰、明确，如果有代号的，应标明代号的全名，不符合法律规定的物品不能保管。仓储物的数量指所存仓储物的多少，采用公用的计量方法确定并达到最高的精度，用最小的独立封装单元确定件数。仓储物的质量指所存仓储物的优劣、好坏。在确定仓储物质量时，要采取标准化，如果是国际仓储业务则应尽量使用国际标准。目前，我国实行的标准有国家标准、专业（部颁）标准、企业标准和协商标准。有国家标准的应使用国家标准，没有国家标准而有专业（部颁）标准的适用专业（部颁）标准。没有国家标准、专业（部颁）标准而有企业标准的，按企业标准执行。前三种都没有的，当事人可以协商标准。在确定质量时，要写明质量标准的全名。在适用协商标准时，当事人对

质量的要求要清楚、明确、详细、具体地写入合同中。仓储物的包装指仓储物表面上的包装，包装的目的是保护仓储物不受损害。仓储物的包装有国家标准或专业标准的，应按国家标准或专业标准确定，没有国家或专业标准的，当事人在保证储存安全的前提下，可以协商议定。标记、标志应该齐全并符合规定要求。

（三）交接时间和地点、验收方法

交接时间显然确定了仓储物入库时间，保管人须在此时准备好货位并进行交接。交接地点表明了运送货物入库、卸车的责任承担人所在地。合同中还需要明确交接理货方法、验收的内容、标准、时间和方式。如约定了验收标准的，保管人仅对约定验收事项负责。

（四）仓储物的损耗标准

商品损耗标准可以采用国家标准或者行业标准，也可以另由双方合理约定。仓储物在经过长期存放和多次装卸、搬运、消毒打扫、冷冻等作业后，由于不同原因或造成耗损减量，对于这类减量保管人很难承担责任。在合同中订立合理耗损条款，就是双方约定不追究对方责任的数量减少标准，包括重量或者件数的减量。也就是采用协议免责的方法处理。

（五）储存条件及场所

仓储物在仓库储存期间，由于仓储物的自然性质不同，对仓库的外界条件和温度、湿度等都有特定的要求。比如肉类食品要求在冷藏条件下储存；纸张、木材、水泥要求在干燥条件下储存；精密仪器要求在恒温、防潮、防尘条件下储存。因此，合同双方当事人应根据仓储物的性质选择不同的储存条件，在合同中明确约定。保管人如因仓库条件所限，达不到存货人的要求，则不能勉强接受。对某些较特殊的仓储物，如易燃、易爆、易渗漏、有毒等危险仓储物，在储存时，需要有专门的仓库、设备以及专门的技术要求，这些都应在合同中一一注明。必要时，存货人应向保管人提供仓储物储存、保管、运输等方面的技术资料，以防发生仓储物毁损、仓库毁损或人身伤亡。如挥发性易燃液体在入库、出库时，保管人如不了解该液体的特性，采用一般仓储物的装卸方法，可能造成液体的大量挥发外溢，酿成火灾。特殊仓储物需特殊储存条件、储存要求的，应事先交代清楚。

（六）储存期限

双方约定的仓储物的储存时间，可以采用期限表示，如储存 3 个月，自货物入库起算；或者以日期的方式表示，如 3 月 30 日至 6 月 30 日；或者不约定具体的存放期限，但约定到期方式的确定方法。储存期限是保管人计收仓储费的基础，也是承担责任的期限，也是保管人安排库容运作和使用计划安排的依据，存货人不能遵守储存期限条款，保管人有权要求承担违约责任。

（七）仓储费

确定仓储费的费率、仓储费的计算方法、支付方法和时间的条款。《合同法》规定当事人没有约定支付时间的，采用交付仓储物时支付。

（八）仓储物的保险约定

仓储过程有一定风险，仓储物必须进行保险。若存货人已对仓储物进行了保险，必须告知保管人所投保的保险内容。未保险的可以委托保管人进行投保，但需由存货人承担保险费。

（九）违约责任

违约金是违约责任的主要承担方式，但必须在合同中明确，包括违约金数额标准或者计算方法、支付条件等。一般合同中都要注明违约事项及其处理方式。合同约定存货人未交付货物、未在约定时间交付仓储物的违约责任；保管人不能接受仓储物，或者不能在约定的时间接受仓储物的违约责任。存货人未在约定时间提取仓储物的超期费用；仓储物在仓储期间造成保管人或者其他损害的赔偿；违约金的标准；采取补救措施等出现违约时的处理方法。

（十）合同变更解除的条件

因为客观原因发生重大变化或者双方利益的需要，原合同的继续履行可能对双方都不利，可以采用合同变更或解除的方法防止不利局面发生。当事人在订立合同时就可以确定发生不利于履行合同时的具体条件和变更或者解除合同的处理方法。

（十一）争议处理

有关合同争议的诉讼或者仲裁的约定。包括仲裁地点、仲裁机构，或者合同中选择的诉讼地点。

（十二）合同签署

合同签署是合同当事人对合同协商一致的表示。作为诺成合同，也就意味着合同开始生效。签署合同由企业法人代表签名，注明签署时间，法人或者组织还需要盖合同专用章。个人签订合同时只需签署个人完整姓名。

五、仓储合同范例及实例

仓储合同（范例）

合同编号：

订立合同双方：

保管方：______________________________

存货方：______________________________

保管方和存货方根据委托储存计划和仓储能力的情况，双方协商一致，签订本合同，共同信守。

第一条　储存货物的名称、规格、数量、质量

1．货物名称：______________________________。

2．品种规格：______________________________。

3．数量：______________________________。

4．质量：______________________________。

5．货物包装：______________________________。

6．备注：

第二条　货物包装

1．存货方负责货物的包装，包装标准按国家或专业标准规定执行，没有以上标准的，在保证运输和储存安全的前提下，由合同当事人议定。

2．包装不符合国家或合同规定，造成货物损坏、变质的，由存货方负责。

第三条　保管方法　根据有关规定进行保管，或者根据双方协商的方法进行保管。

第四条　保管期限　从____年____月____日至____年____月____日止。

第五条　验收项目和验收方法

1．存货方应当向保管方提供必要的货物验收资料，如未提供必要的货物验收资料或提供的资料不齐全、不及时，所造成的验收差错及贻误索赔期或者发生货物品种、数量、质量不符合合同规定时，保管方不承担赔偿责任。

2．保管方应按照合同规定的包装外观、货物品种、数量和质量，对入库货物进行验收，如果发现入库货物与合同规定不符，应及时通知存货方。保管方未按规定的项目、方法和期限验收，或验收不准确而造成的实际经济损失，由保管方负责。

3．验收期限：国内货物不超过 10 天，国外到货不超过 20 天。超过验收期限所造成的损失由保管方负责。货物验收期限，是指货物和验收资料全部送达保管方之日起，至验收报告送出之日止。日期均以运输或邮电部门的戳记或直接送达的签收日期为准。

第六条　入库和出库的手续　按照有关入库、出库的规定办理，如无规定，按双方协议办理。入库和出库时，双方代表或经办人都应在场，检验后的记录要由双方代表或经办人签字。该记录应视为合同的有效组成部分，当事人双方各保存一份。

第七条　损耗标准和损耗处理　按照有关损耗标准和损耗处理的规定办理，如无规定，按双方协议办理。

第八条　费用负担、结算办法　保管费率为_______元/天，不足 12 小时按变天计算，总保管费为________元。费用在货物交存保管的_______天内交付给保管人/保管到期前________天交付。结算方法：__________。

第九条　违约责任

1．保管方的责任

（1）由于保管方的责任，造成退仓或不能入库时，应按合同规定赔偿存货方运费和支付违约金。

（2）对危险物品和易腐货物，不按规程操作或不妥善保管，造成毁损的，负责赔偿损失。

（3）货物在储存期间，由于保管不善而发生货物灭失、短少、变质、污染、损坏的，负责赔偿损失。如属包装不符合合同规定或超过有效储存期而造成货物损坏、变质的，不负赔偿责任。

（4）由保管方负责发运的货物，不能按期发货，赔偿存货方逾期交货的损失；错发到货地点，除按合同规定无偿运到规定的到货地点外，并赔偿存货方因此而造成的实际损失。

2．存货方的责任

（1）易燃、易爆、有毒等危险物品和易腐物品，必须在合同中注明，并提供必要的资料，否则造成货物毁损或人身伤亡，由存货方承担赔偿责任直至由司法机关追究刑事责任。

（2）存货方不能按期存货，应偿付保管方的损失。

（3）超议定储存量储存或逾期不提时，除交纳保管费外，还应偿付违约金。

3．违约金和赔偿方法

（1）违反货物入库计划的执行和货物出库的规定时，当事人必须向对方交付违约金。违约金的数额，为违约所涉及的那一部分货物的 3 个月保管费（或租金）或 3 倍的劳务费。

（2）因违约使对方遭受经济损失时，如违约金不足抵偿实际损失，还应以赔偿金的形式补偿其差额部分。

（3）前述违约行为，给对方造成损失的，一律赔偿实际损失。

（4）赔偿货物的损失，一律按照进货价或国家批准调整后的价格计算；有残值的，应扣除其残值部分或残件归赔偿方，不负责赔偿实物。

第十条　由于不能预见并且对其发生和后果不能防止或避免的不可抗力事故，致使直接影响合同的履行或者不能按约定的条件履行时，遇有不可抗力事故的一方，应立即将事故情况电报通知对方，并应在数天内，提供事故详情及合同不能履行，或者部分不能履行，或者需要延期履行的理由的有效证明文件，此项证明文件应由事故发生地区的公证机构出具。按照事故对履行合同影响的程度，由双方协商决定是否解除合同，或者部分免除履行合同的责任，或者延期履行合同。

第十一条　其他____。

保管方：________（公章）

法定代表人：________（签章）

地址：________　　　　联系方式：

开户银行：________

账号：________

存货方：________（公章）

法定代表人：________（签章）

地址：________　　　　联系方式：

开户银行：________

账号：________

签订日期：____年____月____日

某省大宗原料中心批发市场交货仓库储存合同（实例）

甲方（交易商）：__________________________

乙方：某大宗原料中心批发市场有限责任公司

丙方（交货仓库）：________________________

遵循平等、自愿、互利、互惠原则，经三方友好协商，签订本合同。

第一条　合同各方同意遵守执行《某大宗原料中心批发市场交易管理办法》及某大宗原料中心批发市场有关文件、通知的规定。

第二条　货物入库

1. 甲方货物入库时须向乙方提出申请，并按乙方要求填写和提交货物入库申请审批表；

2. 乙方审批同意后向丙方开具入库通知单，甲方应及时与丙方联系办理货物入库事宜；

3. 丙方依次按照货物先到先入、先申请者先入、先卖货者先入的原则为甲方及其他交易商办理货物验收入库手续。丙方办理完货物入库手续后，向甲方开具乙方统一印制的存货凭证。丙方开具存货凭证时，对所有项目必须填列完整，并加盖在乙方处预留的印鉴；

4. 丙方向甲方开具的存货凭证，甲方须提交乙方注册。

第三条　储存数量及品级

储存数量及品级为丙方向甲方开具的存货凭证中标明的数量及品级。

第四条　入库验收

1. 数量验收：以件数及重量为准；

2. 品级验收：根据甲方提供的有效品质证明书等所列示的等级与实物外包装进行核对（丙方不负责检验货物的质量）；

3. 包装验收：按照《某省大宗原料中心批发市场电子交易合同（范本）》中规定的包装要求进行验收；

4. 入库验收的结果应在丙方出具的存货凭证中注明。

第五条　保管要求

1. 丙方应按国家相应物资仓储规定（标准）对甲方存货实施保管，以维护货物储存期间的质量安全；

2. 同一仓储区间储存的商品性能互不抵触，养护措施和消防方法一致；

3. 严禁将商品性能互相污染、损坏的货物与甲方的货物存放在同一仓储区间。

第六条　货物出库

1. 凡本合同规定格式存货凭证所标明的货物，必须凭乙方签发的提货单提货。乙方签发的提货单，必须加盖乙方在丙方处预留的印鉴，丙方对印鉴严格核对无误后方可发货；

2. 提货人应出具公司授权书和个人身份证，并在丙方出库登记簿上登记、签字。

第七条　计费项目、标准

1. 仓租等费用由甲方按乙方最新公布的标准向丙方支付。费用支付时间为自_______年______月____日起至_______年____月_____日止；

2. 若甲方拖欠丙方仓储保管等费用的时间超过三个月，丙方须与乙方商讨后，丙方方可处置与甲方拖欠费用相应等值货物，甲方自动放弃对该货物的追索权。

第八条　责任划分

1. 甲方责任：

（1）甲方入库货物，在保管期限内应向保险公司投保，如甲方未投保而遇不可抗力因素造成的损失由甲方自行承担；

（2）货物出现异状时，甲方收到丙方书面通知后不及时处理，因此造成的损失由甲方自行承担；

（3）丙方凭本合同规定的手续发货，甲方不得以任何理由及方式进行阻挠，否则给甲、丙方造成的损失由甲方赔偿。

2. 乙方责任：

（1）丙方按合同应收费用而甲方逾期未付，乙方有义务协助丙方向甲方追索；

（2）若甲方并未通过某省大宗原料中心批发市场卖出该批货物，而乙方擅自挪用，由此造成甲方损失，由乙方赔偿。

3. 丙方责任：

（1）丙方违反本合同第四条规定，造成的损失，由丙方承担和赔偿；

（2）丙方违反本合同第五条规定，造成甲方的损失，由丙方赔偿；

（3）丙方违反本合同第六条规定，由丙方向乙方赔偿。

第九条　保管期限　甲方货物的保管期限，自甲方货物入库之日起，至乙方对该批货物开出提货单之日止。

第十条　本合同未尽事宜由三方协商补充。

第十一条　因履行本合同发生争议，三方应友好协商解决；协商不成引起诉讼，三方约定由乙方所在地人民法院管辖。

第十二条　其他约定　本合同一式三份，甲、乙、丙三方各执一份。甲、乙、丙三方签字盖章之日起生效。本合同为长期合同，相关的存货凭证和仓单为本合同组成部分。

甲方（交易商）：________________________

乙方：某大宗原料中心批发市场有限责任公司

丙方（交货仓库）：______________________

签订日期：_________年_______月_______日

【任务实施】

一、实施步骤

1. 将学生以每组 6 人进行分组。

2. 各组再分为两组，3 人为一组，分别模拟林森物流有限公司代表和上海申美饮料有限公司代表。

3. 双方谈判协商，确定相关仓储保管条款。

4. 仓储方撰写仓储合同，双方签署。

5. 各组选一名代表来总结合同拟定与签订过程中的注意事项，小组其余同学补充或接受别组同学的提问。

二、成绩评定

仓储项目合同书的撰写成绩考核标准

考核小组__________ 组长_________ 小组代表_________

考核内容	考核标准	小组得分	实际得分
仓储项目合同书的撰写	1. 谈判氛围浓厚	20 分	
	2. 合同书写格式规范	20 分	
	3. 合同内容全面	20 分	
	4. 注意事项分析到位	20 分	
	5. 回答问题正确	20 分	
合计		100 分	

任务2　仓储合同纠纷处理

【任务描述】

最近公司项目部送货被拒签了两笔单子，上海申美公司提出赔偿。公司冒经理要求项目部卞经理彻查此事，并解决这起合同纠纷事件。卞经理发现，由于冬季是饮料的淡季，仓库没有按要求做到先进先出，导致一批货临近保质期三个月，因此客户拒签。现卞经理该如何处理此事件？

【任务引导】

1. 此事件中，责任应该是谁造成的？
2. 违约责任如何来承担呢？

【知识准备】

一、存货人与保管人

存货人是指将仓储物交付保管的一方。存货人必须是具有将仓储物交付仓储的处分权的人，既可以是仓储物的所有人，也可以是仓储权利的占有人，如货物承运人，或者是受让仓储物但未实际占有仓储物的准所有人，或者有权处分人，如法院、海关、公安等行政机关。其可以是法人单位、非法人单位、个人等。

保管人是为仓储货物提供保管服务的一方。根据我国《合同法》仓储分则的规定，保管人必须有仓储设备设施和专门从事仓储保管业务的资格。也就是说，保管人必须拥有仓储保管设备和设施，具有仓库、场地、货架、装卸搬运设施、安全、消防、环境保护等基本条件，取得相应的环保、安全生产监督、公安、消防部门的许可。从事特殊货物保管的，必须符合特殊保管的专门要求。保管人必须具有仓储运作设备和设施有效的经营使用权。同时从事仓储经营必须具有经营资格，进行工商登记，获得工商营业执照，按章纳税。保管人可以是独立的企业法人、企业的分支机构，或者个体工商户等，也可以是专门从事仓储业务的仓储经营者，还可以是商贸生产企业的兼营机构，以及从事配送经营的配送中心。但若是按《合同法》保管分则规定签订的保管合同，则可以是普通个人，也可不收费用。

二、存货人的权利与义务

（一）妥善处理和交存货物

存货人应在合同约定的时间向保管人交存仓储物，并提供验收单证。存货人未按照约定交存仓储物就构成违约。存货人应对仓储物进行妥善处理，根据性质进行分类、分储，根据合同约定妥善包装，使仓储物适合仓储作业和保管。交存仓储物不是仓储合同生效的条件，而是存货人履行合同的义务。

（二）告知义务

存货人的告知义务包括两个方面：对仓储物的完整明确的告知和瑕疵告知。

所谓完整告知，是指在订立合同时存货人要完整细致地告知保管人仓储物的准确名称、数量、包装方式、性质、作业保管要求等涉及验收、作业、仓储保管、交付的相关资料，特别是危险货物，存货人还要提供详细的说明资料。存货人寄存货币、有价证券或者其他贵重物品的，应向保管人声明，由保管人验收或者封存，存货人未声明的，该物品毁损、灭失后，保管人可以按照一般物品予以赔偿。存货人未明确告知的仓储物属于夹带品，保管人可以拒绝接受。

所谓瑕疵包括仓储物及其包装的不良状态、潜在缺陷、不稳定状态等已存在的缺陷或将会发生损害的缺陷。保管人掌握仓储物所具有的瑕疵可以采取针对性的操作和管理，以避免发生损害和危害。注意这里包括显性的瑕疵和潜在的瑕疵危险。因存货人未告知的仓储物的性质、状态造成保管人错误，损害仍然由存货人承担赔偿责任。在订立合同时，必须预先告知保管人。

（三）支付仓储费和偿付有关费用

存货人应根据合同约定按时、按量地支付仓储费，否则构成违约。对于固定储存期的仓储，如果存货人提前提取仓储物，保管人不减收仓储费。如果存货人逾期提取，应加收仓储费。由于未支付仓储费，保管人有对仓储物行使留置权的权利，并可通过拍卖留置的仓储物等方式获得款项。

此外，仓储物在仓储期间发生的应由存货人承担责任的费用支出或垫费，如保险费、货物自然特性的损害处理、有关货损处理、运输搬运费、转仓费等，存货人应及时支付。

（四）及时提货

存货人未在约定的时间提离仓储物，保管人可以向提存机关要求提存该仓储物。因为保管人根据合同的约定而统筹安排仓库的长期使用，如果存货人未将仓储物提离，会使得保管人已签订的下一个仓储合同无法履行。

（五）查验、取样查验

在仓储保管期间存货人有对仓储物进行查验、取样查验的权利，可以提取合理数量的样品进行查验。由于查验，当然会影响保管人的工作，取样还会造成仓储物的减量，但存货人合理进行的查验和取样，保管人不得拒绝。

（六）保管物的领取

当事人对保管期间没有约定或约定不明确的，保管人可以随时要求寄存人领取保管物；约定明确的，保管人无特别事由，不得要求寄存人提前领取保管物，但存货人可以随时领取保管物。

（七）获取仓储物孳息的权利

《合同法》第 377 条规定："保管期间届满或者寄存人提前领取保管物的，保管人应当将原物及其孳息归还寄存人。"可见，如果仓储物在保管期间产生了孳息，存货人有权获取该孳息。

三、保管人的权利和义务

（一）提供合适的仓储条件

仓储人经营仓储保管的先决条件就是具有合适的仓储保管条件，包括适合的场地、容器、仓库、货架、作业搬运设备、计量设备、保管设备、安全保卫设施等条件。同时还应配备一定的保管人员、商品养护人员，制定有效的管理制度和操作规程等。同时保管人所具有的仓储保管条件还要适合所要进行保管的仓储物对仓储保管的要求，如保存粮食的粮仓、保存冷藏货物的冷库等。保管人若不具有仓储保管条件，则构成根本违约。

（二）验收货物

验收货物不仅是保管人的义务，也是其权利。保管人未验收货物推定为存货人所交存的货物完好，保管人也将要返还完好无损的货物。保管人在理货验收中发现货物溢短，对溢出部分可以拒收，对于短少的部分有权向存货人主张违约责任。对于货物存在与合同货物质量标准不符或未提及的不良状况，有权要求存货人更换、修理，或拒绝接受。

（三）签发仓单

保管人根据实际收取的货物情况及时向存货人签发仓单，并根据合同的约定填写仓单的责任事项和相关信息，以利于仓单交易，便于向未来变更转让后的仓单持有人承担责任。在存期届满，根据仓单的记载向仓单持有人交付货物，并承担仓单所明确的责任。

（四）合理化仓储

保管人应在合同约定的仓储地点存放仓储物，并使用适合于仓储物保管的仓储设施和设备，从谨慎妥善操作、科学保管维护等各方面做到合理化仓储。保管人对于其因保管不善所造成的仓储物在仓储期间发生损害、灭失，除非保管人能证明损害是由于货物性质、包装不当、超期等以及其他免责原因造成的，否则保管人必须承担赔偿责任。

（五）按仓单返还仓储物

保管人应在合同约定的时间和地点向仓单持有人交还约定的仓储物。仓储合同没有明确存期和交还地点的，存货人或仓单持有人可以提前要求随时提取，保管人应在合理的时间内交还存储物；同样，保管人也可以随时要求存货人提取仓储物。作为一般仓储合同，保管人在交返仓储物时，应将原物及其孳息、残余物一同交还。

（六）货物危险通知义务

当仓储物在仓储过程中出现危险时，保管人应及时通知存货人或者仓单持有人。存货人掌握仓储物的现实状态是存货人具有所有权的权利体现，存货人及时掌握危险情况并采取措施处理，有利于减少损失。在突发危险时，保管人有义务采取紧急措施处置以防止危害扩大。

（七）收取仓储费的权利

仓储费是保管人订立合同的目的，是对仓储物进行保管所获得的报酬，是保管人的合同权利。保管人有权按照合同约定收取仓储费或在存货人提货时收取仓储费。

（八）保管人的提存权

储存期间届满，存货人或者仓单持有人不提取货物的，保管人可以催告其在合理期限内提取，逾期不提取的，保管人可以提存仓储物。提存程序一般来说，首先应由保管人向提存机关呈交提存申请书。在提存申请书上应当载明提存的理由，标的物的名称、种类、数量以及存货人或提单所有人的姓名、住所等内容。其次，仓管人应提交仓单副联、仓储合同副本等文件，以此证明保管人与存货人或提单持有人的债权债务关系。此外保管人还应当提供证据证明自己催告存货人或仓单持有人提货而对方没有提货，致使该批货物无法交付其所有人。

四、当事人的违约责任和免责

（一）仓储合同违约行为的表现形式

1．拒绝履行

拒绝履行是指仓储合同的一方当事人在没有法律或约定依据的前提下，不履行义务的行为。如单方毁约、没有履行义务的行为、将应当交付的仓储物作其他处分等，均可以推断为不履行义务的表现。再如存货人在储存期限届至时，保管人履行了储存与保管义务后，不支付仓储费；保管人在约定的期限内不返还仓储物或将仓储物挪作他用等也均是不履行义务的表现。如果仓储合同的义务人拒绝履行义务，权利人有权解除合同；给权利人造成损失的，权利人有权请求义务人赔偿其损失。

2．履行不能

履行不能是指当事人应履行义务的一方无力按合同约定的内容履行义务。履行不能可能由于客观原因不能履行，如仓储物因毁损、灭失而不能履行；也可能是由于主观过错而不能履行义务。履行不能的情况自仓储合同成立时就已经存在的，则为原始不能；如果是在合同关系成立以后才发生的，则为嗣后不能，比如仓储物于交付前灭失。如果仓储物只灭失部分，则为部分不能；如果全部灭失的，则为全部不能。由于自己的原因而不能履行义务的，为事实上的不能；由于法律上的原因而不能履行义务的，为法律上的不能。仓储合同不同种类的履行不能，其后果也不相同。但总的来说，除自始的客观不能及原始的法律不能外，其他各项履行不能，将产生以下法律后果：① 权利人可以请求赔偿损失。由于保管人的违约导致履行不能，存货人可以要求解除合同，追究保管人的违约责任。如果是因存货人违约导致履行不能，保管人可追究其违约责任。② 属一时履行不能的，权利人可请求赔偿损失、解除合同、追究义务人的违约责任；可以继续履行的，则可要求继续履行并追究其迟延责任。

3．履行迟延

未在履行期内履行义务的行为即为履行迟延。在仓储合同中，保管人未在合同规定的期限内返还仓储物，存货人未按时将货物入库，未在约定的期限内支付仓储费用等行为均属于履行迟延。履行迟延具有以下特征：① 义务人未在履行期限内履行义务；② 义务人有履行能力，如果义务人无履行能力，则属于履行不能；③ 其行为具有违法性。义务人履行迟延，经催告后在合同期限内的未履行，权利人可以解除合同，请求义务人支付违约金和赔偿损失。

4．履行不适当

履行不适当是指未按法律规定、合同约定的要求履行的行为。在仓储合同中，在货物的入库、验收、保管、包装、货物的出库等任何一个环节未按法律规定或合同的约定去履行，即属履行不适当。由于履行不适当不属于真正的履行，因此作为仓储合同权利主体的一方当事人，可以请求补正，要求义务人承担违约责任，支付违约金并赔偿损失，此外还可以根据实际情况要求解除合同。

（二）仓储合同的违约责任及其承担方式

仓储合同的违约责任是指仓储合同的当事人在存在仓储违约行为时，应该依照法律或者双方的约定而必须承担的民事责任。违约责任往往以弥补对方的损失为原则，违约方需对对方的损失，包括直接造成的损失和合理预见的利益损失给予弥补。

违约责任的承担方式有支付违约金、损害赔偿、继续履行、采取补救措施等。

1．违约金

违约金是指一方违约应当向另一方支付的一定数量的货币。从性质上而言，违约金是“损失赔偿额的预定”，具有赔偿性，同时又是对违约行为的惩罚，具有惩罚性。在仓储合同中，赔偿性违约金是指存货人与保管人对违反仓储合同可能造成的损失而做出的预定的赔偿金额。当一方当事人违约给对方当事人造成某种程度的损失，而且这种数额超过违约金数额时，违约的一方当事人应当依照法律规定实行赔偿，以补足违约金不足部分。惩罚性违约金是指仓储合同的一方当事人违约后，不论其是否给对方造成经济损失，都必须支付的违约金。

违约金分为法定违约金和约定违约金两种。法定违约金是指法律或法规有明确规定的违约金。根据法律、法规对违约金的比例是否有明确规定，法定违约金又可分为两种：一种是固定比率的违约金，即有关法规具体规定了违约金的交付比率；另一种是浮动比率的违约金，即有关法律只规定了违约金上下浮动界限的百分比，具体比例由当事人在此范围内约定。对于仓储合同，我国法律只规定了固定比率的违约金，而没有规定浮动比率的违约金。

约定违约金是指仓储合同当事人在签订合同时协商确定的违约金。约定违约金是仓储合同当事人的自主意思表示，没有比例幅度，完全由存货人与保管人协商确定。当事人约定违约金既不能过高，也不能过低，过高会加重违约方的经济负担，过低又起不到其应有的督促当事人履行合同的作用。

法定违约金与约定违约金发生冲突时，应当是约定违约金优先适用，但在充分尊重约定的前提下，依诚实信用及公平原则，国家对约定违约金进行适度干预也是完全必要的。

2．赔偿损失

赔偿损失是指合同的一方当事人在不履行合同义务或履行合同义务不符合约定的情形下，在违约方履行义务或者采取其他补救措施后，在对对方还造成了其他损失时，违约方承担赔偿损失的责任。作为承担违反合同责任的形式之一，赔偿损失最显著的性质特征即为补偿性。在合同约定有违约金的情况下，赔偿损失的赔偿金是用来补偿违约金的不足部分，如果违约金已能补偿经济损失，就不再支付赔偿金。但是如果合同没有约定违约金，只要造成了损失，就应向对方支付赔偿金。由此可见，赔偿金是对受害方实际损失的补偿，是以弥补损失为原则的。

尽管违约方承担的是完全赔偿责任，但是赔偿损失也不能超过违反合同一方当事人签订合同时预见到或者应当预见到的因违反合同可能造成的损失。因此，在确定损害赔偿责任时，应注意避免损害赔偿的扩大。在违约行为发生时，受害一方当事人有及时采取防止损失扩大的义务，没有及时采取措施致使损失扩大的，无权就扩大的部分要求赔偿。

3．继续履行

继续履行是指一方当事人在不履行合同时，对方有权要求违约方按照合同规定的标的履行义务，或者向法院请求强制违约方按照合同规定的标的履行义务，而不得以支付违约金和赔偿金的办法代替履行。通常来说，继续履行有下列构成要件：① 仓储合同的一方当事人有违约行为；② 违约一方的仓储合同当事人要求继续履行；③ 继续履行不违背合同本身的性质和法律；④ 违约方能够继续履行。在仓储合同中，要求继续履行作为非违约方的一项权利，是否需要继续履行，取决于仓储合同非违约一方的当事人，他可以请求支付违约金、赔偿金，也可以要求继续履行。

4．采取补救措施

所谓补救措施，是指在违约方给对方造成损失后，为了防止损失的进一步扩大，由违约方依照法律规定承担的违约责任形式。如仓储物的更换、补足数量等。从广义而言，各种违反合同的承担方式，如损害赔偿、违约金、继续履行等，都是违反合同的补救措施，它们都是使一方当事人的合同利益在遭受损失的情况下能够得到有效的补偿与恢复。因此，这里所称的采取补救措施仅是从狭义上而言，是上述补救措施之外的其他措施。在仓储合同中，这种补救措施表现为当事人可以选择偿付额外支出的保管费、保养费、运杂费等方式，一般不采取实物赔偿方式。

（三）仓储合同违约责任的免责

免责又称为免除民事责任，是指不履行合同或法律规定的义务，致使他人财产受到损害时，由于有不可归责于违约方的事由，法律规定违约方可以不承担民事责任的情况。仓储合同订立后，如果客观上发生了某些情况阻碍了当事人履行仓储合同义务，这些情况如果符合法律规定的条件，违约方的违约责任就可以依法免除。

1．不可抗力

不可抗力是指当事人不能预见、不能避免并且不能克服的客观情况。它包括自然灾害和某些社会现象。前者如火山爆发、地震、台风、冰雹和洪水侵袭等，后者如战争、罢工等。因不可抗力造成仓储保管合同不能履行或不能完全履行，违约方不承担民事责任。合同签订后因出现不可抗力的时间不同，会有几种不同的法律后果：当出现不可抗力以后，再要求义务人继续履行义务已无任何可能性时，可以全部免除当事人的履行义务；不可抗力的出现只对合同的部分履行带来影响，在此情况下只能免除不能履行部分的责任；如果不可抗力的出现只是对合同的履行暂时产生影响，等不可抗力的情势消失后，当事人应继续履行合同。

不可抗力的免责是有条件的，在不可抗力发生以后，作为义务方必须要采取以下积极的措施才可以免除其违约责任：

（1）发生不可抗力事件后，应当积极采取有效措施，尽最大努力避免和减少损失，如果当事人有能力避免损失的加剧，但未采取有效措施致使损失扩大，扩大的损失不属于不可抗力造成的损失。

（2）发生不可抗力事件后，应当及时向对方通报不能履行或延期履行合同的理由。及时通报的目的是使对方当事人根据合同不能履行的具体情况，采取适当措施，尽量避免或减少由此而造成的损失。如果遭受不可抗力的一方没有及时通报，由此而加重了对方的损失，则加重部分不在免责之列。

（3）发生不可抗力事件后，应当取得有关证明。即遭遇不可抗力的当事人要取得有关机关的书面材料，证明不可抗力发生以及影响当事人履行合同的情况，这样如果日后发生纠纷，也可以做到有据可查。

2．仓储物自然特性

根据《合同法》及有关规定，由于储存货物本身的自然性质和合理损耗，造成货物损失的，当事人不承担责任。

3．存货人的过失

由于存货人的原因造成仓储物的损害，如包装不符合约定、未提供准确的验收资料、隐瞒和夹带、存货人的错误指示和说明等，保管人不承担赔偿责任。

4．合同约定的免责

基于当事人的利益，双方在合同中约定免责事项，对负责事项造成的损失，不承担互相赔偿责任。如约定货物入库时不验收重量，则保管人不承担重量短少的赔偿责任；约定不检验货物内容质量的，保管人不承担非作业保管不当的内容变质损坏责任。

【任务实施】

一、实施步骤

1．将学生以每组 5～6 人进行分组，以卞经理的名义，分析该事件原因。

2．以卞经理的名义给出解决思路和方法。

3．同时通过两个典型仓储纠纷案例分析，总结处理常见仓储纠纷问题的思路和方法。

4．由小组指定代表进行任务汇报，小组其余同学补充并接受别组同学的提问。

【案例一】

2010 年 3 月 15 日，山西忻州某铝材厂因冬季供暖需要燃料，向某物资供应部订购柴油，后该物资供应部给铝材厂送去柴油一车，铝材厂试烧后对柴油质量感到满意，遂提出继续供货。之后，铝材厂先后收到物资供应部柴油 9 车，合计收到柴油共计 60 吨。物资供应部给铝材厂出具的发票中写明的品名是废柴油，铝材厂收货时在收货条上注明的品名是柴油。

铝材厂因库房紧张，无法储存该批柴油。于是，2010 年 5 月 28 日，铝材厂与某石化综合厂签订了关于这批柴油的仓储保管合同。合同约定，石化综合厂为铝材厂保管柴油 60 吨，铝材厂自备容器，保管费为每月 3 500 元，保管期限为 3 个月。合同签订后，铝材厂将 60 吨废柴油以柴油名义交付保管。

2010 年 6 月 24 日，石化综合厂仓库管理员阮某发现柴油气味浓烈，便打开抽油泵来抽取漏油槽中的漏油。在抽取过程中，突然发生爆炸。石化综合厂仓库区的十几名工人前往救火，在救火过程中油气又发生第二次爆炸，烧伤了救火员工 15 名。随后火被消防队扑灭，受伤员工也被送往医院治疗。

事后，石化综合厂经统计确认遭受以下损失：救治伤员共花费医疗费、伤员营养费 40 万元，因爆炸造成石化综合厂仓库及存储的其他货物共计损失 30 万元。石化综合厂认为是铝材厂将含轻汽油的废油当做柴油储存，没有说明该批柴油的质量不纯，才导致了此次事故，于是向法院提起诉讼，要求被告赔偿经济损失共计 70 万元。铝材厂辩称：石化综合厂作为有经验的储存单位，应对每一批储存货物进行检验，而石化综合厂并没有这样做，而且事故的直接原因是由于石化综合厂员工抽油时使用的油泵是非防爆型的，以致抽油时打火引发爆炸，因此，石化综合厂应对此次事故负责。

（1）请你评析一下此事件。

（2）你认为法院最终会如何判决？

【案例二】

经审理查明，原告邓某与被告王某于 2008 年 8 月 13 日签订了《苏木黄村冷库代储合同》。合同约定，甲方（王某）给乙方（邓某）代储大蒜 105 吨，每吨储存费 230 元，2008 年 8 月 10 日至 2008 年 8 月 15 日入库，2009 年 5 月 1 日前出库，如行情不好延长至 7 月 1 日，乙方应付清全部储存费，延长时间内每吨每月（乙方邓某）另交费 20 元，如大蒜价格落至每吨 230 元时，乙方（邓某）应交清全部冷库费的 50%，否则甲方（王某）有权卖乙方（邓某）的部分大蒜，如果不是这种情况，甲方（王某）在不经乙方（邓某）的同意下卖乙方（邓某）大蒜，甲方（王某）应按乙方（邓某）出库时的蒜价双倍赔偿乙方等。2008 年 8 月 13 日，被告王某为原告邓某出具了入库 5 234 件，大约 105 吨大蒜的入库手续。2008 年 12 月，在杞县库存的大蒜价格落至原、被告双方约定的市场价格每吨 230 元以下时，王某通知中间人赵某让其通知邓某按双方约定缴纳仓储费。2008 年 12 月 24 日，邓某交给赵某款 10 000 元让其转交王某，赵某给邓某出具收条，内容为：邓某交来王某冷库大蒜库费 10 000 元整，由赵某代收转交王某。2008 年 12 月 25 日，赵某将 10 000 元钱交给了王某，王某为赵某出具了内容为今收到赵某交来现金壹万元整的收条。2009 年 1 月及 2 月被告在未经原告同意的情况下分两次将原告在被告冷库储存的大蒜约 105 吨卖掉。另查明，杞县农业产业化办公室于 2009 年 7 月 1 日出具证明，2009 年 5 月 4 日杞县大蒜价格 6 厘米的 0.35 元/斤，混级蒜 0.20 元/斤，折合每吨价格为 400 元。上述事实有当事人陈述、双方签订的代储合同及入库单、赵某给邓某出具的收款手续及王某给赵某出具的收款条和赵某证明等证据证实。

（1）请你评析一下此事件。

（2）你认为法院最终会如何判决？

二、成绩考核

仓储合同纠纷处理成绩考核标准

考核小组__________ 组长_________ 小组代表_________

考核内容	考核标准	小组得分	实际得分
仓储合同纠纷处理	1．事件原因分析准确	20 分	
	2．解决思路清晰	20 分	
	3．纠纷处理方法合理	20 分	
	4．案例分析清晰、准确	20 分	
	5．回答问题正确	20 分	
合计		100 分	

任务 3 仓单业务操作

【任务描述】

2013 年 12 月 20 日，林森物流集团有限公司与某商贸有限公司签订了一份仓储合同，并开出仓单。过了 2 个月，商贸有限公司要求进行仓单分割，分割为货量平均的两份仓单。又过了 1 个月，商贸有限公司把存货的一半转让给了另外一家商贸有限公司，同时，将剩余的存货申请仓单质押。请仓管员小李完成相关业务。

【任务引导】

1．金融仓储作为一种金融服务的创新模式，一问世便深受中小企业、金融机构的欢迎，是一项多方受益的金融服务。2008 年，浙江涌金仓储股份有限公司（以下简称浙江金储）作为全国首家金融仓储公司在杭州正式成立，专心致力于金融仓储业务。至 2010 年 9 月，浙江金储已与近 20 家银行开展合作，共为 103 家中小企业提供金融仓储服务，融资额达 23 亿元，在国内设立了多家分支机构和办事处。银行、借款企业、仓储企业是如何进行融资的？

2．一份有效的仓单怎样才能生效？应该包括哪些内容？

【知识准备】

一、仓单含义

仓单，是指仓储保管人在与存货人在签订仓储保管合同的基础上，按照行业惯例，以表面审查、外观查验为一般原则，对存货人所交付的仓储物品进行验收之后出具的权利凭证。通常指由保管人在收到仓储物时向存货人签发的表示已经收到一定数量的仓储物的法律文书。

仓储合同的订立可以采用书面形式，也可以采用口头形式或者其他形式。仓单在仓储合同中具有重要作用，仓单的内容是对仓储合同内容的进一步确认，同时还是处理保管人与存货人或提单持有人之间关于仓储合同纠纷的依据。存货人交付仓储物的，保管人应当给付仓单。仓单实际上既是仓储物所有权的一种凭证，又是存货人或者持单人提取仓储物的凭证。存货人或者仓单持有人在仓单上背书并经过保管人签字或者盖章的，即可转让提取仓储物的权利。所以仓单是合同的证明、物权凭证、提货凭证、有价证券（可以作为抵押、质押、财产保证等金融工具和其他信用保证）。

仓单联数应为三联：会计记账联、正本提货联（可印制底纹）、会计底卡联。

仓单分为通用仓储仓单和金融仓储仓单两种类型。

（1）通用仓储仓单，即用于普通仓储业务中的仓单。仓储物的出库单、入库单都视为仓单。

（2）金融仓储仓单，即用于企业融资货物质押、货物转让、期货交割的仓单，与货物共同整进整出的仓单。

二、仓单的法律效用

（一）仓单是提货凭证

在提取仓储物时，提货人必须向保管人出示仓单，仓储保管人按合同规定保证向仓单持有人交付仓储物，并在提货后将仓单交回保管人处注销。没有仓单不能直接提取仓储物。《合同法》规定：仓单是提取仓储物的凭证。存货人或者仓单持有人在仓单上背书并经保管人签字或者盖章的，可以转让提取仓储物的权利。

（二）仓单是仓储物所有权的法律文书

保管人在理货查验并接受仓储物后向存货人签发仓单，只是将仓储物的保管责任转交给保管人，通过保管人签发的仓单作为存货人对仓储物的所有权文书，并由存货人或其他持有人持有。

（三）仓单具有有价证券的作用

仓储保管人依据仓单返还仓储物，拥有仓单表示拥有仓储物，也就意味着拥有仓单，即拥有着与仓储物同值的财产权利。仓单是仓储物价值的有价证券，由于仓单所表示的是实物资产的价值，交易时仓单需要背书，其交易价格受实物市场供求关系的影响，需要根据市场确定仓单具体的价格。

（四）仓单是仓储合同的证明

仓单本身并不是仓储合同，当双方没有书面订立仓储合同时，仓单作为仓储合同的书面证明，可以证明交易双方合同关系的存在，存货人和保管人按照仓单的记载承担合同责任。

三、仓单内容

我国《合同法》分则规定仓单的内容主要包括下列事项：

（一）存货人的名称或者姓名、住所、联系方法

存货人是仓储物的初始所有人或者占有人，有权对货物进行仓储处分。存货人是仓单法律关系的一方，承担着仓单所确定的存货责任义务和权利。完整记录存货人名称，也是以后判定仓单背书转让连续性的依据。

记名仓单上应写明真正的存货人或所有人。若填写的是通知人或经办人名，

则是无名合同。存货人的名称为存货人法人的完整名称，与法人证书的登记名称应完全一致。当存货人为个人时，采用该人的法定的完整姓名。住所为存货企业的所在地或主营业所在地，或发生仓储业务关系的分营业部所在地，或个人的居住地或者常住地。住所地址要求采用完整的街牌号或者乡村名称。因为住所地址是仓储业务中保管人与存货人联系的途径，一般还要注明联系电话、电子邮箱等便利的联系方法，更为重要的是当仓单发生司法争议时，该住所就是司法管辖权的确定因素之一，因而必须认真对待。

（二）仓储物的品名、数量、质量、包装、件数和标记

仓储物是仓单的标的物，仓储物的品名、数量、质量、包装、件数、标记和标志是保管人所接收仓储物的准确描述，构成了仓储物的特定化，也是保管人向仓单持有人交还物品的依据和标准。若保管人不能交还仓单所描述的特定仓储物，就需要给予赔偿。但这个特定物不一定就是原物，只有当双方签订的仓储合同为一般保管合同时才会约定是原有物。仓储物的品名、数量、质量、包装、件数、标记和标志是保管人在接收仓储物时查验和理货所获得的准确结果，必要时可以通过商品检验获得；若签订的是混藏仓储合同或消费式仓储合同，还要注意国家有关技术标准的应用。仓储物的品名应是标准名称，质量可以采用国家标准和行业标准或公认的等级质量标准或者标明具体的质量水平，或者直接以检验结论标定，包装一般来说为保管人所认可的包装方式。标记和标志应该按照国家有关的标准和行业规范进行应用。

（三）仓储物的耗损标准

仓储物因为仓储作业、长期保存和流通加工会发生损耗。这往往是由仓储物的自身特性而引发的自然减量和公认的合理耗损。在交接和保存过程中，货物的破损、挥发、自热呼吸、变质、干化风化、氧化锈蚀、陈旧、粘尘等都由保管人承担就显得不合理。仓储物的耗损标准就是在交还仓储物时仓储物数量短少缺失在仓单所约定的仓储物耗损标准之内，保管人不予赔偿。这也是保障交易双方合法权益的基础，使交易简化可行，并降低了交易费用。

仓储物的损耗标准有国家或者行业标准规定的可以按规定标准执行，无标准的由双方约定耗损标准。确定耗损标准后，保管人在将仓储物交付仓单持有人时，对仓储物在耗损标准内的数量短少、质量变化等不予以赔偿。保管人只需要赔偿耗损标准以外的货物。

（四）储存场所

储存场所一般在仓储合同中约定，也可以由保管人安排，在仓单中记载的储存场所应为仓储物的实际存放地点。储存场所应注明储存的仓库名称和地点，有时还需明确注明存放仓储物的仓库号、堆场号、货位号等存货的具体位置。因为储存场所涉及对仓储物的保管条件、保管标准、操作工艺和消防安保，以及仓储期间风险的大小、存入和提出仓储物的成本费用和便利条件。当发生仓储争议时，这也是合同履行地、财产所在地司法管辖权的决定因素。

（五）储存期限

仓储合同是一种有时限的合同，仓单持有人和保管人在合同约定的期限内享有权利和承担义务。仓储经营保管人在事先约定的时期内对仓储物承担保管责任和义务。为了便于仓单持有人明确掌握储存期限，必须将储存期限特别是储存到期时间明确地记录在仓单上。储存时间的表示可以选用开始期加期限的方式，如存储期 1 个月，从仓单签发日起算，到期日为节假日的，顺延到假日后的第一个工作日；也可以选用明确到期日的方式表达，如某年某月某日到期。这由初始存货人与保管人约定选用。

储存期限是保管人承担仓储保管责任的期限，也是收取相应仓储费的依据，计算和收取超期费、空置费的依据，是保管人安排多项存储业务调度的时间参考因素。

（六）仓储费

仓储费是订立合同的重要目的和基本内容。仓储费由保管人和存货人约定，包括仓储费计费标准、结算支付方式、支付地点、时间、超期付费、滞纳金等。当仓储费是分期结算支付的，或者由提货人支付时，或者在提货时结算的，必须在仓单上准确记录，以便约束存货人和仓单持有人。同时在仓单转让时，受让人知道其所要承担的仓储费支付义务、支付条件和支付额。

仓储计费标准还是超期保管费计算的基础。这对于具有长期保存价值的交易物品来说极为重要。例如工艺品、文物、贵重金属、原材料等。

（七）仓储物的保险金额、期间以及保险人的名称

不同的仓储物保管风险各不相同。为了减小风险，对仓储物进行投保财产险有时十分必要，且是一种有效的方法。对仓储物投保所需要的费用，一般由仓储物所有人承担。如果保管未保险的仓储物，保管人为了降低自身责任风险，也可

以采用由仓储人购买保险的方法，当然其保险的成本会通过抬高仓储费等方式转移给仓储物的所有人。另一方面，仓储物是否购买保险，对仓单受让人具有直接的利益关系，仓单的转让只是转让了仓储物的物权，受让人也要承担相应的风险，所以受让人必须明确掌握仓储物的价值保证程度，其中包括具体的保险金额、保险条款、期限和保险人。

在仓单上记载保险资料，有利于发生事故时的保险处理，也有利于仓单的转让和金融工具职能的运用。

（八）填发人、填发地和填发日期

填发人为仓储经营人的企业全部名称（公章）或者法定代表人的姓名。这是仓单和合同的必须要求，不可缺省。填发人的签署表明仓单发生效力。填发地和填发日期不仅表示仓单发生效力的时间和地点，也是发生争议和纠纷时确定司法属地管辖的依据和法律时效起算时间的依据。

一份真实有效的仓单可以包含以上所有内容或者其他仓储业务交易双方认为必要的内容，但是也可以根据需要缺省一些内容。只要仓单的内容能够切实充分表达出仓储物的物权、保管人的责任义务承担程度、仓单持有人提取仓储物的权利等仓单基本功能，保管人签发的仓单就应该是有效的。缺乏保管人、存货人、仓储物、存货地点、保管人签署等基本事项就是无效的仓单。

仓单示例如图 2-1 所示。

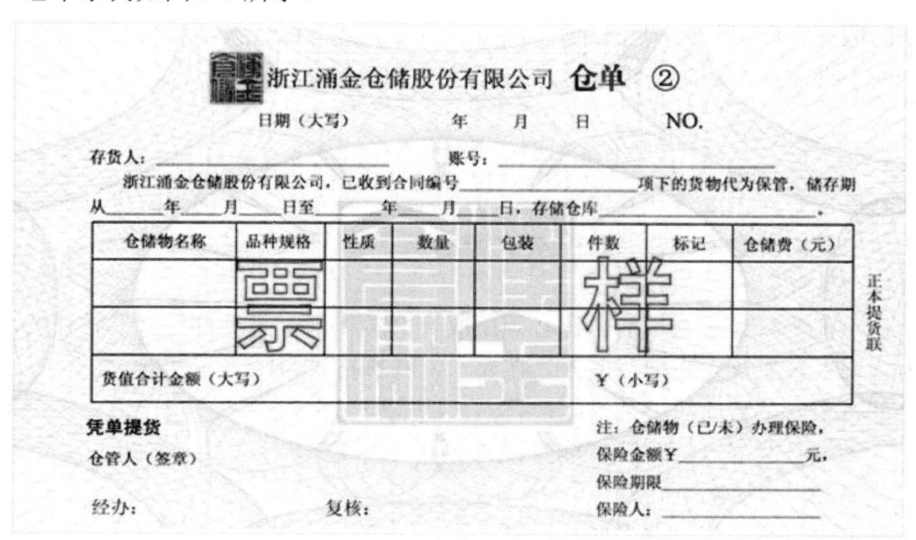

浙江涌金仓储股份有限公司 **仓单** ②

日期（大写）　　年　　月　　日　　NO.

存货人：____________　　账号：____________

浙江涌金仓储股份有限公司，已收到合同编号________项下的货物代为保管，储存期从____年___月___日至____年___月___日，存储仓库__________。

仓储物名称	品种规格	性质	数量	包装	件数	标记	仓储费（元）
货值合计金额（大写）					¥（小写）		

正本提货联

票样

凭单提货

仓管人（签章）

注：仓储物（已/未）办理保险，

保险金额¥________元，

保险期限________

经办：　　复核：　　保险人：________

图 2-1　标准仓单示例

四、仓单填写要求

1．仓单上所记载的要素不应更改，更改的仓单无效。必备要素未记载或记载不全的仓单无效。

2．仓单中货物价值金额应以中文大写和数字同时记载，二者应一致，不一致的仓单无效。

3．仓单上的记载事项应真实，不应伪造、变造。

五、仓单业务

（一）仓单的签发

保管人在验收货物后应向存货人签发仓单。当存货人将仓储物交付保管人时，保管人对仓储物进行查验和理货，确认仓储物的质量状态，在全部仓储物验收后，按双方约定填制并签发仓单。保管人在填制仓单时必须将验收的仓储物的实际状况记录在仓单上，特别是对仓储物的瑕疵、缺损等不良状况要准确描述，以便到期时能按仓单的记载交付仓储物。且在签发仓单时要将所需附加的保险、仓储费率等在仓单上注明，以便仓单转让。经保管人签字盖章的仓单才是有效的。

保管人对仓储物瑕疵、缺损等不良状态的批注必须准确、明确。这时可以请第三方检验或质检机构进行理货检验。当存货人不同意批注不良状态时，如果仓储物的瑕疵、缺损不影响仓储物的价值或质量等级，保管人可以接受存货人的担保，而不批注；否则就必须批注，或者拒绝签发仓单。

（二）仓单的转让过程

仓单持有人需要转让仓储物时，可以通过仓单背书转让的方式进行交易。仓单转让生效的要件为：背书过程内容完整，且经保管人签署。

1．背书转让内容与要求。

作为记名单证，仓单的转让必须采取背书转让的方式进行。背书转让的出让人为背书人，受让人为被背书人。按要求，背书格式为：

兹将本仓单转让给×××（被背书人的完整名称）

×××（背书人的完整名称）（盖章）

背书经办人签名、日期

仓单可以多次进行背书转让，第一次背书的存货人为第一背书人。在第二次转让时，第一次被背书人就成为第二背书人，因而背书过程是衔接的完整过程，任何参与该仓单转让的人在仓单的背书过程中都有相应记载。

2．保管人签署

存货人将仓单转让，意味着保管人需要对新的仓单持有人履行仓储义务，保管人与存货人订立仓储合同的条件和意愿都因仓单的转让发生了改变，保管人对仓单受让人履行仓单义务的情况应有了解。仓单受让人可以行使仓单权利，也需要对仓储保管承担义务和仓储费等债务，因而保管人需要对仓单的转让给予认可。所以仓单的转让需要保管人签署，这样仓单的转让才能够生效，受让人方可凭仓单提取仓储物。一般来说，在存货人与保管人要约时会提及仓单转让与分割时的服务。

（三）仓单交易中的分割业务

仓单交割是货物销售转让的重要条件。一般来说大宗货物的转让不可能是全部货物的交易，往往是部分货物的交易。存货人因为转让仓储物的需要，要求保管人签发分为几份的仓单，或者仓单持有人要求保管人将原先的一份仓单分拆成多份仓单以便向不同人转让，这就遇到仓单的分割业务。仓单的分割不仅只是单证的处理，还意味着保管人需要对仓储物的物权进行分拆，一般来说这是仓储保管人提供的额外的服务。进行仓单分割的前提条件是仓储物必须能够被有效地分拆，且能够达成对仓储费、保险、残损、地脚货的分配协议，并对分割后的仓单持有人具有约束力。保管人对已签发出的仓单进行分割时，必须将原仓单收回，并对仓单所有人重新签发交割后的若干份仓单。

（四）凭单提货

一般提货需要保管人单位的配合与服务，所以应尽量提前预约提货。在保管期满或者预先经保管人同意的提货时间，仓单持有人向保管人提交仓单并出示身份证明，经保管人核对无误后，保管人给予办理提货手续。

1．核对仓单

保管人将提货人所提交的仓单与存底仓单进行核对，确定仓单的真实有效性；查对仓单的背书与保管人签署等内容是否完整、过程是否衔接准确；核对仓单上的存货人或者被背书人与其所出示的身份证明是否一致。

2．提货人缴纳相关费用

若仓单规定存货时已缴纳仓储费及保险费用等相关费用的，提货人免交有关费用。如果仓单记载由提货人缴纳仓储费用的，提货人按约定支付仓储费；根据仓储合同约定记载在仓单上的仓储物在仓储期间发生的仓储保管人代垫的费用、对仓储经营者或其他人所造成的损害赔偿等费用均应核算准确并要求提货人支付。

3．保管人收取费用、收回仓单后，签发提货单证，安排货物出库准备与相关服务

4．提货人对仓储物验收理货

提货人根据仓单的记载与保管人共同查验理货，签收提货单证，提取仓储物。如果理货查验时发现仓储物有额外缺损、瑕疵等状态，须现场编制记录，并要求保管人签署，必要时申请商品检验机构进行检验，出具检验报告，以备事后索赔。

（五）有名仓单意外灭失的提货手续

仓单因故损毁或灭失，原则上提货人不能提交仓单，保管人不能交付货物，无论对方是合同订立人还是其他人。因为保管人签发出仓单就意味着承认只能对仓单承担交货的责任。

有名仓单意外灭失后的提货方式和手续为：

1．通过人民法院的公示催告使灭失的原记名仓单失效

根据我国民事诉讼法的规定，原仓单持有人或者仓储合同人可以申请人民法院对记名仓单进行公示催告。当60天公示期满无人争议后，人民法院可以判决原有记名仓单无效，申请人可以向保管人要求提取仓储物。在公示期内有人争议时，则通过法院审理判决，确定有权提货人，并凭法院的判决书提货。

2．提供担保提货

由保管人掌握提货人的担保财产，将来另有人出示仓单而不能交货需要赔偿时，保管人使用提货人的担保财产进行赔偿。当担保在可能存在的仓单失效后，方可解除担保。

（六）不记名仓单运用的注意事项

如果交存货物时保管人和存货人达成协议只签发不记名仓单，则所签发仓单的存货人名称项就可以为空白。不记名仓单在转让时无须背书，存期届满由仓单持有人提交，并出示同样的身份证明就能提货。不记名仓单按规定不能提前提货。使用不记名仓单的存货人存在一定的风险，仓单持有人遗失仓单就等于遗失仓储物；同时仓储保管人不能控制仓单的转让，也不知道将来要向谁交货，不能有效地控制债务风险。

在仓单上的存货人项不填写真正的存货人或所有人，而只填写通知人或者经手人等非实际仓储物的所有人的仓单，也属于不记名仓单。

（七）货物质押

货物质押即仓单质押，其法律依据是我国《物权法》第223条以及《担保法》的相关规定内容。货物质押是以仓单为标的物而成立的一种质权，多为债券实现的一种担保手段。其核心在于担保人以在库动产（包括原材料、产成品等）作为质押物担保借款人向银行的借款，仓储企业经银行审核授权后，以第三方的身份对担保人仓单项下的在库动产承担监管责任，受银行委托代理监管服务，对质押物进行库存监管。下面以借款人使用自身在库动产仓单质押融资为例介绍。

（1）借款人与仓储企业签订《仓储协议》，明确货物的入库验收和保护要求，并据此向仓储企业交付货物，经仓储企业审核确认接收后，仓储企业向借款人开具专用仓单。借款人同时向指定保险公司申请办理仓储货物保险，并指定第一受益人为银行。

（2）借款人持仓储企业开出的仓单向银行申请贷款，银行接到申请后向仓储企业核实仓单内容（主要包括货物的品种、规格、数量、质量等）。银行审核通过后，借款人、银行、仓储企业三方签订《仓单质押贷款三方合作协议书》。仓单出示背书交银行。

（3）仓储企业与银行签订《不可撤销的协助银行行使质押权保证书》，确定双方在合作中各自应履行的责任。

（4）借款人与银行签订《银企合作协议》、《账户监管协议》，规定双方在合同中应履行的责任。借款人根据协议要求在银行开立监管账户。

（5）仓单审核通过，在协议、手续齐备的基础上，银行按约定的比例（即质押率）发放贷款到监管账户上。

（6）货物质押期间，仓储企业按合同规定对质押品进行监管，严格按照三方协议约定的流程和认定的进、出库手续控制货物，仓储企业只接受银行的出库指令。

（7）借款人履行约定的义务，将销售回收款存入监管账户。

（8）银行收到还款后开出分提单，仓储企业按银行开出的分提单放货。直至借款人归还所有贷款，业务结束。

（9）若借款人违约或质押品价格下跌，借款人又不及时追加保证金的，银行有权处置质押物，并将处置命令下达给仓储企业。仓储企业接到银行的处置命令后，根据货物的性质对其进行拍卖或回购，以回笼资金。

【任务实施】

一、实施步骤

1. 将学生以每组 5～8 人进行分组，每组选出一位组长，组织协调完成此次任务。

2. 分组讨论，上网查资料，以李某的名义完成仓单签发。

3. 以李某的名义完成仓单分割。

4. 以李某的名义完成仓单转让。

5. 以李某的名义完成仓单质押。

二、成绩考核

仓单业务操作成绩考核标准

考核小组___________ 组长__________ 小组代表_________

考核内容	考核标准	小组得分	实际得分
仓单业务操作	1．仓单内容制作完整	30 分	
	2．仓单分割正确	20 分	
	3．仓单转让正确	20 分	
	4．仓单质押正确	30 分	
合计		100 分	

项目三 货物入库作业

【学习目标】

1．掌握入库作业计划编制，具备对货位进行编码及货位分配的能力，包括货垛牌的制作技巧。

2．了解货物接运的主要方式、商品验收的基本要求和程序，掌握商品入库作业的基本流程，具备完成货物入库作业的能力及熟练编制、填写货物入库单据的能力。

3．了解商品保管中堆垛、苫垫的要求和形式，具备对商品进行正确堆码和苫垫的操作能力。

4．掌握货物入库信息的处理技能。

任务1 入库准备操作

【任务描述】

林森物流有限公司的配送中心接到入库通知单，所进商品的品名、数量、重量、体积等如表3-1所示。谢某作为仓库管理人员在接收商品之前，应该预先根据商品供应业务部门提供的商品采购进货计划来编制其入库作业计划，并为货物安排适当的存放位置，那么谢某应如何编制入库作业计划？如何将仓库货位进行编号，完成货位分配任务？

表3-1 入库通知单

NO. 20141011

送货单位：上海申美饮料有限公司　　　　计划入库日期：2014年10月12号

品名	规格	单位	数量	包装	体积（厘米×厘米×厘米）
1.25L1×12可乐	1.25升	箱	325	12瓶/箱	33×25×29
1.25L1×12雪碧	1.25升	箱	325	12瓶/箱	33×25×29

品名	规格	单位	数量	包装	体积（厘米×厘米×厘米）
1.5L1×12 可乐	1.5 升	箱	325	12 瓶/箱	34×26×33
1.5L1×12 雪碧	1.5 升	箱	325	12 瓶/箱	34×26×33
1.5L1×12 美汁源酷儿橙	1.5 升	箱	275	12 瓶/箱	36×27×31
2.5L1×6 芬达橙	2.5 升	箱	320	6 瓶/箱	32×23×36
2.5L1×6 可乐	2.5 升	箱	320	6 瓶/箱	32×23×36
2.5L1×6 雪碧	2.5 升	箱	320	6 瓶/箱	32×23×36
450mL1×12 美汁源热带果粒	450 毫升	箱	720	12 瓶/箱	25×20×21
450mL1×15 美汁源果粒奶优清香菠萝	450 毫升	箱	665	15 瓶/箱	32×19×20
450mL1×15 美汁源果粒奶优水润蜜桃	450 毫升	箱	665	15 瓶/箱	32×19×20
450mL1×15 美汁源果粒奶优香浓芒果	450 毫升	箱	665	15 瓶/箱	32×19×20
450mL1×15 美汁源果粒奶优清新草莓	450 毫升	箱	665	15 瓶/箱	32×19×20
1.25L1×6 美汁源果粒奶优清新草莓	1.25 升	箱	550	6 瓶/箱	26×18×28
1.25L1×6 美汁源果粒奶优水润蜜桃	1.25 升	箱	550	6 瓶/箱	26×18×28

【任务引导】

1．货物入库前要对货物验收吗？
2．在实际的操作中，货物接运有哪些方式？
3．接运过程中，发现货物存在破损、短少、变质、错到，应该如何处理？

【知识准备】

货物入库是指接到货物入库通知单后，经过接运提货、装卸搬运、检查验收和办理入库手续等一系列作业环节所构成的工作过程。入库业务具体包括货物入库准备、货物接运、货物验收、货物入库交接和登记。入库流程如图 3-1 所示。

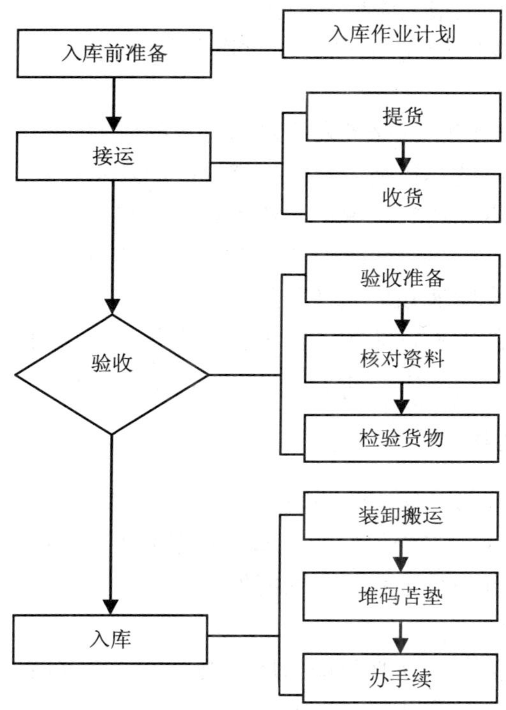

图 3-1 入库流程图

一、接受入库申请

（一）入库申请

入库申请是存货人对仓储服务产生需求，并向仓储企业发出需求通知。仓储企业接到申请后，对此项业务进行评估并结合仓储企业自身业务状况做出反应：或拒绝该项业务，并做出合理解释，以得到客户的谅解；或接受此项业务，并制订入库作业计划，并分别传递给存货人和仓库部门，做好各项准备工作。所以，入库申请是生成入库作业计划的基础和依据。

（二）入库通知单

入库通知单是存货人向仓储企业提出入库申请的书面形式，一般入库通知单是货主或货主委托方作为入库任务的下达单位，根据仓储协议，在一批货物送达仓库前下达给仓库，起预报入库信息的作用。

入库通知单的内容一般包括日期、货物名称、包装规格、数量、供应商等信息。

当仓储企业业务部门收到存货人的入库通知单后，要对此业务进行分析评估，包括到货日期、货物属性、包装、数量、储存时间及本企业的存储能力等。若分析评估后认为此业务本企业难以承担，业务部门可与存货人就存在的问题进行协商，如难以协商一致，可拒绝此项业务；若分析评估后认为此业务本企业可以胜任，业务部门应根据入库通知单制订入库作业计划，分发给存货人和本企业的仓库部门。发给存货人的入库作业计划作为存货人入库申请的确认，发给本企业仓库部门的入库作业计划作为生产计划，仓库部门依此计划进行生产准备。

二、入库前的准备

仓库应根据仓储文件（如仓储合同、入库单、入库计划）及时进行库场准备，以便货物能准确、迅速和安全入库。仓库的入库准备需要由仓库业务部门、仓库管理部门、设备作业部门分工合作，共同做好以下几个方面的工作：

1. 熟悉入库货物

仓库业务、管理人员应认真查阅入库货物资料，必要时向存货人询问，掌握入库货物的品种、规格、数量、包装状态、单件体积、到库确切时间、货物存期、货物的理化特性、保管的要求等。据此进行精确和妥善的库场安排、准备。

2. 掌握仓库库场情况

了解在货物入库期间、保管期间仓库的库容、设备、人员的变动情况，以便安排工作。必要时对仓库进行清查，清查规位，以便腾出仓容。

3. 做好相关人员准备

按照货物的入库时间和到货数量，预先计划并安排好接运、卸货、检验、搬运货物的作业人员。

4. 做好物力准备

根据入库货物的种类、包装、数量等情况及接运方式，确定搬运、检验、计量等方法，配备好所用车辆、检验器材度量器和装卸、搬运、堆码、苫垫的工具，以及必要的防护用品用具等。

5. 做好仓位准备

按入库货物的品种、性能、数量和存放时间等，结合商品的堆码要求，维修、核算占用仓库的面积，以及进行必要的腾仓、清场、打扫、消毒，准备好验收的场地等。

7．根据方便操作的原则

选择货位还要考虑到便于装卸搬运，有利于安全和卫生。如属于体积笨重，应离装卸搬运作业区最近，以减少搬运作业量或者可以直接用装卸设备进行堆垛作业。使用货架时，重货放在货架下层，需要人力搬运的重货，存放在腰部高度的货位。

8．根据作业分布均匀的原则

选择货位时，应尽可能避免仓库内或者同条作业线路上多项作业同时进行，以免相互妨碍。

（三）货位使用方式

仓库货位的使用一般有三种方式：

1．固定货位

每项货物都有固定的货位，使用时要严格区分，绝不能混用、串用。由于每项货物都有固定的货位，拣货人员容易熟悉货物储存货位，方便拣选管理。但是固定货位储量是根据每项货物的最大在库量设计的，因此，平时的使用效率就较低。主要适用于厂库空间大，多品种、少批量货物的储存。

2．随机货位

货物任意存放在有空的货位，不加分类。随机货位有利于提高仓容利用率，但是仓库内显得混乱，货物的出入库管理及盘点工作的进行难度较高，不便于查找。同时，具有相互影响特性的货物可能相邻储存，造成损失。对于周转极快的专业流通仓库，货物保管时间极短，大都采用这种方式。随机货位储存，在计算机配合管理下，能体现充分利用仓容、方便查找的优势。

3．分类随机货位

每项货物有固定存放的储区，但在同一储区内的货位采用随机使用的方式。这种方式有利于货物保管，也较方便查找货物，可以提高仓容利用率。大多数储存仓库都使用这种方式。

（四）确定货位面积

1．确定货物储存的位置主要考虑平面库平面布局、物品在库时间、物品物动量高低等关键因素。高物动量的物品，在库时间一般较短，所以高物动量的物品应该放置在离通道或库门较近的地方。

2．确定货物所需货位面积所必须考虑的因素有仓库的可用高度、仓库地面荷载、物品包装物所允许的堆码层数以及物品包装物的长、宽、高。

计算占地面积公式：单位包装物面积=长×宽

单位面积重量=单位商品毛重÷单位面积

可堆层数，从净高考虑：层数 a =库高÷箱高

从地坪荷载考虑：

层数 b =地坪单位面积最高载荷量÷单位面积重量

占地面积=（总件数÷可堆层数）×单位包装物面积

（五）货位编号

1．储位编号的作用

储位编号就是对商品存放场所按照位置的排列，采用统一标记编上顺序号码，并做出明显标志。

其作用为：① 提高收发货作业效率，避免差错；② 便于识别货垛，缩短进、出库作业时间，减少串号和错收、错发等现象的发生；③ 有利于货物在库检查、盘点、对账等作业，以保证出库账、货相符。

2．货位编号的要求

货位的编号就好比商品在仓库中的住址，必须符合“标志明显易找，编排循规有序”的原则。具体编号时，须符合以下要求：

（1）标志设置要适宜。货位编号的标志设置，要因地制宜，采用适当的方法，选择适当的地方。如无货架的库房内，走道、支道、段位的标志，一般都设置在水泥或木板地坪上；有货架的库房内，货位标志一般设置在货架上。

（2）标志制作要规范。货位编号的标志如果随心所欲、五花八门，很容易造成单据串库，商品错收、错发等事故。统一使用阿拉伯字码制作标志，就可避免以上弊病。为了将库房以及走道、支道、段位等加以区别，可在字码大小、颜色上进行区分，也可在字码外加上括号、圆圈等符号加以区分。

（3）编号顺序要一致。编排货位的顺序号码应按照便于掌握的原则进行。整个仓库范围内的库房、货棚及货场内的走道、支道、段位的编号，一般都以进门的方向左单右双或自左向右顺序编号的规则进行。

（4）段位间隔要恰当。一般来说，仓库货位的多少主要取决于管理的需要，同样，段位间隔的宽窄，应取决于货种及批量的大小。同时应注意的是，走道、支道不宜经常变更位置、变更编号，因为这样不仅会打乱原来的货位编号，而且会使保管员不能迅速收、发货。

3．货位编号的方法

（1）区段式编号。把储存区分成几个区段，再对每个区段编号。这种方式是

以区段为单位，每个号码代表的储区较大，适用于单位化商品和大量商品而保管期短的商品。区域大小根据物流量大小而定。图 3-2 为储区的区段式编号。

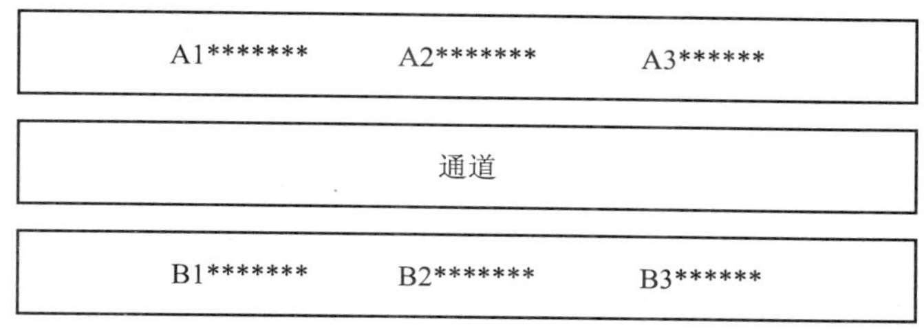

图 3-2 储区的区段式编号

（2）品项群式。把一些相关性强的商品经过集合，分成几个品项群，再对每个品项群进行编号。这种方式适用于容易按商品群保管和品牌差异大的商品。如饮料群、五金群等。

（3）地址式编号。常采用“三号定位”、“四号定位”或“五号定位”法。“三号定位”法是用三个数字或字母依次表示库房、层次和仓间，如 131 编号，表示 1 号库房、3 层楼、1 号仓间。“四号定位”法是用四个数字或字母依次表示库房、层次、仓间和货架，如 1331 编号，表示 1 号库房、3 层楼、3 号仓间、1 号货架。“五号定位”法是用五个数字或字母依次表示库房、层次、仓间、货架、货格，如 13311，表示 1 号库房，3 层楼，3 号仓间，1 号货架，1 号货格。

（4）货位编号。货位布置的方式不同，其编号的方式也不同。货位布置的方式一般有两种：横列式和纵列式。横列式，即货位横向摆放，可采用横向编号。纵列式，即货位纵向摆放，常采用纵向编号。如果是货架储存，一般用阿拉伯数字，或者用英文字母，标注在靠近主通道的货架上端。常用的编号例如 2-11-3-5，它们的顺序表示第 2 号库房，第 11 排货架，第 3 层的第 5 列。根据货位编号就可以迅速地确定某种商品具体存放的位置。

（5）库房走道、支道及段位编号。其编号的方法，仍以进出库门的方向，按左单右双顺序排列。库房中，如遇内外墙相对的走道、支道，其横道应取自左至右的方向，再按左单右双顺序编号。

另外，为了方便管理，货位编号和货位规划可以绘制成平面布置图。通过图板管理不但可以全面反映库房和货场的商品储存分布情况，而且也可以及时掌握商品储存动态，便于仓库调整安排。随着信息技术的发展，越来越多的仓库管理借助于计算机管理，效率更高。

四、编制入库作业计划

入库作业计划是存货人发货和仓库部门进行入库前准备的依据。入库作业计划主要包括：到货时间、接运方式、包装单元与状态、存储时间及物品的名称、品种、规格、数量、单件体积与重量、物理特性等详细信息。

仓库部门对入库作业计划的内容进行分析后，并根据物品的在库时间及物理、化学、生物特性等详细信息，即可合理安排货位，安排相关作业人员进行物品入库前的准备工作。

【任务实施】

一、实施步骤

1．将学生以每组 5～8 人进行分组，每组选出一位组长，组织协调完成此次任务。

2．小组以谢某的名义制订入库作业计划，合理进行储位分配，并对储位进行编码。

3．画出入库作业流程图。

4．画出仓库储位分布图和商品储位分配表。

5．由小组指定代表进行任务汇报。

二、成绩考核

入库准备操作成绩考核标准

考核小组__________ 组长__________ 小组代表__________

考核内容	考核标准	小组得分	实际得分
入库准备操作	1．入库作业计划内容全面，安排恰当	30 分	
	2．储位分配合理、科学	20 分	
	3．储位编码规范	20 分	
	4．储位分布图、储位分配表清晰、正确	20 分	
	5．讲解思路清晰、图文简洁	10 分	
合计		100 分	

任务2 货物接运与验收操作

【任务描述】

货物接运的主要任务是及时而准确地向交通运输部门提取入库货物，要求手续清楚，责任分明。对入库货物必须经过严格验收，只有验收后的商品，方可入库保管。谢某在做好货物入库前的准备操作后，负责货物接运工作，而且要依据自己的商品验收知识对商品的数量与质量进行验收，从而为货物的储存保管打下良好的基础。现在谢某应如何做好这批货物的接运和验收工作？

【任务引导】

1．接货准备的人员和设备要做哪些安排？

2．对于表3-1所列货物应该运用哪种接货方式？

3．对于表3-1所列货物，应该怎么验收？如果验收过程中发现问题如何处理？

【知识准备】

接运工作对仓储企业而言是至关重要的一个工作环节，接运工作完成得有效与否会直接关系到待入库商品的数量、质量是否合乎标准，以及单位的经济效益是否能够实现。

一、货物接运

由于货物到达仓库的形式不同，除了一小部分由供货单位直接运到仓库交货外，大部分要经过铁路、公路、航运、空运和短途运输等运输工具转运。凡经过交通运输部门转运的商品，都必须经过仓库接运后，才能进行入库验收。因此，货物的接运是入库业务流程的第一道作业环节，也是仓库直接与外部发生的经济联系。它的主要任务是及时而准确地向交通运输部门提取入库货物，要求手续清楚，责任分明，为仓库验收工作创造有利条件。因为接运工作是仓库业务活动的开始，如果接收了损坏的或错误的商品，那将直接导致商品出库装运时出现差错。商品接运是商品入库和保管的前提，接运工作完成的质量直接影响商品的验收和入库后的保管保养。因此，在接运由交通运输部门（包括铁路）转运的商品时，必须认真检查，分清责任，取得必要的证件，避免将一些在运输过程中或运输前就已经损坏的商品带入仓库，造成验收中责任难分和在保管工作中的困难或损失。

做好商品接运业务管理的主要意义在于，防止把在运输过程中或运输之前已经发生的商品损害和各种差错带入仓库，减少或避免经济损失，为验收和保管保养创造良好的条件。商品接运的主要方式有：

1．到车站、码头提货

这是由外地托运单位委托铁路、水运、民航等运输部门或邮局代运或邮递货物到达本埠车站、码头、民航站、邮局后，仓库依据货物通知单派车提运货物的作业活动。此外，在接受货主的委托，代理完成提货、末端送货活动的情况下也会发生到车站、码头提货的作业活动。这种到货提运形式适用于零担托运、到货批量较小的货物。

提货人员对所提取的商品应了解其品名、型号、特性和一般保管知识以及装卸搬运注意事项等，在提货前应做好接运货物的准备工作，例如装卸运输工具、腾出存放商品的场地等。提货人员在到货前，应主动了解到货时间和交货情况，根据到货多少，组织装卸人员、机具和车辆，按时前往提货。

提货时应根据运单以及有关资料详细核对品名、规格、数量，并要注意商品外观，察看包装、封印是否完好，有无玷污、受潮、水渍、油渍等异状。若有疑点或不符，应当场要求运输部门检查。对短缺损坏情况，凡属铁路方面责任的，应做出商务记录，属于其他方面责任需要铁路部门证明的应做出普通记录，由铁路运输员签字。注意记录内容与实际情况要相符。

在短途运输中，要做到不混不乱，避免碰坏损失。危险品应按照危险品搬运规定办理。商品到库后，提货员应与保管员密切配合，尽量做到提货、运输、验收、入库、堆码一条龙作业，从而缩短入库验收时间，并办理内部交接手续。

2．到货主单位提取货物

这是仓库受托运方的委托，直接到供货单位提货的一种形式。其作业内容和程序主要是当货栈接到托运通知单后，做好一切提货准备，并将提货与物资的初步验收工作结合在一起进行。最好在供货人员在场的情况下，当场进行验收。因此，接运人员要按照验收注意事项提货，必要时可由验收人员参与提货。

3．托运单位送货到库接货

这种接货方式通常是托运单位与仓库在同一城市或附近地区，不需要长途运输时被采用。其作业内容和程序是，当托运方送货到货栈后，根据托运单（需要现场办理托运手续的先办理托运手续）当场办理接货验收手续，检查外包装，清点数量，做好验收记录。如有质量和数量问题，托运方应在验收记录上签字。

4．铁路专用线到货接运

这是指仓库备有铁路专用线，大批整车或零担到货接运的形式。一般铁路专线都与公路干线联合。在这种联合运输形式下，铁路承担主干线长距离的货物运输，汽车承担直线部分的直接面向收货方的短距离的运输。

接到专用线到货通知后，应立即确定卸货货位，力求缩短场内搬运距离；组织好卸车所需要的机械、人员以及有关资料，做好卸车准备。

车皮到达后，引导对位，进行检查。看车皮封闭情况是否良好（即卡车、车窗、铅封、苫布等有无异状）；根据运单和有关资料核对到货品名、规格、标志和清点件数；检查包装是否有损坏或有无散包；检查是否有进水、受潮或其他损坏现象。在检查中发现异常情况，应请铁路部门派人员复查，做出普通或商务记录，记录内容应与实际情况相符，以便交涉。

卸车时要注意为商品验收和入库保管提供便利条件，分清车号、品名、规格，不混不乱；保证包装完好，不碰坏，不压伤，更不得自行打开包装。应根据商品的性质合理堆放，以免混淆。卸车后在商品上应标明车号和卸车日期。

编制卸车记录，记明卸车货位规格、数量，连同有关证件和资料，尽快向保管员交代清楚，办好内部交接手续。

二、核对入库凭证

货物到库后，仓库收货人员首先要检查货物入库凭证，然后根据入库凭证开列的收货单位、货物名称、规格数量等具体内容与送交的货物进行核对。

（一）入库通知单与订货合同

入库通知单与订货合同副本是仓库接收货物的凭证，应与所提交的随货单证及货物内容相符。

（二）供货商单证

供货商单证主要包括：送货单、装箱单、磅码单、原产地证明等。

送货单由供应商开具，通常包括五联：第一联为存根联，由发货部门留存；第二联为记账联，交财务；第三联为回单联，由收货人签字确认后带回；第四联为交收货人留存联；第五联为出门联，交门卫（见表 3-2）。

表 3-2　送货单

NO：

送货单位：　　　　　　　　　　　　　　　　日期：　年　　月　　日

品名	规格	单位	数量	单价（元）	金额（元）	备注

送货单位：（盖章）　　　　公司　　　　　　　　　　　送货人：

收货单位：（盖章）　　　　电器　　　　街店　　　　　收货人：

装箱单、磅码单是商业发票的一种补充单据，是商品的不同包装规格条件、不同花色和不同重量逐一分别详细列表说明的一种单据。它是仓库收货时核对货物的品种、花色、尺寸、规格的主要依据。

原产地证明用以证明货物的生产国别，进口国海关凭其核定应征收的税率。在我国，普通产地证可由出口商自行签发，或由进出口商品检验局签发，或由中国国际贸易促进委员会签发。实际业务中，应根据买卖合同或信用证的规定，提交相应的产地证。

（三）承运人单证

承运人单证主要指运单。运单是由承运人或其代理人签发的，证明货物运输合同和货物由承运人接管或装船，以及承运人保证将货物交给指定收货人的一种单证。运单由承运单位开具，内容包括承运货物名称、包装状况、单位、单价、数量、承运时间、联系方式等信息，通常运单包括 3～5 联，主要作用有两点：一是“两次三方”的货物交接凭证。“两次”指的是托运人与承运人货物交接、承运人与收货人货物交接。“三方”指的是托运人、承运人、收货人。二是承运方与托运方的财务核算的凭证。

以上入库凭证再核对时如发现送错，应拒收退回；一时无法退回的，应进行清点并另行存放，然后做好记录，待联系后再处理。经复核查对无误后，即可进行下一道工序。

三、验收货物

凡商品进入仓库储存，必须经过检查验收，只有验收后的商品，方可入库保管。货物入库验收是仓库把好“三关”（入库、保管、出库）的第一道关，抓好货物入库质量关，能防止劣质商品进入流通领域，划清仓库与生产部门、运输部门以及供销部门的责任界线，也为货物在库场中的保管提供第一手资料。

（一）商品验收的基本要求

1. 及时

到库商品必须在规定的期限内完成验收入库工作。这是因为商品虽然到库，但未经过验收的商品没有入账，不算入库，不能供应给用料单位。只有及时验收，尽快提出检验报告才能保证商品尽快入库入账，满足用料单位的需求，加快商品和资金的周转。同时商品的托收承付和索赔都有一定的期限，如果验收时发现商品不符合规定要求，要提出退货、换货或赔偿等请求，均应在规定的期限内提出。否则，供方或责任方不再承担责任，银行也将办理拒付手续。

2. 准确

验收应以商品入库凭证为依据，准确地查验入库货物的实际数量和质量状况，并通过书面材料准确地反映出来。做到货、账、卡相符，提高账货相符率，降低收货差错率，提高企业的经济效益。

3. 严格

仓库的各方都要严肃认真地对待商品验收工作。验收工作的好坏直接关系到国家和企业的利益，也关系到以后各项仓储业务的顺利开展。因此，仓库领导应高度重视验收工作，直接参与验收人员要以高度负责的态度来对待这项工作，明确每批商品验收的要求和方法，并严格按照仓库验收入库的业务操作程序办事。

4. 经济

商品在验收时，多数情况下，不但需要检验设备和验收人员，而且需要装卸搬运机具和设备以及相应工种工人的配合。这就要求各工种密切协作，合理组织调配人员与设备，以节省作业费用。此外在验收工作中，尽可能保护原包装，减少或避免破坏性试验，也是提高作业经济性的有效手段。

（二）商品验收的程序

商品验收包括验收准备、核对凭证、确定验收比例、实物检验、填写验收记录表及验收中发现问题的处理。

1. 验收准备

验收准备是货物入库验收的第一道程序。仓库接到到货通知后，应根据商品的性质和批量提前做好验收的准备工作，包括以下内容：

（1）全面了解验收物资的性能、特点和数量，根据其需求确定存放地点、垛形和保管方法。

（2）准备堆码苫垫所需材料和装卸搬运机械、设备及人力，以便使验收后的货物能及时入库保管存放，减少货物停顿时间。若是危险品则需要准备防护设施。

（3）准备相应的检验工具，并做好事前检查，以保证验收数量的准确性和质量的可靠性。

（4）收集和熟悉验收凭证及有关资料。

（5）进口物资或上级业务主管部门指定检验质量者，应通知有关检验部门会同验收。

2．核对凭证

入库商品必须具备下列凭证：

（1）货主提供的入库通知单和订货合同副本，这是仓库接收商品的凭证；

（2）供货单位提供的验收凭证，包括材质证明书、装箱单、磅码单、发货明细表、说明书、保修卡及合格证等；

（3）承运单位提供的运输单证，包括提货通知单和登记货物残损情况的货运记录、普通记录以及公路运输交接单等，作为向责任方进行交涉的依据。

核对凭证，就是将上述凭证加以整理后全面核对。入库通知单、订货合同要与供货单位提供的所有凭证逐一核对，相符后，才可以进入下一步的实物检验；如果发现有证件不齐或不符等情况，要与存货、供货单位及承运单位和有关业务部门及时联系解决。

3．确定验收比例

在确定验收比例时，一般考虑以下因素：

（1）货物的性质、特点。不同的货物具有不同的特性。如玻璃器皿、保温瓶胆、瓷器等容易破碎，皮革制品、副食品、果品、海产品等容易霉变，香精、香水等容易挥发。这些货物的验收比例可以大一些。而肥皂之类，外包装完好，内部不易损坏，验收比例可以小一些。

（2）货物的价值。贵重货物，如价格高的精密仪器、名贵中药材，入库验收比例要大一些，或者全验。而一般价值较低、数量较大的小货物可少验。

（3）货物的生产技术条件。对于生产技术条件好、工艺水平较高、产品质量好而且稳定的货物可以少验。而对于生产技术低，或手工操作、产品质量较差而又不稳定的货物需要多验。

（4）供货单位的信誉。有的企业历来重视产品质量，并重视产品的售后服务工作，长期以来仓库在接收该厂产品时没有发现质量、数量等问题，消费者对该企业的产品也比较满意，这样的企业供应的货物可以少验或免验。而对于信誉较差的企业提供的产品则要多验。

（5）包装情况。包装材料差、技术水平低、结构不牢固，都会直接影响货物质量和运输安全，从而造成散失、短少或损坏。因此，收货时，对包装质量完好的货物可以适当少验，反之则要多验。

（6）运输工具。货物在运输过程中，使用的运输工具、运距以及中转环节的不同等，对货物质量、数量都会有不同程度的影响。因此，入库验收时，应视不同情况确定验收比例。如对于汽车运输，运距较长，由于途中震荡幅度大，损耗会多一些，因此需要确定较大的验收比例；而水路或航运，由于途中颠簸小，损耗自然会少一些，因此可以少验。

（7）气候条件。经过长途转运的货物，可能由于气候条件的变化，质量会受到一定的影响。即使同一地区，季节变化对货物质量也会产生影响。所以，对怕热、易熔的货物，夏天要多验；对怕潮、易溶解的货物，在雨季和潮湿地区应多验；对怕冻的货物，冬天应多验。

4．检验货物

检验货物是仓储业务中的一个重要环节，包括检验数量、检验外观质量和检验包装三方面的内容，即复核货物数量是否与入库凭证相符，货物质量是否符合规定的要求，货物包装能否保证在储存和运输过程中的安全。

（1）数量检验。数量检验是保证物资数量准确不可缺少的措施，要求物资入库时一次进行完毕。一般在质量验收之前，由仓库保管职能机构组织进行。按商品性质和包装情况，数量检验分为三种形式，即计件、检斤、检尺求积。

① 计件。计件是按件数供货或以件数为计量单位的商品，在做数量验收时清点件数。计件商品应全部清查件数（带有附件和成套的机电设备须清查主件、部件、零件和工具等）。固定包装的小件商品，如包装完好，打开包装对保管不利，国内货物可采用抽验法，按一定比例开箱点件验收，可抽验内包装5%～15%；其他只检查外包装，不拆包检查；贵重商品应酌情提高检验比例或全部检验。进口商品则按合同或惯例办理。

② 检斤。检斤是对按重量供货或以重量为计量单位的商品，做数量验收时的称重。商品的重量一般有毛重、皮重、净重之分。毛重是指商品重量包括包装重量在内的实重；净重是指商品本身的重量，即毛重减去皮重。我们通常所说的商品重量多是指商品的净重。

金属材料、某些化工产品多半是检斤验收。按理论换算重量供应的商品，先要通过检尺，例如金属材料中的板材、型材等，然后按规定的换算方法换算成重量验收。对于进口商品，原则上应全部检斤，但如果订货合同规定按理论换算重量交货，则按合同规定办理。所有检斤的商品，都应填写磅码单。

③ 检尺求积。检尺求积是对以体积为计量单位的商品，例如木材、竹材、沙石等，先检尺，后求体积所做的数量验收。

凡是经过数量检验的商品，都应该填写磅码单。在做数量验收之前，还应根据商品来源、包装好坏或有关部门规定，确定对到库商品是采取抽验还是全验方式。

（2）质量检验。质量检验包括外观检验、尺寸检验、机械物理性能检验和化学成分检验四种形式。仓库一般只做外观检验和尺寸精度检验，后两种检验如果有必要，则由仓库技术管理职能机构取样，委托专门检验机构检验。

下面以外观质量检验为例说明。

外观检验是指通过人的感觉器官检查商品外观质量的检查过程。主要检查货物的自然属性是否因物理及化学反应而造成负面的改变。是否受潮、玷污、腐蚀、霉烂等；检查商品包装的牢固程度；检查商品有无损伤，例如撞击、变形、破碎等。对外观检验有严重缺陷的商品，要单独存放，防止混杂，等待处理。凡经过外观检验的商品，都应该填写“商品检验记录表”，如表 3-3 所示。

表 3-3　商品检验记录表

编号：________

<table>
<tr><td colspan="2">供货商</td><td colspan="2"></td><td colspan="2">采购订单号</td><td colspan="2"></td><td>入库通知单号</td><td></td></tr>
<tr><td colspan="2">运单号</td><td colspan="2"></td><td colspan="2">合同号</td><td colspan="2"></td><td>车号</td><td></td></tr>
<tr><td colspan="2">发货日期</td><td colspan="2"></td><td colspan="2">到货日期</td><td colspan="2"></td><td>验收日期</td><td></td></tr>
<tr><td>序号</td><td colspan="2">商品名称</td><td>商品编码</td><td>规格型号</td><td colspan="2">计量单位</td><td>应收数量</td><td>实际数量</td><td>差额</td></tr>
<tr><td></td><td colspan="2"></td><td></td><td></td><td colspan="2"></td><td></td><td></td><td></td></tr>
<tr><td></td><td colspan="2"></td><td></td><td></td><td colspan="2"></td><td></td><td></td><td></td></tr>
</table>

单位负责人：　　　　　　　　　复核：　　　　　　　　　检验员：

外观检验的基本要求是：凡是通过人的感觉器官检验后，就可决定商品质量的，由仓储业务部门自行组织检验，检验后做好商品的检验记录；对于一些特殊商品，则由专门的检验部门进行化验和技术测定。验收完毕后，应尽快签返验收入库凭证，不能无故积压单据。

（3）包装检验。物资包装的好坏、干潮直接关系到物资的安全储存和运输。所以对物资的包装要进行严格验收，凡是产品合同对包装有具体规定的要严格按规定验收，如箱板的厚度，打包铁腰的匝数，纸箱、麻包的质量等。对于包装的干潮程度，一般是用眼看、手摸的方法进行检查验收。

5．填写验收记录表

货物验收完毕后，由验收员根据实际情况填写入库验收记录表，如表 3-3 所示。货物入库的验收记录表是退货、换货和索赔的依据，所以必须及时、准确地填写。

之后，由仓库保管员签收送货单，表明货物已收讫，同时将送货单红联交财务进行结算，并根据入库货物的信息办理入库手续。

6．验收中发现问题的处理

在物品验收过程中，如果发现物品数量或质量的问题，应该严格按照有关制度进行处理。验收过程中发现的数量和质量问题可能发生在各个流通环节，可能是由于供货方或交通运输部门或收货方本身的工作失误造成的。按照有关规章制度对问题进行处理，有利于分清各方的责任，并促使有关责任部门汲取教训，改进今后的工作。所以对验收过程发现的问题进行处理时应该注意以下几个方面：

（1）在物品入库凭证未到齐之前不得正式验收。如果入库凭证不齐或不符，仓库有权拒收或暂时存放，待凭证到齐再验收入库。

（2）发现物品数量或质量不符合规定，要会同有关人员当场做出详细记录，交接双方应在记录上签字。如果是交货方的问题，仓库应该拒绝接收。如果是运输部门的问题就应该提出索赔。

（3）在数量验收中，计件物品应及时验收，发现问题要按规定的手续，在规定的期限内向有关部门提出索赔要求。否则超过索赔期限，责任部门对形成的损失将不予负责。

（4）验收中发现问题等待处理的货物，应该单独存放，妥善保管，防止混杂、丢失、损坏。

【任务实施】

一、实施步骤

1．将学生以每组 5～8 人进行分组，每组选出一位组长，组织协调完成此次任务。

2．小组以谢某的名义选择合适的方式接运。

3．接运后按照规定进行货物验收。

4．最终顺利完成到库货物的交接并填写货物交接单。

5．对接运、验收过程中容易出现的问题进行总结。

6．由小组指定代表进行任务汇报。

二、成绩考核

货物的接运与验收操作成绩考核标准

考核小组__________ 组长__________ 小组代表__________

考核内容	考核标准	小组得分	实际得分
货物的接运与验收操作	1．选择接运形式合理	20 分	
	2．验收方法科学	30 分	
	3．送货单、交接清单填写规范	30 分	
	4．讲解思路清晰、内容全面	20 分	
合计		100 分	

任务 3　货物堆码苫垫操作

【任务描述】

谢某将该批货物验收完毕后，按照先前作业计划安排好的货位，需将货物进行堆码。谢某该如何根据不同货物包装尺寸进行合理堆码？整托盘货物如何堆码（限高三层）？有些直接就地堆码的货物如何做好垫垛工作？

【任务引导】

1．在仓储管理中，为什么要进行货物堆码？货物堆码应达到哪些基本要求？

2．针对以下包装商品——散装、袋装、箱装、管材、槽钢，应该如何选择合适的堆码方式？

【知识准备】

堆码是指将物品整齐、规则地摆放成货垛的作业[《物流术语》（GB/T 18354—2006）]。它根据货物的性质、形状、轻重等因素，结合仓库储存条件，将货物堆码成一定的货垛。

4．顶距

货垛堆放的最大高度与库房、货棚屋顶横梁间的距离，称为顶距。顶距能便于装卸搬运作业，能通风散热，有利于消防工作，有利于收发、查点货物。顶距一般为 0.5～0.9 米，具体视情况而定。

5．灯距

货垛与照明灯之间的必要距离，称为灯距。为了确保储存商品的安全，防止照明灯发出的热量引起靠近的商品燃烧而发生火灾，货垛必须留有足够的安全灯距。灯距按规定应有不少于 0.5 米的安全距离。

（五）商品堆码的方式

1．散堆方式

将无包装的散货在库场上堆成货堆的存入方式。这种方式特别适用于大宗散货，如煤炭、矿石、散粮和散化肥等。

2．货堆方式

指对包装货物或长、大件商品进行堆码。箱形商品的堆垛通常有以下四种基本形式：

第一种重叠式：商品各层排列方式、数量完全相同，层间无交叉搭接，垛形整齐。这种垛形的优点是操作简单、计数容易、收发方便，缺点是稳定性差，易倒垛，因而常采用绳子、绳网、塑料弹性薄膜等辅助材料来防塌（图 3-3a 和图 3-4）。

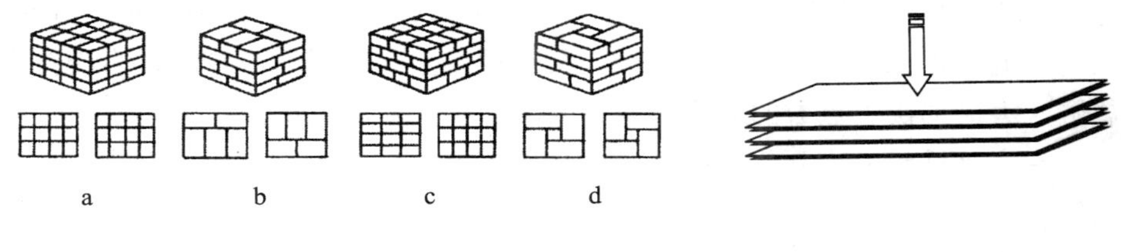

图 3-3 货堆方式　　**图 3-4 重叠式货垛**

第二种砌砖式：货垛上下两层排列的图谱正好旋转 180°，层间互相搭接，因而稳定性较好，但是要求货物的长宽比为 2∶3 或 3∶4（图 3-3b）。

第三种纵横交错式：货垛上下两层的商品的图谱正好旋转 90°，层间互相搭接，这种形式的优点是稳定性较好，缺点是只能用于正方形托盘，是机械化作业的主要垛形之一（图 3-3c 和图 3-5）。

图 3-5 纵横交错式货垛

第四种中心留空通风式：需通风防潮的商品堆垛时，商品之间需留有一定的空隙。上下两层图谱方向对称，矩形、方形图谱均可采用。其优点是有利于通风、透气，适宜商品的保管养护，但是空间利用率较低（图 3-3d 和图 3-6）。

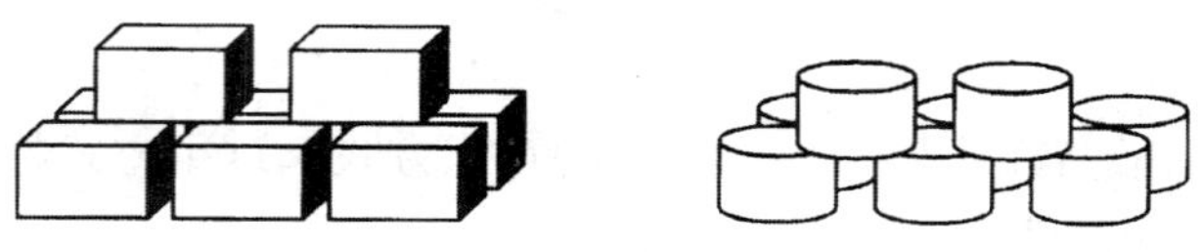

图 3-6 通风式货垛

此外，还有压缝式：货垛底层成正方形、长方形或圆形，然后在两件商品的缝间上码。以正方形、长方形为垛底的货垛纵横截面为“人”字形。适用于建筑陶瓷、阀门、桶形商品。

常见的“五五化”堆码。这是我国人工堆码中常用的一种科学、简便的堆码方式，以五为基本的计数单位，一个集装单元或一个货垛的商品总量是五的倍数，如梅花五、重叠五等，堆码后作业人员可根据集装单元数或货垛数直接推算商品总数，大大加快了点数的速度，并有效减少了计数的差错。

在商品堆码的实际作业中，通常是以上五种基本垛形和“五五化”堆码方法的结合运用。

3．货架方式

采用通用或者专用的货架进行商品堆码的方式。适合于存放小件商品或不宜堆高的商品。通过货架能够提高仓库的利用率，减少商品存取时的差错。

4．成组堆码方式

采用成组工具使货物的堆存单元扩大。常用的成组工具有货板、托盘和网络等。成组堆码一般每垛 3～4 层，这种方式可以提高仓库利用率，实现商品的安全搬运和堆存，提高劳动效率，加快商品流转。

（六）货垛可堆层数、占地面积的确定

货物在堆垛前，必须先计算货垛的可堆层数及占地面积，对于规格整齐、形状一致的箱装货物，可参考以下公式计算：

1．占地面积的确定

$$占地面积=\frac{总件数}{可堆层数}\times 每件货物底面积(米^2)$$

2．货垛可堆层数的确定

不用货架，货垛可堆高层数常有以下三种计算方法：

（1）地秤不超重可堆层数计算方法。指货垛堆码的质量必须在建筑部门核定的库房地秤安全负载范围内（通常以千克/米 ^{2} 为单位），不得超重。因此，货物在堆垛前，应预先计算货垛不超重可堆高的最多层数。

第一，以一件货物来计算（单位：层）：

$$不超重可堆高层数=\frac{库房地秤每平方米核定质量}{货物单位面积质量}$$

其中：货物单位面积质量=$\frac{每件货物的毛重}{该件货物的底面积}$(千克 / 米^2)

第二，以整垛货物来计算（单位：层）：

$$不超重可堆高层数=\frac{整垛货物实占面积\times 库房地秤每平方米核定载重量}{每层货物的件数\times 每件货物的毛重}$$

（2）货垛不超高可堆层数计算方法（单位：层）：

$$不超高可堆高层数=\frac{库房可用高度}{每件货物的高度}$$

（3）最底层货物承载力不超重可堆高层数计算方法（单位：层）。

$$不超重可堆高层数=\frac{底层货物允许承载的最大重量}{堆高货物单件质量}$$

计算出以上三个可堆高层数中取其中最小的数值，作为堆垛作业的可堆高层数。

【例 3-1】某仓库进了一批木箱装的罐头食品。每箱毛重 20 千克，箱底面积为 0.2 米^2，箱高为 0.2 米，木箱上标志显示允许承受的最大压力为 100 千克，地秤承载能力为 5 吨/米 ^{2}，库房可用高度为 4.0 米，若不采用货架储存，求该批货物的可堆高层数及货垛高度。

解：

货物单位面积质量$=\frac{20}{0.2}=100$（千克/米^2）$=0.1$（吨/米^2）

地秤不超重可堆高层数$=\frac{5}{0.1}=50$（层）

库房不超高可堆高层数$=\frac{4.0}{0.20}=20$（层）

货物木箱标志表示允许可堆高层数$=\frac{100}{20}+1=6$（层）

由于 6＜20＜50（层），该批罐头食品堆垛作业最大的叠堆高度为 6 层。

货垛的高度为：$6\times0.2=1.2$（米）

但若该仓库采用货架堆放，则最多可以堆高 20 层。

（七）货垛底层排列

货垛底层排列一般应先计算出货垛可堆高层数，再进行货垛底层排列，它主要包括两个内容。

1．货垛底数计算

底层货物数的多少，与货位的面积成正比，与每件货物的占地面积成反比；与货垛总件数成正比，与货垛可堆高层数成反比。

计算公式为：

$$底数=\frac{货垛总件数}{可堆层数}$$

例 3-1 中，该批罐头食品货垛的占地面积为：[（100/6）×0.2]≈3.33（米^2）

2．货垛底形排列

货垛底形排列的方式一般是根据货位的面积及每件货物的实占面积来综合安排的。底形排列的好坏，直接关系到货垛的稳定性、收发货作业方便性，应重点抓好。

二、商品苫垫技术

苫垫可以分为苫盖和垫底两种。商品苫垫是为了防止各种自然因素对储存商品的质量造成影响的一种措施，商品在堆垛时一般都需要苫垫，即把货垛垫高，对露天货物进行苫盖，只有这样才能使商品避免受潮、淋雨、暴晒等，保证储存、养护商品的质量。

（一）垫底

垫底是指商品在堆垛前，按垛形的大小和重量，在垛下安放垫高物料，从而可使商品避免地面潮湿，便于通风，防止商品受潮霉变、生虫。垫底的材料一般采用专门制作的水泥墩或石墩、枕木、废钢轨、货架板、木板、芦席、帆布及防潮纸、塑料薄膜等。为节省木材，尽量利用水泥预制件或钢轨等代替木材。

1．垫底的基本要求

（1）所使用的衬垫物不会对拟存货物产生不良影响，具有足够的抗压强度；

（2）地面要平整坚实，衬垫物要摆平放正，并保持同一方向；

（3）层垫物间距适当，直接接触货物的衬垫面积与货垛底面积相同，垫物不伸出货垛外；

（4）要有足够的高度，露天货垛要达到 0.3～0.5 米，库房内 0.2 米即可。

2．垫底的方法

（1）露天货场的货垛垫底，先要平整、夯实地面，周围挖沟排水，再采用枕木、石墩、水泥墩作为垫底材料，墩与墩之间视具体情况留有一定的间距，这样有利于空气流通，可免用枕木和代用木材。必要时，可在垫墩上铺一层防潮纸或塑料薄膜，而后再放置储存的商品。垫垛高度可保持在 40 厘米左右。

（2）底层库房和货棚内是否需要货垛垫底，要根据地坪和商品防潮要求而定。一般水泥地坪只需安放一层垫墩，高度 20 厘米以上即可。有的商品可以不垫，只需铺一层防潮纸。有的库房地坪已设隔潮层，一般情况下可不垫垛。而对化工材料、棉麻及其制品以及容易受潮霉烂的商品，应尽可能加高垫层，使垛底通风。而在使用垫板垫架、稻糠等物料时，垫底物料的排列要注意将空隙对准走道和门窗，以利通风散潮。

3．垫垛物数量的确定

衬垫物的使用量除考虑将压强分散在仓库地秤载荷的限度之内，还需要考虑这些库用消耗材料所产生的成本，因此，需要确定使压强小于地秤载荷的最少衬垫物数量。计算公式为：

$$n=\frac{Q_{\text{m}}}{l\times w\times q-Q_{\text{自}}}$$

式中：n——衬垫物数量；

Q_{m}——物品重量；

l——衬垫物长度；

w——衬垫物宽度；

q——仓库地坪承载能力；

$Q_{自}$———衬垫物自重。

【例 3-2】 30 吨重设备的衬垫方案设计。

某仓库内要存放一台自重 30 吨的设备，该设备底架为两条 2 米×0.2 米的钢架。该仓库地秤承载能力为 3 吨/米^2。问需不需要垫垛？如何采用 2 米×1.5 米、自重 0.5 吨的钢板垫垛？

解：

物品对地面的压强为：

$$\frac{30}{2\times2\times0.2}=37.5\text{（吨/米}^2\text{）}$$

因为 37.5 吨/米^{2}远大于仓库地秤承载能力，所以必须垫垛。

据公式 $n=\dfrac{Q_{\text{m}}}{l\times w\times q-Q_{自}}=\dfrac{30}{2\times1.5\times3-0.5}\approx3.3$

根据计算结果可知需要使用 4 块钢板衬垫，将 4 块钢板平铺展开，设备的每条支架分别均匀地压在两块钢板之上。

（二）苫盖

露天货场存放的商品在垫垛以后，一般还应进行妥善的苫盖，即采用专用苫盖材料对货垛进行遮盖，以减少自然环境中的阳光、雨雪、刮风、尘土等对货物的侵蚀、损害，并使货物由于自身理化性质所造成的自然损耗尽可能减少，保护货物在储存期间的质量。而需苫盖的商品在堆垛时，要注意选择和堆成可以苫盖的垛形，一般屋脊形的堆垛容易苫盖。

1．苫盖材料

苫盖材料，一般用铁皮铁瓦、玻璃钢瓦、席子、油毡布、塑料布、塑料瓦、苫布等。仓库应尽量利用旧包装铁皮改制成苫盖材料。苫布价值较高，只适用于临时使用。一般的仓库多使用席子和油毡纸做苫盖材料。需要长时期苫盖的货垛，可用两层席子中间加一层油毡纸，按照适当规格预制成苫瓦，使用时方便，拆垛后还可以再次利用。

2．苫盖的要求

苫盖的目的是给货物遮阳、避雨、挡风、防尘，而苫盖的要求就是实现苫盖的目的。

（1）选择合适的苫盖材料。选用符合防火、无害的安全苫盖材料；苫盖材料不会对货物产生不利影响；成本低廉，不宜损坏，能重复使用，没有破损和霉烂。

（2）苫盖牢固。每张苫盖材料都需要牢固固定，必要时在苫盖物外用绳索、绳网绑扎或者采用重物镇压，确保刮风揭不开。

（3）苫盖的接口要有一定深度的互相叠盖，不能迎风叠口或留空隙；苫盖必须拉挺、平整，不得有折叠和凹陷，防止积水。

（4）苫盖的底部与垫垛平齐，不腾空或拖地，并牢固地绑扎在垫垛外侧或地面的绳桩上，衬垫材料不露出垛外，以防雨水顺延渗入垛外。

（5）使用旧的苫盖物或在多雨季节，垛顶或者风口需要加层苫盖，确保雨淋不透。

3．苫盖方法

苫盖的方法主要有以下几种：

（1）垛形苫盖法：根据货垛的形状进行适当的苫盖，适用于屋脊形货垛、方形货垛及大件包装商品的苫盖，常使用塑料布、苫布、席子等，如图 3-7 所示。

（2）鱼鳞苫盖法：即用席子、苫布等苫盖材料，自下而上、层层压茬围盖的一种苫盖方法，因为从外形看酷似鱼鳞，故称鱼鳞苫盖法（图 3-8），适用于怕雨淋、日晒的商品。若商品还需要通风透气的储存条件，可将席子、苫布等苫盖材料的下端反卷起来，使空气流通。

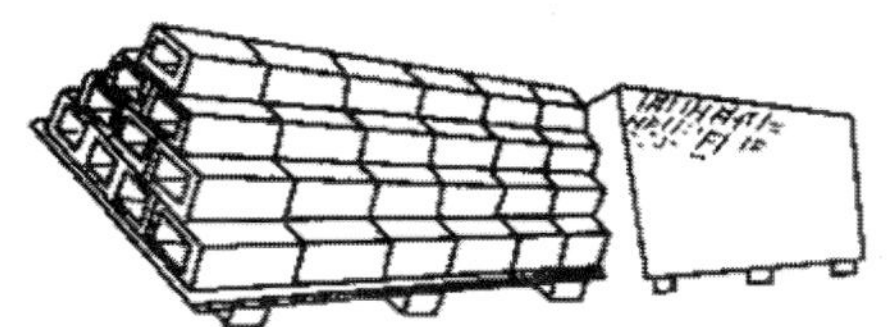

图 3-7 垛形苫盖法

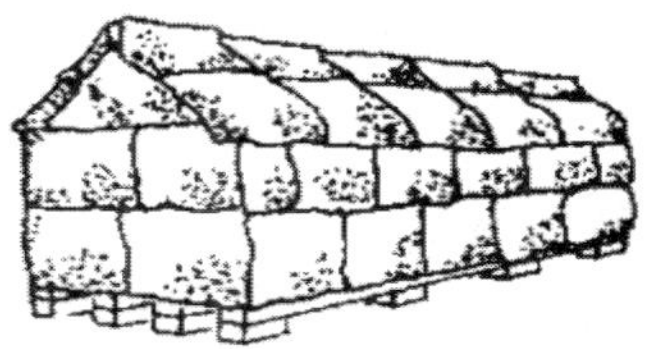

图 3-8 鱼鳞苫盖法

（3）隔离苫盖法：是用竹竿、钢管、旧苇席等，在货垛四周及垛顶隔开一定空间搭起框架，进行苫盖，既能防雨，又能隔热。

（4）活动棚架苫盖法：根据常用的垛形制成棚架，棚架下还装有滑轮可以推动。活动棚架需要时可以拼搭，并放置在货垛上，用作苫盖，不需时则可以拆除，节省空间。

【任务实施】

一、实施步骤

1．将学生以每组 5～8 人进行分组，每组选出一位组长，组织协调完成此次任务。

2．根据表 3-1 具体的货物包装尺寸进行合理堆码。

3．根据堆码形式画出奇数俯视图、偶数俯视图和层数。

4．完成不同商品的堆码方案图。

5．由小组指定代表进行任务汇报。

二、成绩考核

货物堆码操作成绩考核标准

考核小组__________ 组长__________ 小组代表__________

考核内容	考核标准	小组得分	实际得分
货物堆码操作	1．堆码方式符合要求	20 分	
	2．堆码方式科学	30 分	
	3．堆码示意图正确、美观	30 分	
	4．讲解思路清晰、图文简洁	20 分	
合计		100 分	

任务 4 货物入库信息处理

【任务描述】

谢某在商品验收合格后，为商品办理入库手续，根据商品的实际检验及入库情况填写商品入库单，然后再对商品进行登账、设卡以及建档管理。那么谢某应如何完成货物入库信息处理的任务？

【任务引导】

1．入库验收后，如何办理入库手续？

2．入库手续的完整对仓储企业有哪些重要影响？

【知识准备】

入库交接

入库物品经过点数、查验之后，可以安排卸货、入库堆码，表示仓库接收该物品。卸货、搬运、堆垛作业完毕后，与送货人办理交接手续，并建立仓库台账。

（一）交接手续

交接手续是指仓库对收到的物品向送货人进行的确认，表示已接收物品。办理完交接手续，意味着划分清运输、送货部门和仓库的责任。完整的交接手续包括：

1．接收物品

仓库以送货单为依据，通过理货、查验物品，将不良物品剔除、退回或者编制残损单证等明确责任，确定收到物品的确切数量、物品表面状态良好。

2．接收文件

接收送货人送交的物品资料、运输的货运记录、普通记录等，以及随货在运输单证上注明的相应文件，如图纸、准运证等。

3．签署单证

仓库与送货人或承运人共同在送货人交来的送货单、交接清单（表 3-4）上签字。各方签署后留存相应单证。

表 3-4　到接货交接单

收货人	发站	发货人	品名	标记	单位	件数	重量	号车	运单号	货位	合同号
备注											

送货人　　　　　　　　　　　　接收人　　　　　　　　　　　　经办人

（二）登账

货物交接完毕，由仓库的业务管理员填写入库单（表 3-5）。

为了保证物料的数量准确，随时反映物料的进出和结存情况，仓库应建立“实物保管明细账”。实物保管明细账，按物料的品名、型号、规格、单价、货主等分别建立账户。此类账用活页式，按物料的种类和编号顺序排列。在账页上还应注明货位号和档案编号，以便查对。账册应由负责该类物料的保管员或保管组长专人负责。实物保管明细账（表 3-6）必须严格按照物料的入、出库凭证及时登记，要按记账规则填写准确、清楚。记账发生错误时，要用红字明细账冲销，再重新入账登记，不得刮、擦、挖、补。

表 3-5　入库单

送货单位：

入库时间：　　　　年　　月　　日

储存位置：

入库单编号：

货物编号	品名	型号	包装规格	数量	生产日期	备注

会计：　　　　　　　　仓库收货人：　　　　　　　　制单：

注：一式三联。第一联：送货人联，第二联：财务联，第三联：仓库存查联。

表 3-6　物料保管明细账

存货地点：　　　　　　　　　　　　　　品名：

计量单位：　　　　　　　　　　　　　　型号规格：

日期	凭证	摘要	单价	收入数量	发出数量	结存数量

账页可跨年度使用。账页记完，应将结存数结转新账页，旧账页应妥善保存，以备查阅。登账凭证要妥善保管，装订成册，不得遗失。实物保管账要经常核对，保证账、卡、物相符。

（三）立卡

物品入库或上架后，将物品名称、规格、数量或出入状态等内容填在料卡上，称为立卡。

货卡又叫料签、料卡、保管卡。它是一种实物标签，上面标明商品的名称、规格、数量或出入库状态等内容，一般挂在上架商品的下方或放在堆垛商品的正面。货卡按其作用不同可分为货物状态卡、商品保管卡。商品保管卡包括标志卡和储存卡等。

货物状态卡，是用于表明货物所处业务状态或阶段的标志，根据 ISO 9000 国际质量体系认证的要求，在仓库中应根据货物的状态，按可追溯性要求，分别设置待检、待处理、不合格和合格等状态标志（图 3-9）。

待 检	待 处 理	合 格
供应商名称________	供应商名称________	供应商名称________
商品名称__________	商品名称________	商品名称________
进货日期/批号/生产日期	进货日期/批号/生产日期	进货日期/批号/生产日期
____________________	____________________	____________________
标记日期___年___月__日	标记日期___年___月__日	标记日期___年___月__日
标记人______________	标记人______________	标记人______________
备注________________	备注________________	备注________________

图 3-9 不同形式的货卡

储存卡，是用于表明货物的入库、出库与库存动态的标志（表 3-7）。商品保管卡采用何种形式，应根据仓储业务需要来确定。

表 3-7 储存卡

品名＿＿＿＿＿　　　　　　　　　　规格＿＿＿＿＿＿

年		摘　要	收入数量	发出数量	结存数量
月	日				

（四）建档

入库物料验收后，在立卡的同时，必须建立物料档案，即按物料品名、型号、规格、单价、批次等分类立账归档，集中保存记录物料数量、质量等情况的资料、证件和凭证等。

建立物料档案的目的是管好物流技术资料，使其不致散失，便于给用货单位提供材质证明参考。这样，不仅调用查阅方便，同时便于了解物料在入库前及保管期的活动全貌，便于合理保管物料，有利于研究和积累保管经验，总结管理规律，为物料的采购和供应商的选择、考评提供全面的参考资料。

物料建档工作要求做到以下三个方面：

1．物料档案应一物一档，即将一种物料的各种材料用档案袋盛装起来。入库物料的下列资料应归入档案：出厂时的各种凭证、技术资料；入库前的运输资料和其他凭证；入库验收记录、磅码单、技术检验证件；入库保管期间的检查、维护保养、溢短损坏等情况的记录和其他资料等。

2．物料档案应统一编号，并在档案上注明材料编号、物料名称和供货厂家，同时在保管实物明细账上注明档案号，便于查阅。

3．物料档案应妥善保管，应由专人进行保管，在专用的柜子里存放。当物料整进整出时，机电产品的有关技术证件应随物料转给收货单位；金属材料的质量保证书等原始资料应留存，而将复制的抄件加盖公章，转给收货单位。整进零发时，其质量证明书可以用抄件加盖公章代用。整个档案应妥善长期保存。

【任务实施】

一、实施步骤

1．将学生以每组 5～8 人进行分组，每组选出一位组长，组织协调完成此次任务。

2．小组以谢某的名义建立入库货物明细账。

3．货物入库或上架后，把物品名称、规格、数量或出入库状态等内容填在料卡上。

4．将入库的相关资料进行整理、核对，同时建立客户档案。

5．由小组指定代表进行任务汇报。

二、成绩考核

货物入库信息处理成绩考核标准

考核小组＿＿＿＿＿＿ 组长＿＿＿＿＿＿ 小组代表＿＿＿＿＿＿

考核内容	考核标准	小组得分	实际得分
货物入库信息处理	1．货物明细账记录准确、清楚	30分	
	2．料卡内容详细，立卡准确规范	30分	
	3．入库货物的档案资料完整	20分	
	4．讲解思路清晰、图文简洁	20分	
合计		100分	

项目四　货物在库作业

【学习目标】

1. 掌握商品保管要求及养护技术，具备依据商品保管要求制定商品储存保管方案的技能。

2. 熟悉盘点工作流程及盘点方法，掌握盘点操作技能，并且具备对盘点人员的组织安排、盘点前的准备工作、现场盘点及盈亏及时处理的能力。

3. 熟悉定量订货法和定期订货法的基本原理和决策思路，及ABC库存管理法的步骤和管理措施，具备制定库存控制方案的能力。

4. 熟悉“6S”管理内容，掌握“6S”管理操作技能，具备制定“6S”管理方案的能力。

任务1　货物的保管保养方案制定

【任务描述】

针对上海申美饮料有限公司产品特点，卞经理要求仓管员小江制定一份在库货物保管保养方案，那么小江应如何完成该项任务？

【任务引导】

1. 请根据下列货物的性质及储存保管要求，为它们分别制定储存保管养护措施。要求：措施不仅要具有针对性和可操作性，而且要环保，并要体现成本节约原则。

2. 请思考商品在储存过程中会发生哪些变化？

3. 储存环境的温、湿度如何进行控制？

4. 如何进行防霉腐作业？

5. 如何进行防锈作业？

序号	货物类别	货物名称
1	药品	阿司匹林、麻醉乙醇、维生素 C、、痱子粉、复方甘草片、注射用青霉素钠、杏仁止咳糖浆、当归、红花、枸杞
2	医疗器械	心脏手术剪、一次性使用无菌注射器、小儿血压表、止血海绵
3	化学品	五氯硝基苯、氮气、过乙酸
4	食品	饼干、方便面、酱油、醋、牛奶
5	服装	真丝服装、麻质服装、皮衣
6	工艺品	草制品、木制品、竹制品
7	珠宝	黄金戒指、黄金项链

【知识准备】

一、影响库存商品质量变化的因素

库存商品质量发生变化主要是由内因和外因引起的，内因决定了商品质量变化的可能性和程度，外因提供了这些变化的条件。

（一）影响库存商品质量变化的内因

1．化学成分

不同的化学成分及其不同的含量，既影响商品基本性质，又影响商品抵抗外界自然因素侵蚀的能力。如普通低碳素钢中加入少量的铜和磷，就能有效地提高其抗腐蚀性能。

2．结构形态

构成商品的原料，其材料结构分为微观结构与宏观结构。微观结构又分为晶体结构和非晶体结构。商品形态主要分为固态、液态和气态。不同的结构形态会产生不同形式和不同程度变化。

3．理化性质

商品的理化性质是由其化学成分和组织结构所决定的。物理性质主要是指挥发性、吸湿性、水溶性、导热性等；化学性质主要是指化学稳定性、燃烧性、爆炸性、腐蚀性等。这些都是商品发生变化的决定性因素。

4．机械及工艺性质

商品的机械及工艺性质是指强度、硬度、韧性、脆性、弹性等。商品的工艺性质是指其加工程度（毛坯、半毛坯、成品）和加工精度等。不同加工程度和加工精度的产品，在同等条件下，其变化程度是不一样的。

5．包装状况

包装虽然不是产品本身的构成部分，但它却是商品流通过程中产品的载体。大部分商品都有包装，其主要功能是保护商品，包装形式、包装材料、包装技术等对商品的变化都会产生一定的影响。

（二）影响库存商品质量变化的外因

1．温度

适当的温度是商品发生物理变化、化学变化、生物变化的必要条件。温度过高、过低或急剧变化，都会对某些商品产生不良影响，促使其产生各种变化。如易燃品、自燃品，温度过高容易引起燃烧；含有水分的物质，在低温下容易结冰失效；精密仪器仪表在温度急剧变化的情况下，其准确性会受到影响。

2．湿度

大气湿度对库存商品的变化影响最大。大部分商品怕潮湿，但也有少部分商品怕干燥。过分潮湿或干燥都会促使商品发生变化。如金属受潮后锈蚀，水泥受潮后结块硬化；木材、竹材及其制品，在过于干燥的环境中易开裂变形。

3．日光

日光实际上是太阳辐射的电磁波，按其波长，可分为紫外线、可见光和红外线。紫外线能量最强，对商品的影响最大，如它可促使高分子材料老化、油脂酸败、着色物质褪色等。可见光与红外线能量较弱，它被物质吸收后变为热能，加速商品发生物理化学变化。

4．大气

大气是由干洁空气、水汽、固体杂质等组成的。空气中的氧、二氧化碳、二氧化硫等，对商品都会产生不良影响，大气中的水汽会使湿度增大；大气中的固体杂质，特别是其中的烟尘对商品危害很大。

5．生物及微生物

影响商品变化的生物，主要是指仓库害虫、白蚁、鸟类等，其中以虫蚀咬危害最大。微生物主要是霉菌、木腐菌、酵母菌、细菌等，如霉菌会使很多有机物质发霉，木霉菌使木材、木制品腐朽。

二、商品保养的基本要求

对在库储存的商品管理要建立健全定期和不定期、定点和不定点、重点和一般相结合的检查制度。严格控制库内温、湿度和做好卫生清洁管理。“以防为主、防治结合”是保管保养的核心。

（一）严格验收入库物品

要防止物品在储存期间发生各种不应有的变化，首先在物品入库时要严格验收，弄清物品及其包装的质量状况。对吸湿性物品要检测其含水量是否超过安全水平，对其他有异常情况的物品要查清原因，针对具体情况进行处理和采取救治措施，做到防微杜渐。

（二）适当安排储存场所

由于不同物品性能不同，对保管条件的要求也不同，分区分类、合理安排存储场所是物品养护工作的一个重要环节。如怕潮湿和易霉变、易生锈的物品，应存放在较干燥的库房里；怕热易溶化、发黏、挥发、变质或易发生燃烧、爆炸的物品，应存放在温度较低的阴凉场所；一些既怕热又怕冻，且需要较大湿度的物品，应存放在冬暖夏凉的楼下库房或地窖里。此外，性能相互抵触或易串味的物品不能在同一库房混存，以免相互产生不良影响。尤其对于化学危险物品，要严格按照有关部门的规定分区，分类安排储存地点。

（三）科学进行堆码苫垫

阳光、雨雪、地面潮气对物品质量影响很大，要切实做好货垛遮苫和货垛下苫垫隔潮工作，如利用石块、枕木、垫板、苇席、油毡或采用其他防潮措施。存放在货场的物品，货区四周要有排水沟，以防积水流入垛下，货垛周围要遮盖严密，以防雨淋日晒。

货垛的垛形与高度，应根据各种物品的性能和包装材料，结合季节、气候等情况妥善堆码。含水率较高的易霉物品，热天应码通风垛；容易渗漏的物品，应码间隔式的行列垛。此外，库内物品堆码要留出适当的距离，俗称“五距”，即顶距：平顶楼库顶距为 50 厘米以上，人字形屋顶以不超过横梁为准；灯距：照明灯要安装防爆灯，灯头与物品的平行距离不少于 50 厘米；墙距：外墙 50 厘米，内墙 30 厘米；柱距：一般留 10～20 厘米；垛距：通常留 10 米。对易燃物品还应适当留出防火距离。

（四）控制好仓库温、湿度

应根据库存物品的保管保养要求，适时采取密封、通风、吸潮和其他控制与调节温、湿度的办法，力求把仓库温、湿度保持在适应物品储存的范围内。

（五）定期进行物品在库检查

由于仓库中保管的物品性质各异、品种繁多、规格型号复杂、进出库业务活动每天都在进行，而每一次物品进出库业务都要检斤计量或清点件数，加之物品受周围环境因素的影响，使物品可能发生数量或质量上的损失，对库存物品和仓储工作进行定期或不定期的盘点和检查非常必要。

1．检查

检查工作主要包括：检查物品保管条件是否满足要求；检查物品质量的变化动态；检查各种安全防护措施是否落实、消防设备是否正常。检查应特别注意物品温度、水分、气味、包装物的外观、货垛状态是否有异常。

2．盘点

盘点是检查账、卡、物是否相符，是把握库存物数量和质量动态的手段。

（六）搞好仓库清洁卫生

储存环境不清洁，易引起微生物、虫类寄生繁殖，危害物品。因此，对仓库内外环境应经常清扫，彻底铲除仓库周围的杂草、垃圾等物，必要时使用药剂杀灭微生物和潜伏的害虫。对容易遭受虫蛀、鼠咬的物品，要根据物品性能和虫、鼠生活习性及危害途径，及时采取有效的防治措施。

三、仓库温、湿度管理与控制

了解自然气候的变化规律，加强仓库温、湿度管理，创造适合商品安全储存的温、湿度条件，是商品保管与养护的一项重要工作。

（一）温、湿度管理的基本知识

要做好仓库温、湿度管理工作，首先要学习和掌握空气温、湿度的基本概念以及有关的基本知识。

1．空气温度

空气温度是指空气的冷热程度。一般而言，距地面越近气温越高，距地面越远气温越低。在仓库日常温度管理中，多用摄氏度表示，凡 0 摄氏度以下的度数，在度数前加一个“-”，即表示零下多少摄氏度。

2．空气湿度

空气湿度是指空气中水汽含量的多少或空气干湿的程度。表示空气湿度，主要有以下几种方法：

（1）绝对湿度。是指单位容积的空气里实际所含的水汽量，一般以克为单位。温度对绝对湿度有着直接影响。一般情况下，温度越高，水汽蒸发得越多，绝对湿度就越大；相反，绝对湿度就越小。

（2）饱和湿度。是表示在一定温度下，单位容积空气中所能容纳的水汽量的最大限度。如果超过这个限度，多余的水蒸气就会凝结，变成水滴。此时的空气湿度便称为饱和湿度。空气的饱和湿度不是固定不变的，它随着温度的变化而变化。温度越高，单位容积空气中能容纳的水蒸气就越多，饱和湿度也就越大。

（3）相对湿度。是指空气中实际含有的水蒸气量（绝对湿度）距离饱和状态（饱和湿度）程度的百分比。即在一定温度下，绝对湿度占饱和湿度的百分比数。相对湿度用百分率来表示。公式为：

$$相对湿度=绝对湿度/饱和湿度\times100\%$$

$$绝对湿度=饱和湿度\times相对湿度$$

相对湿度越大，表示空气越潮湿；相对湿度越小，表示空气越干燥。

空气的绝对湿度、饱和湿度、相对湿度与温度之间有着相应的关系。温度如发生了变化，则各种湿度也随之发生变化。

（4）露点。是指含有一定量水蒸气（绝对湿度）的空气，当温度下降到一定程度时所含的水蒸气就会达到饱和状态（饱和湿度）并开始液化成水，这种现象叫做结露。水蒸气开始液化成水时的温度叫做“露点温度”，简称“露点”。如果温度继续下降到露点以下，空气中超饱和的水蒸气就会在商品或其他物料的表面上凝结成水滴，此现象称为“水池”，俗称商品“出汗”。此外，风与空气中的温、湿度有密切关系，也是影响空气温、湿度变化的重要因素之一。

（二）温、湿度变化规律

库外的自然气候经常变化。一天之中，日出前气温最低，到午后 14～15 时气温最高。一年之内炎热的月份，内陆一般在 7 月，沿海出现在 8 月。最冷的月份，内陆一般在 1 月，沿海在 2 月。

仓库内温、湿度变化规律和库外基本一致。但是，库外气温对库内的影响，有个时间过程，并且会有一定程度的减弱。所以，一般是库内温度变化落后于库外，夜间库内温度比库外高，白天库内温度比库外低。

从气温变化的规律分析，一般在夏季降低库房内温度的适宜时间是夜间 22 时以后至次日晨 6 时。当然，降温还要考虑到商品特性、库房条件、气候等因素的影响。

（三）仓库温、湿度的控制与调节

1．仓库温、湿度的测定

测定空气温、湿度通常使用干湿球温度表。在库外设置干湿表，为避免阳光、雨水、灰尘的侵袭，应将干湿表放在百叶箱内。百叶箱中温度表的球部离地面高度为 2 米，百叶箱的门应朝北安放，以防观察时受阳光直接照射。箱内应保持清洁，不放杂物，以免造成空气不流通。

在库内，干湿表应安置在空气流通、不受阳光照射的地方，不要挂在墙上，挂置高度与人眼齐平，约 1.5 米。每日必须定时对库内的温、湿度进行观测记录，一般在上午 8—10 时，下午 14—16 时各观测一次。记录资料要妥善保存，定期分析，摸出规律，以便掌握商品保管的主动权。

2．控制和调节仓库温、湿度的方法

为了维护仓储商品的质量完好，创造适宜于商品储存的环境，当库内温、湿度适宜商品储存时，就要设法防止库外气候对库内的不利影响；当库内温、湿度不适宜商品储存时，就要及时采取有效措施调节库内的温、湿度。实践证明，采用密封、通风与吸潮相结合的办法，是控制和调节库内温、湿度行之有效的办法。

（1）密封。就是把商品尽可能严密封闭起来，减少外界不良气候条件的影响，以达到安全保管的目的。

采用密封方法，要和通风、吸潮结合运用，如运用得当，可以起到防潮、防霉、防热、防溶化、防干裂、防冻、防锈蚀、防虫等多方面的效果。

密封保管应注意的事项有：

① 在密封前要检查商品质量、温度和含水量是否正常，如发现生霉、生虫、发热、水淞等现象就不能进行密封。发现商品含水量超过安全范围或包装材料过潮，也不宜密封。

② 要根据商品的性能和气候情况来决定密封的时间。怕潮、怕溶化、怕霉的商品，应选择在相对湿度较低的时节进行密封。

③ 常用的密封材料有塑料薄膜、防潮纸、油毡、芦席等。这些密封材料必须干燥清洁，无异味。

④ 密封常用的方法有整库密封、小室密封、按垛密封以及按货架、按件密封等。

（2）通风。是利用库内外空气温度不同而形成的气压差，使库内外空气形成对流，来达到调节库内温、湿度的目的。当库内外温度差距越大时，空气流动就越快；若库外有风，借风的压力更能加速库内外空气的对流。但风力也不能过大

（风力超过 5 级，灰尘较多）。正确地进行通风，不仅可以调节与改善库内的温、湿度，还能及时散发商品及包装物的多余水分。按通风的目的不同，可分为利用通风降温（或增温）和利用通风降湿两种。

（3）吸潮。在梅雨季节或阴雨天，当库内湿度过高，不适宜商品保管，而库外湿度也过大，不宜进行通风散潮时，可以在密封库内用吸潮的办法降低库内湿度。

随着市场经济的不断发展，现代商场仓库普遍使用机械吸潮的方法。即使用吸湿机把库内的湿空气通过抽风机，吸入吸湿机冷却器内，使它凝结为水而排出。吸湿机一般适用于储存棉布、针棉织品、贵重百货、医药、仪器、电工器材和烟糖类的仓间吸湿。

四、商品霉变腐烂的防治

物品的霉腐指物品在储存期间，由于受到某些微生物的作用所引起的霉变、腐烂等质量变化的现象。在高温、高湿的环境中，大多数物品都有可能出现这种现象。

（一）常见易霉腐商品

糖类、蛋白质、油脂和有机酸等物质是微生物生长繁殖所必需的营养物质。因此，在环境条件适宜微生物生长繁殖的情况下，它将在含有这些营养物质的商品上迅速地生长繁殖，造成商品的霉变。常见的易霉腐的商品有：含纤维素较多的商品，如棉麻织品、纸张及其制品、部分橡胶、塑料和化纤制品等；含蛋白质较多的非食品商品，如丝毛织品、毛皮及皮革制品等；含蛋白质较多的食品商品，如肉、鱼、蛋及乳制品等；含多种有机物质的商品，如水果、蔬菜、干果、干菜、卷烟、茶叶、罐头以及含糖较多的食品等。

（二）商品霉腐的防治

1．微生物生存和繁殖的重要条件

（1）水分是微生物生存和繁殖的重要条件之一。微生物的细胞中含有 80%的水分，否则，它不能吸收养料。多数微生物生存的最低相对湿度是 80%～90%，在 95%时，微生物生长非常旺盛，低于 75%时，多数物品不易被霉腐。

（2）温度。多数微生物生存最适当的温度为 25～30℃，在 10℃以下便不易生长，40℃以上则停止活动，在 80℃时便很快死亡，许多微生物在 60℃条件下，10 分钟就会死亡。

（3）日光对多数霉腐微生物的影响很大。日光直射1～4小时，大部分霉腐微生物便会死亡，这主要是因为紫外线强烈地破坏了菌类的细胞和酶。如果利用紫外线灯照射3～5分钟便会将其杀死。

（4）溶液浓度。多数微生物不能在浓度很高的溶液中生长。因为浓度很高的溶液能使菌细胞脱水，使其失去活动能力甚至残废。能引起食物中毒的霉腐微生物，一般在6%～9%的食盐溶液中就不能生存。

2．商品霉腐的防治

商品防霉腐就是针对商品霉腐的原因所采取的有效措施。在仓库储存中，主要是针对商品霉腐的外因，用化学药剂抑制或杀死寄生在商品上的微生物，或控制商品的储存环境条件。

（1）加强仓储管理。加强仓储管理是防霉腐的重要措施，关键是应尽量减少霉腐微生物对商品的污染和控制，破坏霉腐微生物生长繁殖的环境条件。仓库温度和湿度是微生物生长繁殖的重要外界因素，为了劣化微生物生长繁殖的温、湿度条件，就要调节一个可以抑制或延缓其生长繁殖的温度范围，以及与商品安全含水量相适应的相对湿度范围。所以，必须根据不同商品的不同要求，认真地控制和调节库房的温、湿度。

（2）化学药剂防霉腐。这是将对霉腐微生物具有杀灭或抑制作用的化学药品散加或喷洒到商品上。如苯甲酸及其钠盐对食品的防腐，托布津对果菜的防腐保鲜，还有水杨酰苯胺及五氯酚钠等对各类日用工业品及纺织品、服装鞋帽等的防腐。

（3）气相防霉腐。这是根据好氧性微生物需氧代谢的特性，在密封环境中改变气体的组成成分，降低氧气的浓度，来抑制微生物的生理活动、酶的活性和鲜活食品的呼吸强度，达到防霉防腐和保鲜的目的。这种方法效果显著，应用面广。具体方法有真空充氮防霉腐和二氧化碳防霉腐等。

（4）低温冷藏防霉腐。一般的易霉腐商品，可以通过上述措施加以防霉防腐。但是，多数含水量大的易腐商品，如鲜肉、鲜鱼、水果、蔬菜等，要长期保管，多采用低温冷藏的办法。低温冷藏是利用各种制冷剂降低温度，以保持仓库中所需要的一定低温，来抑制微生物的生理活动和酶的活性，使易腐商品在整个保藏期内，基本上处于无变化的状态。常用的制冷剂有液态氨、天然冰以及冰盐混合物等。按降低温度的范围，分为冷藏和冷冻两种。此外，还有干燥、盐腌、酸渍、辐射等防霉腐方法。

五、商品老化的防治

商品老化是指塑料、橡胶、纤维、皮革、涂料、黏结剂等一类高分子商品，在加工、储存、使用过程中，由于受到各种因素的影响，而出现外观质量、物理机械性能下降等现象。所以，防老化即是根据高分子材料性能的变化规律，采取各种有效措施以减缓其老化的速度，达到提高材料的抗老化性能，延长其使用寿命的目的。根据影响高分子材料老化的内外因素，在商品老化防治方法上应该从两个方面着手：一方面通过对原材料的改性，如改进聚合方法、成型工艺、添加防老化剂等，提高材料本身的耐老化性能；另一方面控制仓储条件，尽量减少外界因素的干扰与影响。

防老化的具体方法是：

1．消除杂质，以降低或消除杂质对老化的影响。

2．在满足商品使用性能的基础上，运用共聚、交联、改变分子构型、减少不稳定结构等方法，以提高制品的耐老化性能。

3．改进成型加工工艺，对制品进行热处理，以消除制品内部残余应力，稳定制品尺寸。降低摩擦系数，以提高制品的耐磨性、机械强度、表明硬度等。

4．添加防老化剂，延长商品的寿命。该方法是常用而有效的一种方法，其添加量很小，但能使材料和成品的耐老化性能提高数倍乃至数十倍。

5．包装应完整，物品堆码要符合隔潮、安全等原则。

6．控制库房温、湿度。避免库房温度过高和相对湿度过高，及时采取通风、吸潮、密封等措施。

7．及时检查。发现物品有潮、热、霉、虫以及变形发硬、龟裂等老化现象，要及时采取措施进行处理。

8．贯彻先进先出、易坏先出、推陈储新的原则。

六、金属及其制品锈蚀的防治

锈蚀是指金属制品表面在环境介质下，发生化学与电化学作用而遭受破坏的现象。金属商品发生锈蚀，不仅影响外观质量，造成商品陈旧，同时会使其机械强度下降，降低使用价值，严重的甚至报废。例如，各种刀具常因锈蚀使其表面形成斑点、凹陷，以致难以平整和保持锋利；精密量具，只要轻微锈蚀，都可能影响其使用的精确度。金属的防锈蚀就是防止金属与周围介质发生化学作用或电化学作用，使金属免受破坏。在仓储中一般采用改善仓储条件、控制环境温、湿度和空气中腐蚀性气体的含量，还可采用表面涂防锈油、气相缓蚀剂、可剥性塑料、干燥空气封存等方法防治锈蚀。几种主要防锈方法如下：

1．控制和改善储存条件

保管金属制品应选择适宜的场所，保持库房相对湿度小于70%，干燥、通风、清洁，并且妥善存放堆垛和苫盖，保持材料防护层或包装的完整等。

2．涂油防锈

涂油防锈是在金属表面涂刷一层油脂薄膜，使商品在一定程度上与大气隔离开来，从而达到防锈目的。这种方法省时、省力、节约、方便且防锈性能较好。涂油防锈一般采取按垛、按包装或按件涂油密封。涂油前必须清除金属表面的灰尘污垢，涂油后要及时包装封存。常用的防锈油脂有防锈油、凡士林、黄蜡油、机油等。

3．气相防锈

气相防锈是利用挥发性缓蚀剂，在金属制品周围挥发出缓蚀气体，来阻隔腐蚀介质的腐蚀作用，以达到防锈目的。常用的气相防锈有气相防锈纸防锈、粉末法气相防锈、溶液法气相防锈三种形式。对不同的金属，应选择适当的挥发性缓蚀剂，方能达到有效防锈的目的。

4．可剥性塑料封存

可剥性塑料是以树脂为基础原料，加入矿物油、增塑剂、缓蚀剂、稳定剂以及防霉剂等，加热溶解后制成。这种塑料液喷涂于金属制品表面，能形成可以剥脱的一层特殊的塑料薄膜，像给金属制品穿上一件密不透风的外衣，它有阻隔腐蚀性介质对金属制品的作用，以达到防锈的目的。可剥性塑料按其组成和性质的不同，可分为热熔型和溶剂型两类。

当然，当金属制品已生锈，可采用手工、机械和化学三种方法来除锈，如手工的擦、刷、磨除锈；机械的，抛光机除锈；化学的，用各种酸液进行“酸洗”等。

七、商品的虫蛀与防治

仓库内的害虫由于长期生活在仓库中，其生活习性逐渐改变，能适应仓库的环境而继续繁殖，并具有适应性强、食性广杂、繁殖力强、活动隐蔽等特性。它们种类繁多，世界上已定名的有500多种。在我国发现近200种，仓储部门已发现危害商品的就有60多种，如有黑皮蠹、竹长蠹、烟草甲、锯谷盗和袋衣蛾等。

（一）仓库害虫的来源

仓库内害虫的来源主要有以下几个方面：

1．商品入库前已有害虫潜伏在商品之中。

2．商品包装材料内隐藏害虫。

3．运输工具带来害虫。车船等运输工具如果装运过带有害虫的粮食、皮毛等，害虫就可能潜伏在运输工具之中，再感染到商品上。

4．仓库内本身隐藏有害虫。

5．仓库环境不够清洁，库内杂物、垃圾等未及时清理干净，潜有并孳生生活害虫。

6．邻近仓间、邻近货垛储存的生虫商品，感染了没有生虫的仓间商品。

7．储存地点的环境影响。如仓库地处郊外，常有麻雀、老鼠飞入窜入，它们身上常常带有虫卵体。田野、树木上的害虫也会进入仓间，感染商品。

（二）常见易虫蛀商品

容易虫蛀的商品，主要是一些由营养成分含量较高的动植物加工制成的商品。如毛线织品与毛皮制品、藤制品、纸张及纸制品、烟叶和卷烟、干果等。

（三）仓库害虫的防治

商品中发生害虫如不及时采取措施杀灭，则会造成严重损失。总之，仓虫的防治要贯彻“以防为主，防重于治”的方针，防治的具体方法如下：

1．卫生防治

卫生防治是杜绝仓虫来源和预防仓虫感染的基本方法，即形成不利于仓虫生长发育的条件，使仓虫无法生存的一种限制性措施。仓储中要经常保持库房的清洁卫生，使害虫不易孳生，彻底清理仓具和密封库房内外缝隙、孔洞等，严格进行消毒；严格检查入库货物，防止害虫进入库内，并做好在库货物的经常性检查，发现害虫及时处理，以防蔓延。

2．物理机械防治

一是自然或人为地调节库房温度，使库内最低温度和最高温度超过仓虫不能生存的界限，达到致死仓虫的目的；二是利用人工机械清除的方法，将仓虫排除。

3．化学药剂防治

这是利用杀虫剂杀灭仓虫的方法，具有彻底、快速、效率高的优点，兼有防与治的作用。但也有对人有害、污染环境、易损货物的缺点，因此在粮食及其他食品中应限制使用。在使用化学药剂防治中必须贯彻下列原则：对仓虫有足够的杀灭能力，对人体安全可靠，药品性质不致影响货物质量；对库房、仓具、包装材料较安全，使用方便，经济合理。化学药剂防治方法有：

（1）驱避法：将易挥发和刺激性的固体药物放入货物包装内或密封货垛中，以达到驱虫、杀虫目的，常用的有萘、樟脑精等，一般可用于毛、丝、棉、麻、皮革、竹木、纸张等货物的防虫，不可用于食品和塑料等货物。

（2）喷液法：用杀虫剂进行空仓和实仓喷洒，直接毒杀仓虫。常用的杀虫剂有：敌杀死、敌敌畏、敌百虫等。除食品外大多数货物都可以用这种方法进行实仓杀虫或空仓杀虫。

（3）熏蒸法：利用液体和固体挥发成剧毒气体来杀死仓虫的防治方法，常用的药剂有氯化苦、溴代甲烷、磷化铝等。一般多用于毛皮库和竹木制品库的害虫防治。

另外，还有高低温杀虫，电离辐射、灯光杀虫，微波、远红外线杀虫等方法。

根据害虫的生活习性，人为地加以控制和创造对害虫不利的生长、发育和繁殖的外部环境，达到防治仓虫的目的。在综合防治中，需各部门、各环节的协调配合，把防治害虫的基本措施与各种防治方法有机结合起来，因地制宜地全面开展综合防治，才能达到良好的效果。

八、粮库管理

粮食是仓库最早的储存对象，因为关系到国计民生，所以在封建社会，各朝各代都把粮食放在重要位置，粮库建设和粮食储存都由专门的部门管理。

（一）粮食储存的特性

1．呼吸性

农作物都有后熟的特性，呼吸作用继续，新陈代谢旺盛，易发热、生霉。后熟完成后，可改善原粮品质，提高储藏的稳定性。

2．吸附性和吸湿性

粮粒是一个具有多孔毛细管的胶体。实验证明，粮粒内部的大、小毛细管的内壁都是吸附蒸气或气体的有效表面，这种有效表面的总和，大约是粮粒外部表面总和的20万倍，经测定，每克粮食的活性表面为200～500米，由此可见，粮食吸附气体和蒸气的能力是很大的。粮食对气体和蒸气的这种吸附作用称为粮食的吸附性。粮食从空气中吸附水蒸气的作用称为吸湿性。原粮在入库时皮薄，无外壳保护，组织松软，吸水能力强，易引起发热、霉变或生芽。遇高温收获季节，虽有利于干燥入库，但易吸湿，因此应做好入库前和储藏期的防潮工作。

3．易受虫害

粮食在离开农作物之后，没有外壳保护，皮层较薄，组织松软，抗虫性差，染虫率高。比如，小麦在成熟、收获、入库时正值高温，高温季节非常适合害虫繁殖和生长。这时，从田间到晒场再到仓库的各个环节中，都有感染害虫的可能，一旦感染了害虫就会很快繁殖蔓延，使小麦遭受重大损失。

4．散落流动性

粮食呈颗粒状，且形状不规则，比重较大，颗粒群体构成的粮堆具有流动性，容易变形，这种特性叫做散落流动性。

5．粉尘爆炸性

粮食在清理与输送过程中产生的粉尘与空气混合，形成混合气体，遇火时容易发生爆炸，这种性质就是粉尘爆炸性。爆炸点取决于粉尘与空气的混合比例、颗粒大小、空气温度和粮食的品种等因素。

（二）粮库的分类

1．根据储藏方式分类

（1）散装粮库。粮食堆存仓内，不需要装具，可直接靠墙堆放，此种墙能承受一定的粮食侧压力，较为厚实，可兼做包装储粮用。

（2）包装粮库。粮食堆存在仓内时，必须利用装具形成包装形式，堆垛与墙身不直接接触，在设计时不考虑粮食堆墙身的侧压力，不能作散装之用。

2．根据粮库用途分类

（1）储备型粮库。这是我国于1999年由国务院对粮食储备制度进行改革而设置的，对储备粮库实行中央垂直管理，以应付严重自然灾害、战争等特殊情况而设置，储备量、流通量都有严格的比例，品种结构和吞吐量有科学的标准，从而进一步完善了储备粮的吞吐调节机制。粮食的储量比较大，但流通性不强，储粮资金全部由国家拨付。此类粮库大多建在粮食主产区。

（2）流通型粮库。为建立完善的粮食市场体系，我国在改革粮食供销体制后，严格区分了粮库的职能，将流通型粮库完全放到市场之中，成为粮食流通中的一个环节，粮库本身就是粮食加工企业，同时为适应市场，也会起到市场调控功能。粮食储量依据企业的储存加工能力和市场情况来定，这类粮库建在粮食集散地或大中型城市。

（3）自用粮库或中转粮库。这类粮库主要设在以粮食为原料的企业，如酿酒、饲料企业等，通常储量不大，粮食在库内只作短期储存，然后就进入加工车间；或者粮食在此短期储存后就进入储备粮库或粮食加工企业。

3．其他分类方法

（1）根据结构形式不同可分为房式仓、楼房仓、立筒仓（包括钢筋混凝土筒仓、钢板仓和砖筒仓）和地下仓等。

（2）根据仓内能保持的温度分为低温仓（15℃以下）、准低温仓（16～20℃）、准常温仓（21～25℃）以及常温仓（25℃以上）。

（三）粮库管理

1．制定较严密的管理规定和制度。详细记录入出库粮食的数量、品种、经手人和质量特性等。

2．注意加大监督检查的力度。一是检查数量，二是检查质量。

3．制定严格的安全制度。制定或安排防火、防潮、防水、防虫鼠等措施和设备。

4．定期对设施设备进行维护，对管理和工作人员进行培训。

（四）粮库安全管理

1．在入库前，应对仓库、工具、器材等进行清洗、消毒和预热。粮库要保持干净、无污染，并定期进行消毒。

2．为了对粮食进行长期储藏，提高储藏的稳定性，必须控制粮食的含水量，维持低温低氧状态，保持库内干燥、通风。在储存粮种时应按品种、质量等分类，挂牌进行堆放，建立档案资料，不允许与其他物品混放。

3．粮食入库后要经常检查温、湿度，对水源要专门管理，防止跑、冒、滴、漏等。对出现的问题要及时处理，以免湿度过高发生霉变，对储存时间较长的粮食要定期翻晒。

4．在对粮食进行干燥处理后，趁热入仓库，及时覆盖密闭，防吸湿散热、害虫复苏等，维持一段时间的高温，可杀死害幼虫、成虫及其蛹、卵。粮库封闭要严，防止鼠害。

5．粮库设备要经常维护，以免使用时出现故障，影响储存工作正常进行。

九、仓储保管方案

（一）制订储存计划

商品储存规划是在现有各类仓储设施的条件下，根据储存任务，对不同种类的商品储存做出全面的规划，从而进行保管场所的选择、保管场所的布置、保管方式与保管许可、物资的堆码等。例如，家电产品中的微波炉在仓库选择上，应放在专门的家电仓库，以便管理；在储存方法上，垛底必须垫高30厘米以上，以免潮气侵入。存放时不能贴墙堆垛，放置必须平衡可靠，可堆叠台数以包装标注为准。库房温度应在−5～35 摄氏度，相对湿度以 50%～80%为宜。库房不能有酸、碱以及其他腐蚀性气体存在。另外，在仓库布置时要采用 ABC 分类原则，即把畅销的 A 类商品规划在靠近门口或者是走道旁，把不畅销的 C 类商品规划在角落或者是离门口较远的地方，而 B 类商品则放在 A 类和 C 类商品之间。

（二）提供仓库物资的信息

仓库管理的任务之一就是提供物资信息，各类物资库存量和质量情况是通过物资的保管获得的。在完成这项工作过程中，要依照质量第一原则、效率原则、先进先出原则、重不压轻原则和科学合理原则，充分利用库存设施，采取预防措施，不留隐患，并对商品进行每日盘点、定期盘点、循环盘点，防止由于商品的隐蔽性而造成商品的破损、霉变、污染、变形等质量事故的发生，确保商品的原有使用价值。

物资保管在负责实物保管的同时，还要负责各类信息管理的任务，包括料账、料卡，各种单据、报表、技术证件等的填写、整理、传递、保存、分析与运用。

（三）提供适宜的保管环境

不同的商品要有不同的保管环境与保管条件，保管保养的任务之一就是要采取相应的、行之有效的措施和方法，为商品提供适宜的保管环境和条件，并防止有害因素的影响。例如，在储存袋装食品时，一要提供专用的食品仓库，二要确保仓库的干燥、通风，不得与有毒、有害、有异味、易挥发、易腐蚀的物品同处贮存。新鲜蔬菜在储存过程中要保持 3%的氧气量、5%的二氧化碳含量，防止蔬菜的缺氧呼吸，抑制微生物的生长，防止腐烂，保持蔬菜的新鲜。

（四）提供安全的保管环境

在商品保管期间，为确保商品的安全，一是派人定期、不定期地对商品及其仓库进行安全检查，二是利用电子监控系统对商品和仓库进行 24 小时监控，确保商品的安全，并针对一些特殊物品进行重点保管。例如，对易燃物品，放在具有高度防护作用的建筑物内，并储存适当的灭火设备；对贵重且易被盗的物品，要装在加锁的笼箱内或专库内储存，并进行 24 小时监控。

十、范例——某公司制定的一份钢材储存保管方案

名称	说明
1.选择适宜的场地和库房	(1)保管钢材的场地或仓库，应选择在清洁干净、排水通畅的地方，远离产生有害气体或粉尘的厂矿。在场地上要清除杂草及一切杂物，保持钢材干净 (2)在仓库里不得与酸、碱、盐、水泥等对钢材有侵蚀性的材料堆放在一起。不同品种的钢材应分别堆放，防止混淆，防止接触腐蚀 (3)大型型钢、钢轨、辱钢板、大口径钢管、锻件等可以露天堆放 (4)中小型型钢、盘条、钢筋、中口径钢管、钢丝及钢丝绳等，可在通风良好的料棚内存放，但必须上苫下垫 (5)一些小型钢材、薄钢板、钢带、硅钢片、小口径或薄壁钢管，各种冷轧、冷拔钢材以及价格高、易腐蚀的金属制品，可存放入库 (6)库房应根据地理条件选定，一般采用普通封闭式库房，即有房顶有围墙、门窗严密，设有通风装置的库房 (7)库房要求晴天注意通风，雨天注意关闭防潮，经常保持适宜的储存环境
2.合理堆码、先进先发	(1)堆码的原则要求是在码垛稳固、确保安全的条件下，做到按品种、规格码垛，不同品种的材料要分别码垛，防止混淆和相互腐蚀 (2)禁止在垛位附近存放对钢材有腐蚀作用的物品 (3)垛底应垫高、坚固、平整，防止材料受潮或变形 (4)同种材料按入库先后分别堆码，便于执行先进先发的原则 (5)露天堆放的型钢，下面必须有木垫或条石，垛面略有倾斜，以利排水，并注意材料安放平直，防止造成弯曲变形 (6)堆垛高度，人工作业的不超过 1.2 米，机械作业的不超过 1.5 米，垛宽不超过 2.5 米 (7)垛与垛之间应留有一定的通道，检查道一般为 0.5 米，出入通道视材料大小和运输机械而定，一般为 1.5～2.0 米 (8)垛底垫高，若仓库为朝阳的水泥地面，垫高 0.1 米即可；若为泥地，须垫高 0.2～0.5 米；若为露天场地，水泥地面垫高 0.3～0.5 米，沙泥面垫高 0.5～0.7 米 (9)露天堆放角钢和槽钢应俯放，即口朝下，工字钢应立放，钢材的 I 槽面不能朝上，以免积水生锈
3.保护材料的包装和保护层	钢材出厂前涂的防腐剂或其他镀复及包装，是防止材料锈蚀的重要措施，在运输装卸过程中须注意保护，不能损坏，可延长材料的保管期限
4.保持仓库清洁、加强材料养护	(1)材料在入库前要注意防止雨淋或混入杂质，对已经淋雨或弄污的材料要按其性质采用不同的方法擦净，如硬度高的可用钢丝刷，硬度低的用布、棉等物 (2)材料入库后要经常检查，如有锈蚀，应清除锈蚀层 (3)一般钢材表面清除干净后，不必涂油，但对优质钢、合金薄钢板、薄壁管、合金钢管等，除锈后其内外表面均需涂防锈油后再存放 (4)对锈蚀较严重的钢材，除锈后不宜长期保管，应尽快使用

【任务实施】

一、实施步骤

1．将学生以每组 5～8 人进行分组，每组选出一位组长，组织协调完成此次任务。

2．各组讨论，上网查找相关资料，以江某的名义，结合饮料的特性，撰写保管保养方案。

3．请根据这些货物的性质及储存保管要求，为它们分别制定储存保管养护措施。要求：措施不仅要具有针对性和可操作性，而且要环保，并要体现成本节约原则。

货物类别	货物名称
药品	阿司匹林、麻醉乙醇、维生素 C、痱子粉、复方甘草片、注射用青霉素钠、杏仁止咳糖浆、当归、红花、枸杞
养护措施	______ ______ ______
医疗器械	解剖钩、脑神经刀、心脏手术剪、一次性使用无菌注射器、小儿血压表、止血海绵、采血器
养护措施	______ ______ ______
化学品	五氯硝基苯、氮气、过乙酸
养护措施	______ ______ ______
食品	饼干、方便面、酱油、醋、牛奶
养护措施	______ ______ ______
服装	真丝服装、麻质服装、皮衣

货物类别	货物名称
养护措施	
工艺品	草制品、木制品、竹制品
养护措施	
珠宝	黄金戒指、黄金项链
养护措施	

4. 由小组指定代表进行任务汇报，小组其余同学补充或接受别组同学的提问。

二、成绩考核

货物保管保养方案制定成绩考核标准

考核小组___________ 组长___________ 小组代表___________

考核内容	考核标准	小组得分	实际得分
货物保管保养方案制定	1. 对饮料产品特性分析正确	20 分	
	2. 保管保养方案合理、全面	30 分	
	3. 对不同类型的货物提出的养护措施比较合理	30 分	
	4. 讲解思路清晰	20 分	
合计		100 分	

任务 2 仓库盘点操作

【任务描述】

货物盘点有多种方法，到了月末卞经理组织仓库成员进行仓库大盘点，对盘点结果进行分析、处理。卞经理如何分配任务？结果如何分析及处理？

【任务引导】

1．盘点是指什么？每个企业一定要盘点吗？

2．张经理作为服装店的经营者，需要清楚地知道商品的各类损耗，既有明显的损失，如服装的破损、折旧、因长期积压导致的质量下降，也有潜在的损失，如账面错误、市场上服装价格骤降等。这些都影响着服装店的运营质量。经营者为使存货情况明晰，指导日常服装销售，必然要实施盘点。盘点对服装店而言有什么重要作用？

【知识准备】

在仓储过程中不断地进行着出入库及调库的动态过程，其库存账面数量容易与实际数量不符；有些物品因存放时间过久、储存措施不恰当而变质、丢失。为了有效地掌握和控制物品的数量和质量，需要对在库物品进行定期或不定期的清点、查核，这一作业过程称为盘点作业。它可以查出作业环节和管理中存在的问题，是保证储存物品达到账、货、卡完全相符的重要措施之一。

一、盘点的目的

（一）确定现存量

由于在收、发货作业中，容易出现如记录库存数量时多记、误记或漏记；作业中物品损坏、遗失；验收与出库时清点有误；盘点时误盘、重盘和漏盘等现象，从而导致账面库存数量与实际库存数量不符。通过盘点可以查清实际库存数量，确认实际库存数量与账面库存数量的差异，并及时查清问题原因，作出适当处理。

（二）确认企业损益

库存商品的总金额直接反映企业库存资产的使用情况，库存量过大，影响流动资金的正常运转，增加了企业的库存成本。为了能准确计算出企业的实际损益情况，必须通过盘点搞清库存商品的盈亏情况，从而提出改进管理的措施。

（三）核实管理成效

通过盘点可发现作业或管理中存在的问题，并通过解决问题来改善作业流程和作业方式，提高人员素质和管理水平。

二、盘点的基本工作程序

一般情况下，盘点作业可按以下步骤进行，如图 4-1 所示。

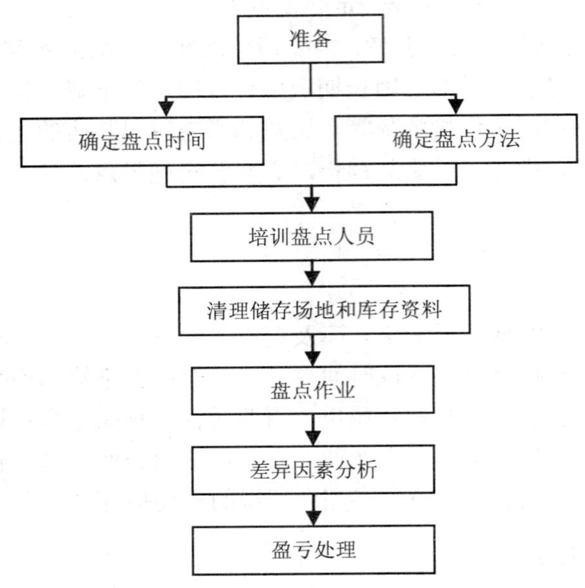

图 4-1 盘点的工作程序

（一）盘点前的准备工作

盘点前的准备工作是否充分，关系到盘点作业能否顺利进行。事先对可能出现的问题、易出现的差错进行周密的研究和准备是非常重要的。准备工作主要包括：① 确定盘点的程序和具体的方法；② 配合财会人员做好准备；③ 设计印制盘点用的各种表格；④ 准备盘点使用的基本器具。

（二）确定盘点时间

一般情况下，盘点的时间选择在财务决算前夕或销售淡季。选择在财务决算前可配合财务决算以查清财务状况；选择在销售淡季，存货较少，业务不太频繁，盘点也较容易，需要投入的资源也较少，且人力调动也较方便。

从理论上讲，在条件允许的情况下，盘点的次数越多越好，但每一次盘点都要耗费大量的人力、物力和财力。因此，应根据实际情况确定盘点时间。存货周转率比较低或库存品种比较少的企业可以半年或一年进行一次货物的盘点。存货周转量大或库存品种比较多的企业可以根据物品的不同特点、价值大小、流动速度、重要程度来分别确定不同的盘点时间，盘点时间的间隔可以从每天、每周、每月到每年盘点一次不等。如按ABC分类法将货物分为A、B、C不同的等级，分别制定相应的盘点周期，重点的A类商品，可以每天或每周盘点一次，一般的B类商品可以每两周或三周盘点一次，重要性最低的C类商品可以每个月甚至更长时间盘点一次。

（三）确定盘点方法

不同的储存场所对盘点的要求不尽相同，盘点方法也会有所差异，为尽可能快速、准确地完成盘点作业，必须根据实际需要确定盘点的方法。

（四）培训盘点人员

为保证盘点作业顺利进行，在正式盘点前必须对参与盘点的所有人员（包括盘点作业人员和相关管理人员）进行集中培训，培训的主要内容是盘点的方法、盘点作业的基本流程和要求，使工作人员掌握盘点的基本要领，清楚表格及单据的填写。

（五）清理储存场所

盘点工作开始时，首先要对储存场所及库存商品进行一次清理，清理包括以下内容：

1. 在盘点前，对厂商交来的物料必须明确其所有权。如已验收完成，属本配送中心的物料应及时整理归库，若尚未完成验收程序，应同厂商划分清楚，避免混淆。
2. 储存场所在关闭前应通知各需求部门预领所需的物品。
3. 储存场所整理整顿完成，以便计数盘点。
4. 预先鉴定呆料、废品、不良品，以便盘点。
5. 账卡、单据、资料均应整理后加以结清。
6. 储存场所的管理人员在盘点前应自行预盘。

（六）盘点作业

由于盘点作业比较单调，在进行盘点时一方面应注意加强领导，另一方面要注意劳逸结合，活跃工作气氛。

（七）差异因素分析

通过盘点，发现账物不符且差异超过容许的误差时，应立即追查产生差异的原因，主要的差异因素通常有以下几方面：

1. 商品入库登记账卡时看错数字。
2. 账务处理系统管理制度和流程不完善，导致数据有误。
3. 盘点错误：漏盘、重盘和错盘。
4. 盘点前数据资料未结清，使账面数不准确。
5. 由于自然特性，某些商品因挥发、吸湿而使重量有增有减。
6. 因气候影响而发生腐蚀、硬化、变质、生锈和发霉等。
7. 液体商品因容器破损而流失。
8. 捆扎包装错误使数量短缺。
9. 计量器具不准确或使用方法不当。
10. 货物损坏、丢失等原因。

（八）盘点盈亏处理

查清差异原因后，为了通过盘点使账面数与实物数保持一致，需要对盘点盈亏和报废品一并进行调整。按差异的主要原因，制定解决方法。对呆废品、不良品应视为盘亏。货物在盘点时除了产生数量的亏损外，有些货品在价格上也会发生增减情况。这种价格变化经主管部门批准后，利用盘点盈亏和价目增减表格的形式更正过来。

三、盘点的内容和方法

（一）盘点的内容

1. 查数量

通过盘点查明库存商品的实际数量，核对账面库存数量与实际库存数量是否一致，这是盘点的主要内容。

2. 查质量

检查在库商品质量有无变化，包括受潮、锈蚀、发霉、干裂、鼠咬等情况；检查有无超过保管期限和长期积压现象，必要时要对商品进行技术检验。

3. 查保管条件

检查保管条件是否与商品要求的保管条件相符合，这是保证在库商品质量完好的一个基本条件。如库内温、湿度是否符合要求、库房是否漏水、场地是否有积水、堆码是否合理稳固、苫垫是否严密等。

4．查设备

检查各项设备的使用和养护是否合理；各类计量器具如皮尺、磅秤以及其他自动装置等是否准确，使用与保管是否合理，检查时要用标准件校验。

5．查安全

检查各项安全措施和消防设备、器材是否符合安全要求；商品堆码是否安全，有无倾斜；检查建筑物是否处于良好状态；对于地震、水灾和台风等自然灾害有无紧急处理对策等。

（二）盘点的方法

商品盘点主要分为账面盘点及现货盘点两种。

1．账面盘点

账面盘点又称永续盘点，就是把每天入库及出库商品的数量及单价输入电脑或记录在账簿上，而后不断地累计加总算出账面上的库存量及库存金额。

2．现货盘点

现货盘点又称实地盘点，即是实地去点数，检查商品的库存数量，再依商品单价计算出库存金额的方法。要得到最正确的库存情况并确保无误，最直接的方法是确定账面盘点与现货盘点的结果是否相吻合。如存在差异，应分析原因，找出问题所在。

现货盘点按时间频率的不同又可分为“期末盘点”及“循环盘点”。

（1）期末盘点法。期末盘点又称定期盘点，是指在会计期末统一清点所有商品的方法。由于此种方法是将所有商品一次点完，因此工作量较大，而且要求严格。通常采取分区、分组的方式进行，其目的是明确责任，防止重复盘点和漏盘。分区就是将整个储存区域划分成一个个的责任区，不同的区由专门的小组负责盘点。因此，一个小组通常至少需要 3 个人：一人负责清点数量并填写盘点单；另一人复查数量并登记复查结果；第三人负责核对前两次盘点数量是否一致，对不一致的结果进行检查。待所有盘点结束后，再与电子计算机或账面上反映的数量核对。盘点具体程序如下：

① 将全体员工分组，明确各小组盘点的物品或者区域。

② 各小组到指定区域或物品存放处清点货物品种、数量和检查物品外观质量。为防止差错，先由一人清点所负责区域的物品，将清点结果填入盘点单的第一部分（盘点单见表 4-1）。

③ 由第二人复点，填入盘点单的第二部分。

④ 由第三人核对，检查前两人的记录是否相同且正确。

⑤ 将盘点单交给盘点管理小组，合计物品库存总量。

⑥ 等所有盘点结束后，与管理信息系统统计结果进行核对。

表 4-1 盘点单

盘点日期		第一盘点人			盘点单号码					
物品号码										
物品数量										
物品单价										
外观现状										
存放位置										
盘点日期		第二盘点人			盘点单号码					
物品号码										
物品数量										
物品单价										
外观现状										
存放位置										
盘点日期		第三盘点人			盘点单号码					
物品号码										
物品数量										
物品单价										
外观现状										
存放位置										

（2）循环盘点法。循环盘点法是指在每天、每周清点一部分商品，一个循环周期将每种商品至少清点一次的方法。它通常是对价值高或重要的商品进行盘点，因为这些商品属于重要物品，对库存条件的要求比较高，一旦出现差错，不但会大大影响仓库的经济效益，而且有损企业的形象。因此，在仓储管理过程中，要对物品按其重要程度科学地分类，对重要的物品进行管理，加强盘点，防止出现

差错。由于循环盘点只对少量商品盘点，所以通常只需保管人员自行对库存资料进行盘点即可，发现问题及时处理。

目前，国内多数配送中心都使用电子计算机来处理库存账务，当账面库存数与实际库存数发生差异时，很难断定是记账有误还是实际盘点出现错误，所以，可以采取“账面盘点”与“现货盘点”相组合的方法进行盘点。

四、盘点结果的分析与处理

（一）盘点差异因素分析

当盘点结束后，发现账货不符时，应追查差异的原因。可以从以下因素着手：

1．是否因记账员素质不高、操作失误致使货账不符；

2．是否因盘点方法不当，漏盘、重盘、错盘而导致货账不符；

3．是否因盘点制度的缺点导致货账不符；

4．是否因账货处理制度的缺点导致商品数目无法表达；

5．是否在允许范围之内；

6．盘点的差异是否可事先预防，是否可以降低料账差异的程度。

（二）盘点结果的处理

商品盘点账货差异原因追查清楚后，应针对主要原因进行调整与处理，制定解决方案。

1．依据管理绩效，对分管人员进行奖惩；

2．对废次品、不良品减价的部分，应视为盘亏；

3．存货周转率低，占用金额过大的库存商品应设法降低库存量；

4．盘点工作完成以后，所发生的差错、呆滞、变质、盘亏、损耗等结果，应予以迅速处理，并防止以后再发生；

5．呆滞品比率过大，应设法研究，致力于降低呆滞品。可采取打折出售，与其他公司进行以物易物的方式相互交换、修改再利用、调拨给其他单位利用等措施进行处理；

6．商品除了盘点时产生数量的盘亏外，有些商品在价格上会产生增减，这些差异经主管部门审核后，必须利用商品盘点盈亏及价格增减更正表（表 4-2）修改。

表 4-2　商品盘点盈亏表

填报单位：　　　　　　　时间：　　年　月　日　　　　　　单号：

<table>
<tr><th rowspan="3">编码</th><th rowspan="3">商品名称</th><th rowspan="3">规格</th><th rowspan="3">单位</th><th colspan="3">账面资料</th><th colspan="3">盘点实存</th><th colspan="4">数量盈亏</th><th colspan="4">价格增减</th><th rowspan="3">差异原因</th><th rowspan="3">责任人</th></tr>
<tr><th rowspan="2">数量</th><th rowspan="2">单价</th><th rowspan="2">金额</th><th rowspan="2">数量</th><th rowspan="2">单价</th><th rowspan="2">金额</th><th colspan="2">盘盈</th><th colspan="2">盘亏</th><th colspan="2">增价</th><th colspan="2">减价</th></tr>
<tr><th>数量</th><th>金额</th><th>数量</th><th>金额</th><th>单价</th><th>金额</th><th>单价</th><th>金额</th></tr>
<tr><td></td><td></td><td></td><td></td><td></td><td></td><td></td><td></td><td></td><td></td><td></td><td></td><td></td><td></td><td></td><td></td><td></td><td></td><td></td><td></td></tr>
<tr><td></td><td></td><td></td><td></td><td></td><td></td><td></td><td></td><td></td><td></td><td></td><td></td><td></td><td></td><td></td><td></td><td></td><td></td><td></td><td></td></tr>
<tr><td></td><td></td><td></td><td></td><td></td><td></td><td></td><td></td><td></td><td></td><td></td><td></td><td></td><td></td><td></td><td></td><td></td><td></td><td></td><td></td></tr>
<tr><td>备注</td><td colspan="19"></td></tr>
</table>

单位负责人：　　　　仓储主管：　　　　保管员：　　　　制单：　　　　复核上报：

【任务实施】

一、实施步骤

1．将学生以每组 4～6 人进行分组，每组选出一位组长，组织协调完成此次任务。

2．小组讨论，以卞经理的名义制定此次盘点方案。

3．最终填制盘点单和盘点盈亏表。

4. 由小组指定代表进行任务汇报，小组其余同学补充或接受别组同学的提问。

二、成绩考核

仓库盘点操作成绩考核标准

考核小组__________　组长__________　小组代表__________

考核内容	考核标准	小组得分	实际得分
仓库盘点操作	1．盘点方案制定内容全面、任务分配合理	30 分	
	2．盘点单填制正确	30 分	
	3．盘点盈亏表填制正确	30 分	
	4．讲解思路清晰、图文简洁	10 分	
合计		100 分	

任务3 库存控制

【任务描述】

林森物流集团有限公司仓库冒经理要求对目前库存商品进行物动量分析，根据近三个月的出库量（表 4-3、表 4-4、表 4-5）进行统计核算，利用合适的库存控制方法对相应的库存进行分析，并提出相应的库存管理策略。项目经理卞经理让李某负责此事。李某应如何完成？

表 4-3 出库作业月报一（物动量统计）

制表人： 制表时间：2014 年 7 月 30 日

货品编码	货品名称	出库量（箱）
100001	1.25L1×12 芬达橙	600
100002	1.25L1×12 可乐	900
100003	1.25L1×12 美汁源果粒橙	950
100004	1.25L1×12 雪碧	950
100005	1.5L1×12 可乐	850
100006	1.5L1×12 美汁源酷儿橙	600
100007	1.5L1×12 雪碧	700
100008	2.5L1×6 芬达橙	550
100009	2.5L1×6 可乐	600
100010	2.5L1×6 雪碧	600
100011	200mL1×24 芬达橙	350
100012	200mL1×24 可乐	800
100013	200mL1×24 雪碧	800
100014	2L1×6 雪碧	1 000
100015	330mL1×24 芬达苹果	200
100016	330mL1×24 芬达橙	200
100017	330mL1×24 健怡可乐	200
100018	330mL1×24 可乐	1 200
100019	330mL1×24 雪碧	950
100020	350mL1×12 冰露矿物质水	600

表 4-4　出库作业月报二（物动量统计）

制表人：　　　　　　　　　　　　　　　　　　　　　　制表时间：2014 年 8 月 30 日

货品编码	货品名称	出库量（箱）
100002	1.25L1×12 可乐	900
100003	1.25L1×12 美汁源果粒橙	1 200
100004	1.25L1×12 雪碧	800
100007	1.5L1×12 雪碧	600
100006	1.5L1×12 美汁源酷儿橙	500
100015	330mL1×24 芬达苹果	300
100005	1.5L1×12 可乐	950
100012	200mL1×24 可乐	850
100013	200mL1×24 雪碧	700
100018	330mL1×24 可乐	900
100019	330mL1×24 雪碧	700
100020	350mL1×12 冰露矿物质水	550
100021	1.25L1×12 美汁源热带果粒	1 300
100022	450mL1×15 美汁源果粒奶优清香菠萝	300
100023	450mL1×15 美汁源果粒奶优水润蜜桃	600
100024	450mL1×15 美汁源果粒奶优香浓芒果	500
100025	450mL1×15 美汁源果粒奶优清新草莓	600
100026	1.25L1×6 美汁源果粒奶优清新草莓	800
100027	1.25L1×6 美汁源果粒奶优水润蜜桃	400

表 4-5　出库作业月报三（物动量统计）

制表人：　　　　　　　　　　　　　　　　　　　　　　制表时间：2014 年 9 月 30 日

货品编码	货品名称	出库量（箱）
100002	1.25L1×12 可乐	900
100009	2.5L1×6 可乐	1 200
100012	200mL1×24 可乐	850
100018	330mL1×24 可乐	900
100019	330mL1×24 雪碧	750
100020	350mL1×12 冰露矿物质水	500
100021	1.25L1×12 美汁源热带果粒	1 000
100022	450mL1×15 美汁源果粒奶优清香菠萝	400
100023	450mL1×15 美汁源果粒奶优水润蜜桃	300

货品编码	货品名称	出库量（箱）
100024	450mL1×15 美汁源果粒奶优香浓芒果	100
100025	450mL1×15 美汁源果粒奶优清新草莓	500
100026	1.25L1×6 美汁源果粒奶优清新草莓	600
100027	1.25L1×6 美汁源果粒奶优水润蜜桃	500
100004	1.25L1×12 雪碧	900
100007	1.5L1×12 雪碧	800
100003	1.25L1×12 美汁源果粒橙	1 300
100014	2L1×6 雪碧	600

其中一个超市根据销售统计数据发现 7、8、9 三个月中对于 1.25L1×12 美汁源果粒橙的实际需求量分别为：7 月份 300 箱，8 月份 400，9 月份 280 箱。最大订货提前期为两个星期，缺货概率根据经验统计为 5%，这个超市如何根据相应的数据做库存控制呢？

【任务引导】

1．库存数量是否越多越好？为什么？

2．如果没有得到很好地控制，库存数量可能会自我膨胀。为什么会出现这种现象？

3．在制造型企业中，常用的库存包括哪些？

4．常用的库存管理策略有哪些？

【知识准备】

根据我国国家标准《物流术语》（GB/T 18354—2001），库存是指处于储存状态的物品。通俗地说，库存是指企业在生产经营过程中为现在和将来的耗用或者销售而储备的资源。一般情况下，人们设置库存的目的是防止短缺。所以库存无论是对制造业还是对服务业都十分重要。

一、库存的分类

库存可以从库存物品的经济用途、存放地点、来源、生产过程、所处状态、经营过程和库存物品所占价值等几个方面来分类。

（一）按经济用途分类

库存按其经济用途可以分为商品库存、制造业库存和其他库存三类。

1．商品库存

商品库存是指企业购进后供转售的货物。其特征是在转售之前，保持其原有实物形态。

2．制造业库存

制造业库存是指购进后直接用于生产制造的货物。其特点是在出售前需要经过生产加工过程，改变其原有的实物形态或使用功能。具体分类如下：

（1）材料。指企业通过外购或其他方式取得的用于制造并构成产品实体的物品，以及取得的供生产耗用但不构成产品实体的辅助性材料等。外购半成品，一般也归在此类；企业也可按照其用途再细分为原材料、辅助材料、燃料和外购半成品等若干种类。

（2）在制品。指企业正处于加工过程中的、有待于进一步加工制造的物品。

（3）半成品。指企业部分完工的产品，它在销售之前还需要进一步加工，但也可作为商品对外销售。

（4）制成品。指企业已经全部完工、可供销售的制成品。

3．其他库存

其他库存是指除了以上库存外，供企业一般耗用的用品和为生产经营服务的辅助性物品。其主要特点是满足企业的各种消耗性需要，而不是为了将其直接转售或加工制成产品后再出售。如包装物和低值易耗品等。

（二）按存放地点分类

库存按其存放地点可分为库存存货、在途库存、委托加工库存和委托代销库存四类。

1．库存存货

库存存货是指已经运到企业，并已验收入库的各种材料和商品，以及已验收入库的半成品和制成品。

2．在途库存

在途库存包括运入在途库存和运出在途库存。运入在途库存是货款已经支付或虽未付款但已取得所有权、正在运输途中的各种外购库存。运出在途库存是指按照合同规定已经发出或送出，但尚未转移所有权，也未确认销售收入的库存。

3．委托加工库存

委托加工库存是指企业已经委托外单位加工，但尚未加工完成的各种库存。

4．委托代销库存

委托代销库存是指企业已经委托外单位代销，但按合同规定尚未办理代销货款结算的库存。

（三）按库存来源分类

库存按其来源可分为外购库存和自制库存两类。外购库存是企业从外部购入的库存，如外购材料等。自制库存是由企业内部制造的库存，如自制材料、在制品和制成品等。

（四）从生产过程的角度分类

库存按生产过程可分为原材料库存、零部件及半成品库存和成品库存。

（五）从物品所处状态分类

按物品所处状态，库存可分为静态库存和动态库存。静态库存指长期或暂时处于储存状态的库存。动态库存指处于制造加工状态或运输状态的库存。

（六）从经营过程的角度分类

库存从经营过程的角度来分类，可分为如下几种类型：

1．经常库存

经常库存是指企业在正常的经营环境下为满足日常的需要而建立的库存。这种库存随着每日的需要不断减少，当库存降低到某一水平时（如订货点），就要进行订货来补充库存。这种库存补充按一定的规则反复地进行。

2．安全库存

安全库存是指为了防止由于不确定因素（如大量突发性订货、交货期突然延期等）而准备的缓冲库存。

3．生产加工和运输过程的库存

生产加工过程的库存是指处于加工状态以及为了生产的需要暂时处于储存状态的零部件、半成品或制成品。运输过程的库存指处于运输状态或为了运输的目的而暂时处于储存状态的物品。

4．季节性库存

季节性库存是指为了满足特定季节中出现的特定需要（如夏天对空调机的需要）而建立的库存，或指季节性出产的原材料（如大米、棉花、水果等农产品）在出产的季节大量收购所建立的库存。

5．促销库存

促销库存是指为了对应企业的促销活动产生的预期销售增加而建立的库存。

6．投机库存

投机库存是指为了避免因货物价格上涨造成损失或为了从商品价格上涨中获利而建立的库存。

7．沉淀库存或积压库存

这是指因物品品质变坏不再有效用的库存或因没有市场销路而卖不出去的商品库存。

二、库存管理

库存管理也称库存控制，是指对制造业或服务业生产、经营全过程的各类物品、产品以及其他资源进行管理和控制，使其储备保持在经济的水平上，是企业根据外界对库存的要求与订购的特点，预测、计划和执行的一种库存行为，并对这种行为进行控制。它的重点在于确定如何订货、订购多少、何时订货等问题。

（一）库存管理的目标

为了保证企业正常的经营活动，库存是必要的，但库存同时又占用了大量的资金。所以库存管理人员应关注的问题就是：怎样既能保证经营活动的正常进行，又使流动资金的占用率达到最小，即在期望的顾客服务水平和相关的库存成本之间寻找平衡。如果不对库存进行控制，可能既满足不了经营的需要，同时还造成了大量的库存积压，占用大量的库存资金。库存管理涉及库存各个方面的管理，它的目标就是防止超储和缺货，在企业现有资源的约束下，以最合理的成本为用户提供所期望的服务。

（二）库存管理的方式

根据对待库存物资态度的不同，可以将库存管理分为先入先出、后入先出以及零库存三种基本方式。

1．先入先出的库存管理方式

先入先出法是在库存管理中经常使用的方法，即当使用时，先入库的物料先出库，又称为新陈代谢法。这种方式的优点是：先入库的物料先使用，剩下的物料都是新的；反之，先入库的物料不先用，剩下的物料必定都是旧的。例如，铁板或粉末类物资，剩下部分堆积日久，易受潮生锈，或被虫蛀，可能导致质量下降或变成废品。因此，应采用先入先出法。

先入先出法是这样一种计算方法，当材料、商品等在日常收发按实际成本计价时，对于发出的材料、商品等按存货中最早进货的那批单价进行计价。在发出的材料、商品等的数量超过存货中最早一批进货的数量时，超过部分要依次按后一批进货的单价计算。

例如，存货中包括第一批进货150吨，每吨300元；第二批进货200吨，每吨320元。现发出200吨，则其中150吨按第一批的单价300元计算，其余50吨要按第二批的单价320元计算。这一计价方法是建立在假定先收入的材料、商品先行发出的基础上的。采用这一方法计价时，要依次查明有关各批的单价，手续较烦琐，一般适用于收、发货次数不多的企业。采用这一方法的结果是：耗用材料或售出商品的成本按存货中早期进货的单价计算，而期末结存材料、商品等则按存货中近期进货的单价计算。

2．后入先出的库存管理方式

为了避免在采用先进先出法时忽视库存数量管理的现象，可以采用后入先出法。这是一种新型管理方法，后入库的物料先发放，剩下的物料都是旧的。这就会促使有关人员设法改进工作，从而实现采用这种库存方式的目的。例如，当库存中旧物料增多时，管理人员就会反复考虑，倾听各方面意见，研究怎样改进工作，从而制定出调整库存量的好办法。这时，现场物料保管人员，根据剩余量的具体情况，为了做到不生锈、不结块，他们会积极提出入库的适宜时间，或者提出调整库存量的意见。而且采用后入先出法，可以促使计划人员、库存管理负责人、现场实物保管人员团结一致，共同行动，这一点是非常必要的，所以，这种方式受到库存管理人员的普遍重视。

后入先出法是这样一种计算方法：当材料、商品等在日常收发按实际成本计价时，对于发出的材料、商品等按存货中最后进货的那批单价进行计价。在发出的材料、商品等的数量超过存货中最后一批进货的数量时，超过部分要依次按前一批进货的单价计算。

例如，存货中包括第一批进货150吨，每吨300元；第二批进货150吨，每吨320元。现发出200吨，则其中150吨按第二批的单价320元计算，其余50吨要按第一批的单价300元计算。这一计价方法是建立在假定后收入的材料、商品先行发出的基础上的。采用这一方法计价时，要依次查明有关各批的单价，手续较烦琐，一般适用于收、发货次数不多的企业。采用这一方法的结果是：耗用材料或售出商品的成本按存货中近期进货的单价计算，而期末结存材料、商品等则按存货中早期进货的单价计算。

3．零库存管理方式

零库存的提出解决了库存管理中的部分浪费现象，它是一种特殊的库存概念，其含义是以仓库储存形式的某种或某些种类物品的储存数量为“零”，即不保持库存。不以库存形式存在就可以免去仓库存货的一系列问题，如仓库建设、存货维护、保管、装卸、搬运等费用，存货占用流动资金及库存物的老化、损失、变质等问题。

如果企业能够在不同的环节实施零库存管理，其效益是显而易见的，例如，库存占用资金的减少；优化应收和应付账款，加快资金周转；库存管理成本的降低，以及规避市场变化和产品升级换代而产生的降价、滞销的风险等。但同样不容忽视的是，零库存的实现是有其难点和管理成本的，例如单一供应源的风险、小批量供应造成较高的运输或配送物流成本、投资较大的柔性生产系统，以及较高成本的一体化信息系统平台等。是否能够实施和实现零库存，实际上需要综合考虑它将带来的收益以及为此付出的成本，或者更全面地说是为此付出的代价。

三、库存合理化

库存的合理化就是在满足用户需求的前提下，以最经济的方法和手段，使库存费用、订货费用、缺货损失之和保持在最小的状态。既要处理好订货次数和订货数量之间的效益背反问题，还要处理好用户的需求问题。实现库存合理化的控制方法主要有三种，即 ABC 分类库存管理法、定量订货法和定期订货法。

（一）ABC 分类库存管理法

由于企业的资源有限，因此，对所有库存品种均给予相同程度的重视和管理是不可能的，也是不切实际的。为了使有限的时间、资金、人力等企业资源能得到更有效的利用，应对库存物资进行分类，将管理的重点放在重要的库存物资上，进行分类管理和控制，即依据库存物资重要程度的不同，分别进行不同的管理，这就是 ABC 分类法的基本思想。

1．ABC 分类法的原理

ABC 分类法源于 ABC 曲线分析，ABC 曲线又叫帕累托（Pareto）曲线。1879 年意大利经济学家 Villefredo Pareto 在研究米兰人口与收入的分配问题时，经过对一些统计资料的分析后，发现占总人口百分比不大的少数人的收入却占总收入的大部分，而大多数人的收入却只占总收入的很小一部分，即所谓“关键的少数和次要的多数”的关系，这也就是我们平时提到的 80/20 法则。所以，ABC 分类法的理论基础为“关键的少数和一般的多数”。

将 ABC 分类法引入库存管理就形成了 ABC 库存分类管理法。我们知道，在许许多多种库存物资中，一般只有少数几种物资的需求量大，因而占用较多的流动资金；从用户方面来看，只有少数几种物资对用户的需求起着举足轻重的作用，种类数比较多的其他物资年需求量却较小，或者对于用户的重要性较小。因此，所谓ABC分类法，就是以某种库存物资品种数占物资品种数的百分数和该类物资金额占库存物资总金额的百分数大小为标准，将库存物资分为A、B、C三类，进行分级管理。

2．ABC分类法的标准和原则

（1）ABC 分类法的标准。ABC 分类的标准是库存中各品种物资每年消耗的金额，即该品种的年消耗量，乘上它的单价，即为每年消耗的金额。将年消耗金额高的划归A级，次高的划归B级，低的划归C级。具体划分标准及各级物资在总消耗金额中应占的比重并没有统一的规定，要根据各企业、各仓库的库存品种的具体情况和企业经营者的意图来确定。但是，根据众多企业多年运用ABC分级的经验，一般可按各级物资在总消耗金额中所占的比重来划分，参考数字如表4-6所示。A类物资种类数占全部库存物资种类总数的10%左右，而其价值占存货总价值的70%左右；B类物资种类数占 20%左右，价值占存货总价值的20%左右；C类物资种类数占70%左右，而价值占存货总价值的10%左右。

表4-6 ABC分类法

	A类存货	B类存货	C类存货
品种种类占总品种数的比例	约10%	约20%	约70%
价值占存货总价值的比例	约70%	约20%	约10%

如果用累计品种百分比曲线表示，可以清楚地看到ABC三类物资在品种和消耗金额上的比例关系，如图4-2所示。由图可以看到，A类物资的品种数量很少，但占用了大部分年消耗金额。因此，A类物资品种数量增加时，年消耗金额的累计额增长很快，曲线很陡。B类物资的品种数量百分比与年消耗金额百分比基本相等，因此曲线较平缓。C类物资品种数量很多，但所占消耗金额的百分比极小，曲线十分平缓，基本呈水平状。

在库存管理中，ABC分类法一般是以库存价值为基础进行分类的，它并不能反映库存品种对利润的贡献度、紧迫性等情况，而在某些情况下，C类库存缺货所造成的损失也可能是十分严重的。因此，在实际运用ABC分类法时，需具体、灵活地根据实际情况来操作，也即是说ABC分类法的标准并不唯一，分类的目标是把重要的物品与不重要的物品分离开来，其他指标同样可以用来对存货进行分离，如缺货后果、物资供应的不确定性、过时或变质的风险等。

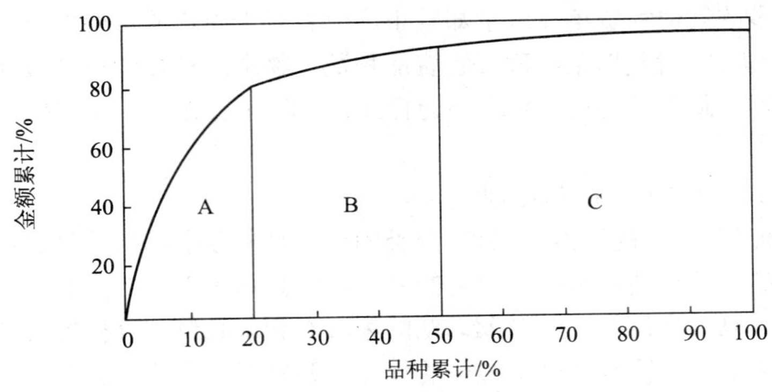

图 4-2 ABC 分类法曲线示意图

另外，ABC 分析理论上要求分为 3 类，但在实际应用中可以根据实际情况分为 5 类或 6 类。在进行 ABC 分析时，所选择的分析时间也是非常重要的，应选择能反映真实情况的时间段，通常会以年为分析的时间周期，即时间段。

（2）ABC 分类法的原则。

① 成本—效益原则。这是企业的各种活动所必须遵守的基本原则，也就是说无论采用何种方法，只有在其付出的成本能够得到完全补偿的情况下才可以施行。比如一个规模很小、存货少的企业，就没有必要花太多的精力在 ABC 分类上面。

② “最小最大”原则。管理的本身并非重点，管理的效果才是最主要的。要在追求 ABC 分类管理成本最小的同时，追求其效果的最优，这才是管理之本。

③ 适当原则。在施行 ABC 分类进行比率划分时，要注意企业自身境况，对企业的存货划分 A 类、B 类、C 类并没有一定的基准。比如同样是轮胎，在汽车配件厂可能是 B、C 类物品，而对于轮胎专营店则一定是 A 类物品。所以这就要求对存货情况进行详细的统计分析，找出适合自己的划分比率，才能扎实做好 ABC 分类的准备工作。

3．ABC 分类法实施的步骤及应用

（1）ABC 分类法实施的一般步骤。

第一，收集库存物料在某一段时间的品种数和价值等相关资料；

第二，将库存物料按占用资金的大小顺序排列，编制 ABC 分类汇总表；

第三，计算库存物料品种数的百分比和累计百分比；

第四，计算库存物料占用资金的百分比和累计百分比；

第五，按照分类标准编制 ABC 分析表进行分类，确定 A、B、C 各类物料。

（2）ABC 分类的应用。

【例 4-1】通过历史数据统计，某仓库一段时期各种物品的价值见表 4-7，用 ABC 分类法对这些物品进行分类。

表 4-7 物品价值的历史数据

物品编号	001	002	003	004	005	006	007	008	009	010
价值	25	7	170	20	3	15	150	4	4	2

解：首先将物品按其价值从大到小进行排序，然后分别计算各种物品价值占全部价值的百分比并进行累计，以及计算累计物品种类数占全部物品种类数的百分比，最后，按照分类标准，即选择断点进行分类，确定 A、B、C 三类物品，详见表 4-8。

表 4-8 分类计算的结果

物品编号	价值	累计价值	累计价值占全部价值的百分比/%	物品的累计种类数	累计物品种类数占全部物品种类数的百分比/%	分类结果
003	170	170	42.50	1	10.00	A
007	150	320	80.00	2	20.00	A
001	25	345	86.25	3	30.00	B
004	20	365	91.25	4	40.00	B
006	15	380	95.00	5	50.00	B
002	7	387	96.75	6	60.00	C
008	4	391	97.75	7	70.00	C
009	4	395	98.75	8	80.00	C
005	3	398	99.50	9	90.00	C
010	2	400	100.00	10	100.00	C

4．ABC 库存管理措施

（1）对 A 类物资应该进行重点管理。由于 A 类物资进出库比较频繁，对库存成本影响很大，所以，要认真对待，投入相应的人力、物力，以提高管理水平。现场管理应该更加严格，应放在更安全的地方；为了保持库存记录的准确性，要经常进行检查和盘点；对 A 类库存进行预测应该更加仔细。

（2）对 B 类物资进行次重点管理。B 类物资相对来说进出库不是很频繁，因此对物资的组织和发送的影响较小。现场管理不必投入比 A 类物资更多的精力；库存检查和盘点周期可以比 A 类物资更长一些。

（3）对 C 类物资只进行一般的管理。对很少使用的物资，可规定最少出库量，以减少处理次数，同时应储备必要的数量。对于数量大、价值低的物资可以不纳入日常管理的范围，应减少对这类物资的盘点次数和管理。

5．应注意的问题

在使用 ABC 分类管理方法时，必须注意两个问题，即库存货物的单价和重要性。ABC 分类时更多考虑了库存货物的单价，而忽视了重要性问题，甚至有些被划分到 C 类的货物可能对企业的生产活动有着至关重要的影响。这种货物的重要性并不在资金占用上体现，而是体现在如果缺货会造成企业停产/停业或严重影响正常生产，缺货会危及企业生产安全，市场短缺的货物，缺货后不易补充。为了弥补这一不足，有人提出关键因素分析方法（Critical Value Analysis，CVA）。CVA 的基本思想是把存货按照关键性分成 3～4 类，即：最高优先级——这是经营的关键性物资，不允许缺货；较高优先级——这是指经营活动中的基础性物资，但允许偶尔缺货；中等优先级——这多属于比较重要的物资，允许合理范围内的缺货；较低优先级——经营中需用这些物资，但可替代性高，允许缺货。

（二）定量订货管理法

1．定量订货法的原理

定量订货法是指当库存量下降到预定的最低库存量（订货点）时，按规定数量进行订货补充的一种库存控制方法。这种订货方式不确定时间，只确定每次订购的数量，及当库存量降到某一数值（订货点）时，开始订货，补充库存。其原理如图 4-3 所示。

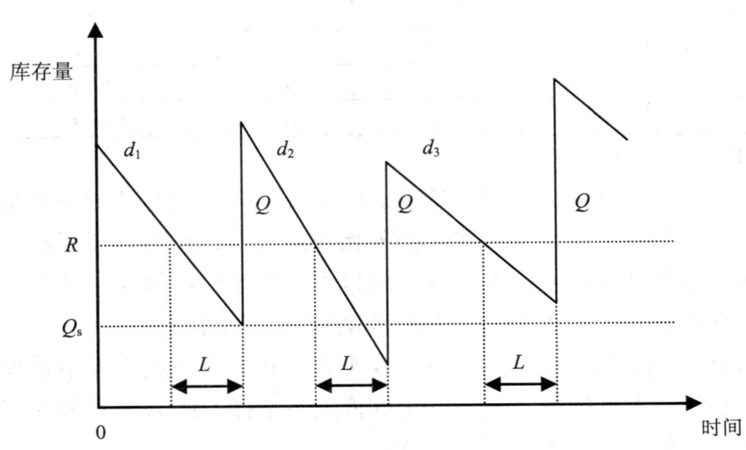

图 4-3　定量订货法的运行模型

图中 Q_s 表示安全库存，R 表示订货点，Q 表示订货批量，d_1、d_2、d_3 分别表示在三个时间段内库存量的消耗速率，这里假定物料需求速率不均匀稳定，而是变化的，即 $d_3<d_1<d_2$。当库存控制系统的现有库存量降到订货点（Reorder Point，RP）时，库存控制系统就向供应商发出订货，每次订货量均为一个固定的量 Q。经过一段时间（即订货提前期），所发出的订货到达，库存量增加 Q。这里的订货提前期（Lead Time，LT）是从发出订货至到货的时间间隔，其中包括订货准备时间、发出订单、供方接受订货、供方生产、产品发运、产品到达、提货、验收、入库等所需花费的时间。

由于从订货指令发出到所购物资到货入库，通常需要一段时间，在此期间库存储备不断减少，物品不断地出库满足需求，当订货物品到货时，库存储备得到补充，达到最大值。如在第一个时间段内，库存以 d_1 的速度下降，当库存量下降至订货点 R 时发出订货请求，正当库存量下降至安全库存时，第一次订货物料也在此时到达，库存量由 Q_s 上升到 Q_s+Q。在第二个时间段内，库存以 d_2 的速度下降，由于 $d_1<d_2$，所以在相等的订货提前期内，库存消耗量较前一周期要大，因而第二周期在订货批量 Q 到达之时，动用了一部分安全库存。在第三个周期内，库存以 d_3 的速度下降，由于 $d_3<d_1$，所以在相等的订货提前期内，库存消耗量比第一周期要少，当 Q 批量的物品到货时，库存水平还比较高，还远没有到达安全库存。因此，固定订货量系统需要随时检查库存量，并随时发出订货，故称固定订货量系统为连续检查控制系统。

一个企业采用连续检查控制方式后，其库存控制存在如下特点：

（1）每次订货批量 Q 通常是固定的，批量大小选择时主要考虑总库存成本最低的原则；

（2）每相邻两次订货点时间间隔通常是变化的，其大小主要取决于需求率的大小，需求率大则时间间隔短，需求率小则时间间隔长；

（3）订货提前期基本不变，订货提前期是由供应商的生产与运输能力等外界因素决定的，与物资的需求情况没有直接的联系，故通常认为是一个常数，图 4-3 中用符号 L 表示。

2．定量订货法解决的问题

（1）确定订货点，解决什么时候订货。

（2）确定订货批量，解决一次订货多少。

（3）确定订货如何具体实施，以及库存系统的基本库存、安全库存、周转率。

3．订货点的确定

在定量订货法中，发出订货时仓库里该品种保有的实际库存量叫做订货点。

它是直接控制库存水平的关键。

（1）影响订货点确定的主要因素有：

① 需求率。是货物需求的速率，显然，需求速率越高，订货点也越高。

② 订货提前期。是指从发出采购订单开始到收到货物为止所需要的时间长度。

③ 安全库存。是指为了防止货物发生短缺而设置的库存。当缺货成本高或服务水平要求较高、需求量波动较大、储存成本较低以及前置时间的波动较大时应保持较高的安全库存量，以尽力避免缺货。

（2）在客户需求速率和订货提前期都稳定不变的情况下，不需要设置安全库存，即 Q_s=0。公式如下：

订货点=每个订货提前期的需求量=每天需求量×订货提前期（天）

=（全年需求量/360）×订货提前期（天）

（3）在客户需求速率和订货提前期变化的情况下，需要设置安全库存。公式如下：

订货点=订货提前期的平均需求量+安全库存

=（单位时间的平均需求量×最大订货提前期）+安全库存

$$安全库存 = K \times \sqrt{最大订货提前期} \times 需求变动值$$

其中 K 为安全系数。安全系数可根据缺货概率查安全系数表（表 4-9）得到，最大订货提前期根据以往数据得到，需求变动值可用下列方法求得。

$$需求变动值 = \sqrt{\frac{\sum(y_i - y_A)^2}{n}}$$

式中：y_i——各期需求量实际值；

y_A——各期需求量实际均值。

表 4-9　安全系数表

缺货概率/%	30.0	27.4	25.0	20.0	16.0	15.0	13.6
安全系数值	0.54	0.60	0.68	0.84	1.00	1.04	1.10
缺货概率/%	11.5	10.0	8.1	6.7	5.5	5.0	4.0
安全系数值	1.20	1.28	1.40	1.50	1.60	1.65	1.75
缺货概率/%	3.6	2.9	2.3	2.0	1.4	1.0	
安全系数值	1.80	1.90	2.00	2.05	2.20	2.33	

【例 4-2】某商品在过去三个月中的实际需求量分别为：1 月份 126 箱，2 月份 110 箱，3 月份 127 箱。最大订货提前期为两个月，缺货概率根据经验统计为 5%，求该商品的订货点。

【解析】平均月需求量=（126+110+127）/3=121 箱

缺货概率为 5%，查表得：安全系数=1.65

$$需求变动值=\sqrt{\frac{\sum(126-121)^2+\ (110-121)^2+\ (127-121)^2}{3}}=7.79$$

$$安全库存=1.65\times\sqrt{2}\times7.79=18.175\approx19(箱)$$

订货点=121×2+18=260（箱）

4．订货批量的确定

订货批量就是一次订货的数量。它直接影响库存量的高低，同时也直接影响物资供应的满足程度。在定量订货中，对每一个具体的品种而言，每次订货批量都是相同的，通常是以经济批量作为订货批量。

订货批量是指消耗一次订货费用一次采购某种产品的数量。经济订货批量（Economic Order Quality，EOQ），也称经济订购批量，就是按照库存总费用最小的原则确定出的订货批量。这种确定订货批量的方法就称为经济订货批量法。基本经济订货批量问题是库存管理中最简单的，但也是最重要的一个内容，它揭示了许多库存决策方面问题的本质。

固定订货量系统要求规定一个特定的 R（订货点），当库存水平达到这一点时就应该进行订购，订购批量为 Q，而且每次的订购量都是相等的。因此，对于固定订货量系统来说，首先是要确定每次的订货批量，即经济订货批量，来平衡订货成本和存储成本之间的关系，使得总的库存成本最低。为了确定经济订货批量，先作一些假设：

（1）需求稳定，单位时间内的系统需求恒定。

（2）订货提前期 L 不变。

（3）每次订货批量 Q 一定。

（4）每批订货一次入库，入库过程在极短时间内完成。

（5）订货成本、单件存储成本和单价固定不变。

（6）不允许出现缺货现象。

在上述条件下，库存控制决策的目的就是要确定合适的订货批量 Q 与订货点 R，最终降低库存总成本。由于不会出现缺货现象且物品单价固定不变，导致购置成本固定不变，缺货成本为零，因此这些因素均可以不考虑，仅考虑订货成本和存储成本对总库存成本的影响。

如果物品到货后的入库时间很短，则可以将全部物品看成是同一时间入库的。由于前置时间固定，所以可以把订货点定为前置时间内的需求量。刚入库时，库存数量为 Q 单位，由于需求率固定，随后库存数量以固定的速率降低。当库存量降低到订货点时，就按 Q 单位发出一批新的订货。经过一个固定的前置时间后，物品到达并入库，物品即将入库时的库存数量为零。库存的订购与使用循环发生，几个库存循环如图 4-4 所示，图中，Q 为订货量，d 为需求率，L 为前置时间，T 为订货间隔期。其中一个循环始于收到 Q 单位的订货批量，随着时间的推移，以固定的速度与订货提前期，订货就会在库存持有量变为零时精确及时地收到。因此，订货时机的合理安排既避免了库存过量又避免了缺货。

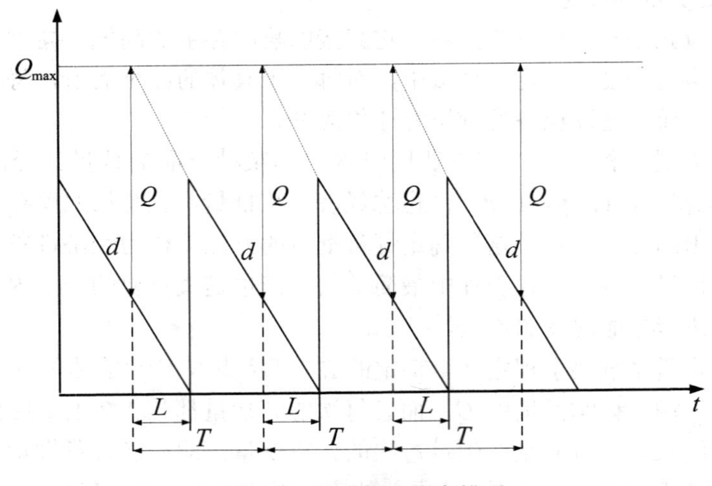

图 4-4　确定型的库存模型

在研究订货成本和存储成本对总库存成本的影响时，增大每次的订货批量有利于减少订货次数，降低订货成本，但订货批量的增加通常会导致平均库存量的增加，引起存储成本的上升，此时的总库存成本与订货量的变化关系如图 4-5 所示。如何合理控制库存，使库存总成本最低，关键是兼顾订货成本和存储成本，寻求最佳的订货批量，即经济订货批量。

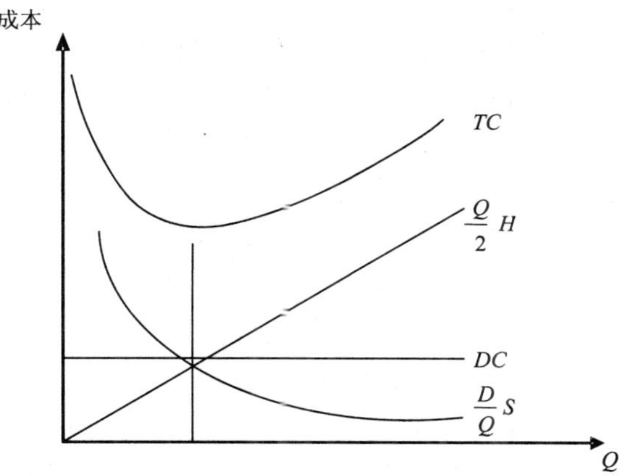

图 4-5 订货量与成本之间的关系

在年总需求量一定的情况下，订货批量越小，平均库存量及存储成本越低，发生的订货次数越多，订货成本越高。如图 4-6 所示。

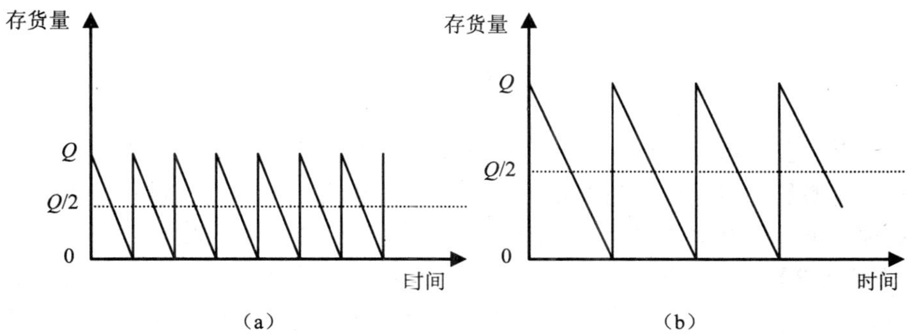

图 4-6 订货量与平均库存量、订货次数之间的关系

现暂定计划期为一年，年需求量为 D，订货批量为 Q，每次订货的成本为 C，物品的定购单价为 P，年存储费率为 H。

年持有成本等于库存平均持有量与单位年持有成本的乘积，即使有些特定品种并没有被持有一年。平均库存是订货批量的 1/2：库存持有量平稳地从 Q 单位降到 0，因此平均数便是（Q+0）/2，即 Q/2，那么总持有成本可用公式表述为：年持有成本=（Q/2）×P×H。

另外，一旦订货批量增大，年订货成本就会下降，因为对于给定的年总需求来说，订货批量越大，所需订货次数就越少。比如说，假如年总需求是 12 000 单位，订货批量是每批 1 000 单位，则一年必须订货 12 次。但如果 Q=2 000 单位，就只需要订货 6 次；如果 Q=3 000 单位，只需要订 4 次。一般情况下，年订货次数 $N=D/Q$，其中 D 为年总需求量，Q 为订货批量。订货成本不像持有成本，对订货批量反应比较迟钝；无论订货批量是多少，特定活动都得照样进行，比如确定需要量、定期评价供应源、准备发货单等。即使检查货物以证实质量与数量特征，也不受订货批量的影响，因为大量货物只抽样检验，并不全部检查。因此，订货成本是固定的，年订货成本是年订货次数与各批订货成本的函数。

年订货成本=（D/Q）C

若不允许缺货，则年总库存成本可分析如下：

年库存总成本=年购入成本+年订货成本+年存储成本

即：　　TC=PD+C（D/Q）+PH（Q/2）

利用微分法进行求解，对决策变量 Q 求一阶导数，并令其为零，可得 Q 的最优解 EOQ 如下：

$$\frac{\partial(\mathrm{TC})}{\partial Q}=-\frac{DC}{Q^2}+\frac{PH}{2}=0$$

$$\mathrm{EOQ}=\sqrt{\frac{2DC}{PH}}$$

从上面公式可以看到，当年存储费率与采购价格不变时，年需求量或订货成本的任何增长都将导致订货批量的增加。与此相反，当年需求量和订货成本维持不变时，年存储费率与采购价格的增加都将导致订货批量的减少。

【例 4-3】某企业每年需要耗用 1 000 件的某种物资，现已知该物资的单价为 20 元，同时已知每次的订货成本为 5 元，每件物资的年存储费率为 20%，试求经济订货批量、年订货总成本以及年存储总成本。

【解析】经济订货批量：

$$\mathrm{EOQ}=\sqrt{\frac{2DC}{PH}}=\sqrt{\frac{2\times 1\,000\times 5}{20\times 0.2}}=50(\text{件})$$

年订货总成本：

$$C\times\frac{D}{Q}=5\times\frac{1\,000}{50}=100(\text{台})$$

年存储总成本：

$$P \times H \times \frac{Q}{2} = 20 \times 0.2 \times \frac{50}{2} = 100(\text{台})$$

从计算结果可以发现，以经济订货批量订货时，年订货总成本与年存储总成本相等，此现象并非巧合，从图 4-5 可以看出，库存总成本最低的点所对应的订货量，也正是存储成本曲线与订货成本曲线相交的点所对应的订货量。换言之，经济订货批量正是使订货成本与存储成本相等的订货量。

【例 4-4】长城公司是生产某机械器具的制造企业，依计划每年需采购 A 零件 10 000 个，每次订货成本是 100 元，每个 A 零件每年的保管仓储成本是 8 元。求 A 零件的经济订货批量，每年的订货次数和每次的订货之间的间隔时间。

【解析】A 零件的经济订货批量：

$$\text{EOQ} = \sqrt{\frac{2DC}{PH}} = \sqrt{\frac{2 \times 10\,000 \times 100}{8}} = 500(\text{个})$$

每年的订货次数 $N=D/Q$=10 000/500=20（次/年）

每次订货的时间间隔=365/20=18.25（天）

5．定量订货法的应用范围

在下列情况下可以考虑采用定量订货法系统模型进行库存控制：

（1）所储物资具备进行连续检查的条件。并非所有的物资都能很方便地随时进行检查，具备进行连续检查条件是选用连续检查控制方式的前提条件。

（2）价值虽低但需求数量大的物资以及价格昂贵物资。这些均是需要严格重点控制的物资，应该考虑采用连续检查控制方式进行控制。前者是因为此类物资价低量大，采用连续检查控制的一些较易实施的方案可以简化控制程序，后者是因为连续检查控制方式可以及时收集库存信息，较灵活地优化库存控制与管理。

（3）易于采购的物资。采用连续检查控制方式，订货点时间无法确定，因此连续检查控制方式适用于市场上随时可以采购到的物资。

（三）定期订货管理法

1．定期订货法的原理

定期订货法的原理，是预先确定一个订货周期 T 和一个最高库存量 Q_{max}，周期性检查库存，发出订货。订货批量的大小应使订货后的“名义”库存量达到额定的最高库存量 Q_{max}。定期订货法的运行模型如图 4-7 所示。

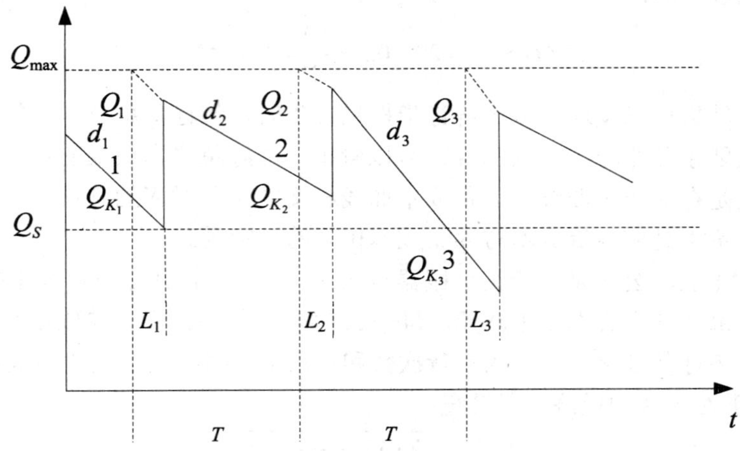

图 4-7　定期订货法的运行模型

由图中可见，每相邻两次订货点时间间隔是固定的，都为 T，即 T 为订购周期，Q_S 表示安全库存量，Q_1、Q_2、Q_3 为订货批量，而且订货批量通常是变化的，即 Q_1、Q_2、Q_3 不一定相等，Q_{K1}、Q_{K2}、Q_{K3} 为订货点，而且订货点也往往不同。所以，此种控制方式的关键是确定订货间隔期。由于固定间隔期系统采用固定的订货间隔期，通常按月或季来划分，有利于企业科学管理。例如，采用定期订货法的企业从客观上比较容易制定出统一的采购计划，将一段时间需要采购的物品汇总采购，更容易获得价格优惠。定期订货法不需要随时检查库存量，到了固定的间隔期，各种不同的物资可以同时订货。这样，简化了管理，也节省了订货费。

2．定期订货法解决的问题

（1）确定订货周期，解决间隔多长时间订货。

（2）确定最高库存量，解决企业库存量的高库控制线是多少。

（3）确定订货量，解决一次订货多少。

3．订货周期确定

在定期订货法中，订货点实际上就是订货周期，其间隔时间总是相等的。它直接决定最高库存量的大小，即库存水平的高低，进而也决定了库存成本的多少。从费用角度出发，如果要使总费用达到最小，可以采用经济订货周期方法来确定。

其公式为：

$$T_0 = \sqrt{\frac{2C}{DPH}}$$

式中：T_0——经济订货周期；

C——单次订货成本；

D——库存商品的年需求量；

P——物品的订购单价；

H——年存储费率。

【例 4-5】某制造公司每年以单价 8 元购入 10 000 单位的某种物品。每次订货的订货成本为 25 元，每单位每年的储存成本为 2 元（即 PH=2）。求经济订货间隔期。

【解析】经济订货周期为：

$$T_0=\sqrt{\frac{2C}{DPH}}=\sqrt{\frac{2\times 25}{10\,000\times 2}}=0.05(\text{年})=0.05\times 250=12.5(\text{日})$$

4．最高库存量的确定

定期订货法的最高库存量可以满足 $T+\overline{T}_K$ 期间内的库存需求。所以用（$T+\overline{T}_K$）期间的库存需求量为基础，考虑到随机发生的不确定库存需求，再设置一定的安全库存，这样就可以简化地求出最高库存量了。其公式如下：

$$Q_{\max}=\overline{R}\,(T+\overline{T}_K)+Q_{\mathrm{s}}$$

式中：$Q_{\max}$——最高库存量；

$\overline{R}$——单位时间内库存商品需求量平均值；

T——订货周期；

$\overline{T}_K$——平均订货提前期；

Q_{s}——安全库存。

5．订货批量的确定

定期订货法没有固定不变的订货批量，每个周期订货量的大小，等于该周期的最高库存量与实际库存量的差值。考虑到订货点的在途到货量和已发出出货指令尚未出货的待出货数量，则每次订货的订货量的计算公式为：

$$Q_i=Q_{\max}-Q_{\mathrm{N}i}-Q_{\mathrm{K}i}+Q_{\mathrm{M}i}$$

式中：Q_i——第 i 次订货的订货量；

Q_{max}——最高库存量；

Q_{Ni}——第 i 次订货点的在途到货量；

Q_{Ki}——第 i 次订货点的实际库存量；

Q_{Mi}——第 i 次订货点的待出库货数量。

【例 4-6】某仓库 A 商品订货周期 18 天，平均订货提前期 3 天，平均库存需求量为每天 120 箱，安全库存量 360 箱。另某次订货时在途到货量 600 箱，实际库存量 1 500 箱，待出库货物数量 500 箱，试计算该仓库 A 商品最高库存量和该次订货时的订货批量。

【解析】最高库存量为：

$$Q_{max}=\overline{R}\ (T+\overline{T}_K)+Q_s=120\ (18+3)+360=2\ 880\text{（箱）}$$

订货批量为：

$$Q_i=Q_{max}-Q_{Ni}-Q_{Ki}+Q_{Mi}=2\ 880-600-1\ 500+500=1\ 280\text{（箱）}$$

6．定期订货法的应用范围

具有下列特点的物品可以考虑定量订货法系统实行库存控制：

（1）企业需要定期盘点和定期采购或生产的物资。这些物资主要指成批需要的各种原材料、配件、毛坯和零配件等。在编制上述物资的采购计划时通常均要考虑现有库存的情况，由于计划是定期制定并执行的，因此，这些物资需要定期盘点和定期采购。

（2）具有相同供应来源的物资。此处具有相同供应来源的物资是指同一供应商生产或产地在同一地区的物资，由于物资来源的相似性，采用统一采购策略，不仅能够节约订货和运输费用，而且可以获得一定的价格折扣，降低购货成本。另外，还可以保证统一采购的顺利进行。

（3）供货渠道较少或供货来自中心仓库的物资。其库存管理可采用固定间隔期系统进行控制。

【任务实施】

一、实施步骤

1．将学生以每组 5～8 人进行分组，每组选出一位组长，组织协调完成此次任务。

2．每组根据近 3 个月的出库量（表 4-3、表 4-4、表 4-5）进行统计核算。

3．运用 ABC 库存控制法，将以上库存分成 A、B、C 三类。

4．根据分类结果制作ABC分类表及曲线图。

5．对不同商品提出不同的库存管理策略。

6．同时完成某超市的订货策略。

7. 由小组指定代表进行任务汇报，小组其余同学补充或接受别组同学的提问。

二、成绩考核

库存管理策略制定成绩考核标准

考核小组__________ 组长__________ 小组代表__________

考核内容	考核标准	小组得分	实际得分
库存管理策略制定	1. ABC分类方法准确	20分	
	2. Excel表制作正确	10分	
	3. ABC分类表、曲线图正确	20分	
	4. 不同商品处理方法建议合理	20分	
	5. 订货策略合理、计算准确	20分	
	6. 汇报正确、回答问题正确	10分	
合计		100分	

任务4 “6S”操作

【任务描述】

公司经理在总部的高管培训中学习了“6S”管理方法，培训中看到库房按照“6S”要求，货物按要求放置，做到区域明确、摆放安全、整洁有序、标志清晰准确，数量、状态、规格、型号与实物一致。库房地面画线清楚，功能分区明确，通道畅通，没有物品占用通道或压通道线。对比公司目前的仓库管理，差距很大。回来后要求仓库按照“6S”进行整理，作为项目经理下经理如何做好仓库“6S”管理呢？

【任务引导】

1．脏、乱、差的仓库现场将给客户留下何种印象？

2．海尔品质是有目共睹的，员工品质意识高，机械设备正常使用保养，产品高标准要求，生产现场干净整洁，这些都归功于海尔的“6S”卓越管理。海尔的

“6S”管理给我们的启示是什么？

3．如何开展“6S”管理？

【知识准备】

“5S”活动是日本企业普遍采用的一种现场管理方法，现已在世界许多国家得到推广应用。开展“5S”活动有助于改善物质环境，提高职工素质，对提高工作效率，保证产品质量，降低生产成本，保证交货期具有重要的作用。仓库要定期进行“5S”活动，即整理、整顿、清扫、清洁、修养。做到地面无油污、无积水，零件无灰尘，库容要整洁。在“5S”的基础上，考虑到安全生产，杜绝事故，增加了一项内容：安全（Safety）。

一、“6S”管理的起源与发展

（一）“6S”管理的起源

“6S”管理是在“5S”管理的基础上发展起来的，都起源于日本企业，是指在生产现场中对人、机、料、法等生产要素进行有效管理。这是日本企业一种独特的管理办法。

1955 年，为了确保作业空间和安全，日本开始推行“2S”。它的宣传口号为：“安全始于整理，终于整理整顿”。后因生产和品质控制的需要而逐步提出了“3S”，即清扫、清洁、修养，使其应用空间及适用范围进一步拓展。1986 年，日本有关“5S”的著作逐渐问世，从而对整个现场管理模式起到了冲击作用，并由此掀起了“5S”的热潮。

（二）“6S”管理的发展

1．第二次世界大战后，日本企业将“5S”作为管理工作的基础，使产品品质迅速提升，为日本奠定了经济大国的地位。

2．在丰田公司的倡导下，“5S”对塑造企业的形象、降低成本、准时交货、安全生产、现场改善等方面发挥了巨大作用，被各国的管理界认识。

3．随着世界经济的发展，“5S”成为管理的新潮流。

4．根据企业进一步发展的需要，有的公司在原来“5S”的基础上又增加了节约（Save）及安全（Safety）这两个要素，形成了“7S”，也有的企业加上习惯化（Shiukanka）、服务（Service）及坚持（Shikoku），形成了“10S”。但是万变不离其宗，所谓“7S”、“10S”都是从“5S”里衍生出来的。

二、“6S”活动的基本内容

（一）整理（Seire）

整理就是明确区分需要的和不需要的物品，在生产现场保留需要的，清除不必要的。即对物品进行区分和归类，将经常使用的物品放在使用场所附近，而将不经常使用或很少使用的物品放在高处或远处。实施整理的目的是：节省空间，防止误发误用，防止积压变质，只管理需要的物品，以提高管理质量和管理效率。

可以根据物品的使用频率来粗略判断物品的需要与不需要的情况。工作场所中的物品大致可分为四类：① 一年以上未用过；② 半年内仅用 1～4 次；③ 一个月内至少使用一次；④ 随时均需使用。

（二）整顿（Seiton）

整顿就是将现场所需物品有条理地定位与定量放置，让这些物品始终处于任何人都能随时方便使用的位置。即要做到：凡物必分类，有类必有区，有区必有标记。其目的是便于查找存放的物品。其步骤分为：① 彻底执行整理的工作；② 规划放置场所；③ 确定放置方法；④ 详细加以标示；⑤ 摆放科学，使商品容易取用并容易归位。

（三）清扫（Seiso）

清扫是指清除垃圾、美化环境，让工作场所始终维持着无垃圾、无灰尘、干净整洁的状态。在整理、整顿后，要把工作场所彻底打扫干净，杜绝污染源。实施清扫的原因在于干净明亮的工作环境有利于产品质量的提高。清扫要分五个阶段来实施：① 将地面、墙壁和窗户打扫干净。② 画出表示整顿位置的区域和界线。③ 将可能产生污染的污染源清理干净。④ 对设备进行清扫、润滑，对电器和操作系统进行彻底检查。⑤ 制定作业现场的清扫规程并实施。

（四）清洁（Seiketsu）

清洁是指让环境保持洁净清洁的状态，将整理、整顿、清扫进行到底，并制度化，管理公开化、透明化。清洁是一种状态，是维持整理、整顿、清扫的结果。实施清洁的原因在于：清洁的环境能使人心情愉快、积极乐观。清洁的要点有：① 车间环境要整齐、清洁、卫生；② 人员与物品要一样清洁；③ 精神上的清洁也同样值得重视；④ 使环境不受污染。

（五）修养（Shitsuke）

修养是指养成能够正确地执行所决定事情的习惯并能形成制度。习惯是要求出来的，它的养成可以通过环境卫生、日常工作、公司制度和行政命令、会议决议的执行等方面来形成。不论是在家庭还是在其他地方，前“4S”是身边谁都能做到的事，不仅应该做到也应该做好，修养就是这“4S”的继续和升华。实施修养的原因在于培养遵纪守法、品德高尚、具有责任感的员工，营造团队精神。

（六）安全（Safety）

安全与危险是相互对应的，它们是我们对生产、生活中不可遭受人身伤害的综合认识。安全生产是一种生产经营单位的行为，是指在组织生产经营活动的过程中为避免发生人员伤害和财产损失，而采取相应的事故预防和控制措施以保证我们人身安全，保证生产经营活动得以顺利进行的相关活动。其目的是建立起安全生产的环境，所有的工作应建立在安全的前提下。因此，企业应该重视成员安全教育，每时每刻都有安全第一观念，防患于未然。

三、开展“6S”活动的原则

（一）自我管理的原则

良好的工作环境，不能单靠添置设备，也不能指望别人来创造。应当充分依靠现场人员，由现场的当事人员自己动手为自己创造一个整齐、清洁、方便、安全的工作环境，使他们在改造客观世界的同时，也改造自己的主观世界，产生“美”的意识，养成现代化大生产所要求的遵章守纪、严格要求的风气和习惯。因为是自己动手创造的成果，也就容易保持和坚持下去。

（二）勤俭办厂的原则

开展“6S”活动，会从生产现场清理出很多无用之物，其中，有的只是在现场无用，但可用于其他的地方；有的虽然是废物，但应本着废物利用、变废为宝的精神，该利用的应千方百计地利用，需要报废的也应按报废手续办理并收回其“残值”，千万不可只图一时处理“痛快”，不分青红皂白地当做垃圾一扔了之。对于那种大手大脚、置企业财产于不顾的“败家子”作风，应及时制止、批评、教育，情节严重的要给予适当处分。

（三）持之以恒的原则

“6S”活动开展起来比较容易，可以搞得轰轰烈烈，在短时间内取得明显的效果，但要坚持下去，持之以恒，不断优化就不太容易。不少企业发生过“一紧、二松、三垮台、四重来”的现象。因此，开展“6S”活动，贵在坚持，为将这项活动坚持下去，企业首先应将“6S”活动纳入岗位责任制，使每一部门、每一人员都有明确的岗位责任和工作标准；其次，要严格、认真地搞好检查、评比和考核工作，将考核结果同各部门和每一人的经济利益挂钩；第三，要坚持 PDCA 循环，不断提高现场的“6S”水平，即要通过检查，不断发现问题，不断解决问题。因此，在检查考核后，还必须针对问题，提出改进的措施和计划，使“6S”活动坚持不断地开展下去。

四、某物流公司仓库“6S”管理规范表

序号	项目	规范要求
1	整理	对呆、废、滞物品进行清理
		把一个月之内计划不会使用的物品放到指定位置
		把一周之内计划要用的物品放到易取的位置
2	整顿	按仓库总体规划图进行区域标志
		物品按规划进行放置，物品放置的位置也符合规划
		物品放置整齐，易于收发
		物品放置的显著位置要有明显的标志，易于辨认
		仓库通道畅通，不被堵塞
		使用的装卸工具、运输工具、计量工具等使用后摆放整齐
		消防器材符合要求并且容易拿取
		地面、墙壁、天花板、门窗要打扫干净，无灰尘
		物品不能裸露摆放，物品的外包装要清扫干净
3	清扫	机械装卸设备及运输工具要定期进行清理和保养
		物品仓储区域要整齐、通风、明亮
		各类水源污染、油污管理等要及时进行修护
4	清洁	每天上班后、下班前各花 3 分钟时间做“6S”管理工作
		随时自我检查、互相检查、抽样检查
		对检查中发现的问题及时解决
		整理、整顿、清扫等工作坚持不懈地开展
5	素养	员工佩戴厂牌，穿厂服，仪容整齐、健康、大方
		员工言谈举止文明，待人大方得体
		员工工作精神饱满

序号	项目	规范要求
5	素养	员工在组织装卸搬运商品时，小心谨慎、避免损坏商品
		员工有团队精神、互帮互助，团队“6S”管理意识强
		员工的时间观念强
6	安全	人人树立预防为主的安全意识
		仓库内严禁吸烟和带入火种
		不穿有铁掌的鞋子进入库区
		全体员工均会正确使用消防器材，会拨打“119”电话
		掌握一定的消防安全知识
		消防器材周围严禁堆放货物和杂货
		任何人无事不得动用消防器材
		仓库内外要留足消防通道，保持通道畅通
		安全责任落实到人

【任务实施】

一、实施步骤

1．将学生以每组 5～8 人进行分组，每组选出一位组长，组织协调完成此次任务。

2．针对仓库目前存在的问题，以下经理的名义制定一份“6S”管理方案。

3．针对方案进一步实施，制定一份对应的检查考核表。

4．小组指定代表进行任务汇报，小组其余同学补充或接受别组同学的提问。

二、成绩考核

“6S”操作成绩考核标准

考核小组____________ 组长__________ 小组代表__________

考核内容	考核标准	小组得分	实际得分
“6S”操作	1．分析问题全面、准确	20 分	
	2．“6S”方案合理、全面	30 分	
	3．“6S”检查考核表科学、合理	20 分	
	4．讲解思路清晰	20 分	
	5．回答问题正确	10 分	
合计		100 分	

项目五　货物出库作业

【学习目标】

1．理解订单处理的基本步骤，掌握订单处理员岗位的操作技能。

2．理解分拣、配货、补货作业方式及步骤，掌握这些相关作业的操作技能。

3．理解几种典型的流通加工作业，掌握组织开展简单流通加工的技能。

4．理解货物出库作业流程，熟悉货物出库作业管理的要求及其出库方式，掌握出库作业操作及出库交接的技能。

5．理解退货流程，能进行退货原因分析，掌握退货作业操作技能。

任务 1　订单处理操作

【任务描述】

公司同时接到四位客户的订单，订单情况见表 5-1 至表 5-4。订单信息员李某现在必须尽快对这四个订单进行处理，并在仓储管理信息系统中产生一份拣货单。作为订单信息员应如何对这四个订单进行处理操作？

表 5-1　越江路店订单

序号	货品编号	商品名称	规格型号	包装	SKU 包装	数量（箱）	备注
1	001	健怡可乐	330mL	箱	罐	2	1×24
2	002	冰露饮用纯净水	3.8L	箱	瓶	2	1×4
3	003	美汁源果粒奶优香浓芒果	450mL	箱	瓶	1	1×15
4	004	美汁源果粒奶优清香菠萝	450mL	箱	瓶	1	1×15
5	005	美汁源果粒橙	750mL	箱	瓶	1	1×12
6	006	怡泉苏打水	500mL	箱	瓶	1	1×12
7	007	雪碧	1.25L	箱	瓶	3	1×12

序号	货品编号	商品名称	规格型号	包装	SKU 包装	数量（箱）	备注
8	008	可乐	1.25L	箱	瓶	5	1×12
9	009	可乐	1.5L	箱	瓶	3	1×12
10	010	美汁源酷儿橙	330mL	箱	瓶	2	1×12

表 5-2 虹桥路店订单

序号	货品编号	商品名称	规格型号	包装	SKU 包装	数量	备注
1	001	健怡可乐	330mL	箱	罐	1	1×24
2	002	冰露饮用纯净水	3.8L	箱	瓶	2	1×4
3	004	美汁源果粒奶优清香菠萝	450 mL	箱	瓶	2	1×15
4	003	美汁源果粒奶优香浓芒果	450mL	箱	瓶	1	1×15
5	006	怡泉苏打水	500mL	箱	瓶	1	1×12
6	005	美汁源果粒橙	750mL	箱	瓶	3	1×12
7	011	美汁源爽粒红葡萄	450mL	箱	瓶	1	1×12
8	012	芬达橙	2L	箱	瓶	2	1×6
9	013	雪碧	300mL	箱	瓶	2	1×24
10	009	可乐	1.5L	箱	瓶	5	1×12

表 5-3 开发区店订单

序号	货品编号	商品名称	规格型号	包装	SKU 包装	数量	备注
1	006	怡泉苏打水	500mL	箱	瓶	2	1×12
2	014	芬达橙	600mL	箱	瓶	1	1×12
3	013	雪碧	300mL	箱	瓶	3	1×24
4	008	可乐	1.25L	箱	瓶	5	1×12
5	003	美汁源果粒奶优香浓芒果	450mL	箱	瓶	1	1×15
6	015	美汁源果粒奶优清新草莓	450mL	箱	瓶	7	1×15
7	005	美汁源果粒橙	750mL	箱	瓶	3	1×12
8	016	怡泉+C	330mL	箱	瓶	2	1×24

表 5-4 青年路店订单

序号	货品编号	商品名称	规格型号	包装	SKU 包装	数量	备注
1	017	雪菲力乌梅	600mL	箱	瓶	1	1×24
2	008	可乐	1.25L	箱	瓶	2	1×12
3	015	美汁源果粒奶优清新草莓	450mL	箱	瓶	3	1×15
4	018	乔雅浓香经典	268mL	箱	瓶	2	1×15
5	019	乔雅醇香拿铁	268mL	箱	瓶	2	1×15
6	013	雪碧	300mL	箱	瓶	1	1×24
7	005	美汁源果粒橙	750mL	箱	瓶	1	1×12
8	002	冰露饮用纯净水	3.8L	箱	瓶	2	1×4
9	010	美汁源酷儿橙	330mL	箱	瓶	1	1×12
10	016	怡泉+C	330mL	箱	瓶	1	1×24

【任务引导】

1．在仓储配送中，接到客户订单，怎么去判断是否有效？判断的依据是什么？

2．当某种商品库存量无法满足 A 客户、B 客户、C 客户的订单要求量时，该怎么进行分配？根据是什么？如果缺货怎么处理呢？

3．在物流领域，顶级高手与平庸之辈的差距就在于订单处理。这是人们在多年的物流实践当中得出的一个结论。那么如何提高订单处理的效率和准确性呢？

4．联华超市与光明乳业之间建立了自动订货系统。自动订货系统的推行，使牛奶这一冷链商品在门店销售中既保证了鲜度又扩大了销售。同样的方式，“个性生鲜”的特点逐步在联华扎根生长。电子订单传输方式对企业的影响是什么？

5．订单处理作业可以用什么指标进行考核？

【知识准备】

出库业务是仓储配送业务的最后一步，既涉及仓库同货主或收货企业以及承运部门的经济联系，也涉及仓库各有关业务部门的作业活动。为了能以合理的物流成本保证出库物品按质、按量、及时、安全地发给用户，满足其生产经营的需要，配送中心要对出库作业活动进行合理的安排和组织。

首先整个出库流程从收到客户订单开始，按照订单的性质进行处理，根据处理后的结果进行拣货；拣完货发现拣货区库存量过低，要进行及时补货；从拣货区拣选出的物资经过包装和简单的流通加工、交接后即可准备发货；合理地装车、安排路线后，给客户送货，辅助处理客户的退货问题。

一、订单处理的含义

订单处理：有关客户和订单的资料确认、存货查询和单证处理等活动（《中华人民共和国国家标准物流术语》）。具体是指从接到客户订货开始到着手准备拣货为止的作业阶段，对客户订单进行品项数量、交货日期、客户日期、客户信用度、订单金额、加工包装、订单号码、客户档案、配送货方法和订单资料输出等一系列的技术工作。

1．仓储部门在服务客户的整个过程中，订单处理是整个物流作业的开端，也是服务质量得以保障的根本，同时又贯穿配送业务的始终，是关键的核心业务。

2．订单处理的职能之一是填制文件，通知仓库将所订货物备齐。因此，订单的规范性管理不仅是物流企业经营活动的核心和纽带，而且也是确保供应链增值的需求。

3．加强经济订单管理还是适应企业加快建立自我约束、自我发展、责权明确的现代企业制度的需要。对物流企业而言，合理、快速的订单处理能大大提高客户满意度，同时降低库存量，降低成本，提高企业竞争优势。

二、订单处理的基本步骤

（一）接收订货

接收订货是订单处理的第一步，配送中心接收客户订货的方式主要有传统订货方式（表 5-5）和电子订货方式（表 5-6）两大类。随着信息技术的发展，现在基本都能通过网络进行电子订货方式。

表 5-5　传统订货方式

传统订货方式	具体操作
厂商补货	供应商直接将商品放在车上，一家家去送货，缺多少补多少。此种方式对于周转率较快的商品或新上市商品较常使用

传统订货方式	具体操作
厂商巡货、隔日送货	供应商派巡货人员前一天先到各客户处寻查补充之货品，隔天再予以补货的方式。此方法厂商可利用巡货人员为店头整理货架、贴标或提供经营管理意见、市场资讯等，亦可促销新品或将自己的商品放在最占优势的货架上
电话口头订货	订货人员将商品名称及数量，以电话口述向厂商订货。但因客户每天订货的品项可能达数十项，而且这些商品常由不同的供应商供货，因此利用电话订货所费时间太长，且错误率高
传真订货	客户将缺货资料整理成书面资料，利用传真机传给厂商。利用传真机虽可快速地传送订货资料，但其传送资料品质不良常增加事后确认作业
邮寄订单	客户将订货表单，或订货磁片、磁带邮寄给供应商
客户自行取货	客户自行到供应商处看货、补货，此种方式多为以往传统杂货店因地缘所采用。客户自行取货虽可省去物流中心配送作业，但个别取货可能影响物流作业的连贯性
业务员跑单接单	业务员至各客户处推销产品，而后将订单带回或紧急时以电话先联络公司通知客户订单

不管利用何种方式订货，上述这些订货方式皆使用人工输入资料而且经常重复输入、传票重复誊写，并且在输入输出时常造成时间耽误及产生错误，这些都是无谓的浪费。如今客户更趋于高频度的订货，且要求快速配送，传统的订货方式已无法应付需求，这使得新的订货方式——电子订货应运而生。

表 5-6 电子订货方式

电子订货方式	具体操作
订货簿或货架标签配合手持终端机（H.T-Handy Terminal）及扫描器	订货人员携带订货簿及 H.T 巡视货架，若发现商品缺货则用扫描器扫描订货簿或货架上的商品标签，再输入订货数量，当所有订货资料皆输入完毕后，利用数据机将订货资料传给供应商或总公司
POS（Point of Sale，销售时点管理系统）	客户若有 POS 收单机则可在商品库存档里设定安全存量，每当销售一笔商品资料时，电脑自动扣除该商品库存，当库存低于安全存量时，即自动产生订货资料，将此订货资料确认后即可通过电信网络传给总公司或供应商。也有客户将每日的 POS 资料传给总公司，总公司将 POS 销售资料与库存资料比对后，根据采购计划向供应商下单
订货应用系统	客户资讯系统里若有订单处理系统，可将应用系统产生的订货资料，经由转换软件功能转成与供应商约定的共通格式，在约定时间里将资料传送出去

一般而言，通过电脑直接连线的方式最快也最准确，而邮寄、电话或销售员携回的方式较慢。由于订单传递时间是订货前置时间内的一个因素，其可经由存货水准的调整来影响客户服务及存货成本，因而传递速度快、可靠性及准确性高的订单处理方式，不仅可大幅提升客户服务水准，对于存货相关的成本费用也能有效地缩减。但另一方面，通过电脑直接传递往往较为昂贵，因而究竟要选择哪一种订单传递方式，应比较成本与效益之差异来决定。

（二）订单确认

接收订单后，检查订单是否全部有效，即信息是否完全、准确。对于货物品名、数量及送货日期进行基本检查，确认这些信息是否有遗漏、笔误或不符合公司要求的情形。

（三）信用审核

信用部门审查顾客的信誉，以确认其是否有能力支付该订单的账款。通常的做法是检查客户的应收账款是否已超过其信用额度。

（四）存货查询及依据订单分配存货

输入客户订货信息，与库存资料核对，看此商品是否缺货。并考虑商品储位，依据储位前后相关顺序安排拣货，避免重复行走。

（五）存货不足的订单处理

如果出现缺货或存货不足的情况，应及时与客户沟通，按照客户的意愿及公司的决策进行合理安排，或取消订单内容、替换商品或进行补货等。

（六）订单资料的处理输出

订单资料经过上述处理后，即可以打印一些单据，比如拣货单、补货单、装箱单、出库单、发货单等，以展开后续的物流作业。拣货单在设计时应对各个项目，如货架编号、货号、数量、品名合理安排顺序，以免拣货时产生一位多物、一号多物、拣错等错误出现。如表 5-7 至表 5-10 所示。

表 5-7　出库单

客户名称：　　　　　　　　　　　　　　　　储存凭证号码：
发货仓库：　　　　　　　　　　　　　　　　仓库地址：
发货日期：

<table>
<tr><td>品名</td><td>规格</td><td>包装及件数</td><td>单位</td><td>数量</td><td>单价</td><td>总价</td><td>实发数</td></tr>
<tr><td></td><td></td><td></td><td></td><td></td><td></td><td></td><td></td></tr>
<tr><td></td><td></td><td></td><td></td><td></td><td></td><td></td><td></td></tr>
<tr><td rowspan="2">危险品标志章及备注</td><td>运费</td><td colspan="3">包装押金</td><td>总金额</td><td colspan="2"></td></tr>
<tr><td colspan="7">人民币（大写）</td></tr>
</table>

审核：　　　　　　　　　　　　　　　　　　　　　　　　制单：

表 5-8　拣货单（一）

<table>
<tr><td>拣货单编号</td><td colspan="2"></td><td colspan="5">客户订单编号</td></tr>
<tr><td>客户名称</td><td colspan="7"></td></tr>
<tr><td>出货时间</td><td colspan="2"></td><td colspan="2">出货仓库</td><td colspan="3"></td></tr>
<tr><td>拣货时间</td><td colspan="4"></td><td>拣货人</td><td colspan="2"></td></tr>
<tr><td>核查时间</td><td colspan="4"></td><td>核查人</td><td colspan="2"></td></tr>
<tr><td>序号</td><td>储位号码</td><td>商品名称</td><td>规格型号</td><td>商品编码</td><td>包装单位</td><td>数量</td><td>备注</td></tr>
<tr><td></td><td></td><td></td><td></td><td></td><td></td><td></td><td></td></tr>
<tr><td></td><td></td><td></td><td></td><td></td><td></td><td></td><td></td></tr>
</table>

表 5-9　拣货单（二）

<table>
<tr><td>拣货单编号</td><td></td><td>包装单位</td><td colspan="3"></td></tr>
<tr><td>商品名称</td><td></td><td>数量</td><td colspan="3"></td></tr>
<tr><td>规格型号</td><td></td><td colspan="2">储位号码</td><td colspan="2"></td></tr>
<tr><td>商品编码</td><td colspan="3"></td><td>拣货人</td><td></td></tr>
<tr><td>核查时间</td><td colspan="3"></td><td>核查人</td><td></td></tr>
</table>

表 5-10　装箱单

客户名称：
收货地址：　　　　　　　　　　　　　　　　　　　　　　　　NO.1/5

商品名称	规格	数量	单位	备注

三、订单处理作业分析指标

订单处理作业的优劣直接影响配送中心的经济效益，从影响订单改善的因素考虑，故应对订单处理作业提出分析评价指标。订单处理分析指标及改善方法见表 5-11。

表 5-11　订单处理分析指标及改善方法

分析指标种类	指标分析及改善方法
1. 平均每日订单数=订单数量/工作天数 2. 平均客单数=订单数量/下单客户数 3. 平均客单价=营业额/订单数量	平均每日订单数、平均客单价指标数值不高，表明配送中心业务量不多，有待拓展业务，谋求较大的效益。改进方法是强化经营体制，加强促销，提高产品质量，经营用户欢迎的货物
4. 订单延迟率=延迟交货订单数/订单数量 订单货件延迟率=延迟交货量/出货量	当订单延迟率较高时，表示配送中心没有按计划交货，必须对影响交货期的作业进行分析与改进。当订单延迟率较低，订单货件延迟率较高时，表示对订单件数较多的用户延迟交货率较高。解决方法是对用户进行 ABC 分析（调查各用户订购量和金额占营业额的百分比），对重点用户进行重点管理
5. 订单速交率=12 小时内的发货订单/订单数量	若能迅速接单和缩短交货时间，并在 12 小时内能发货（配送中心也可根据自身情况确定比 12 小时更短的时间），说明配送中心管理水平较高（作业流程快速、规范），效益较好
6. 退货率=退货数/出货量 折扣率=折扣数/出货量（也可用金额表示）	当这两个指标较高，表示货物品质不良，致使用户不满，造成退货和打折。一般来说，退货和折扣的主因是包装损坏，为此，要加强各作业环节管理工作，减少货物损坏率
7. 取消订单率=取消订单数/订单数量 用户意见率=意见次数/订单数量	当这两个指标较高时，其原因为货物品质不良、服务态度不好、未按时交货、同业竞争激烈
8. 订单满足率=实际交货数量/订单货物需求数量 缺货率=1−订单满足率或缺货数量/订单货物需求数量	订单满足率是衡量订货实现程度及其影响的指标《物流术语》（GB/T 18354—2006），若缺货率太高，则易使客户失去信心而流失。缺货率高的原因：库存量控制不佳、购货时机不当、上级供应商交货延误等

分析指标种类	指标分析及改善方法
9. 短缺率=出货品短缺量/出货量	短缺率太高，也会流失客户。其主因：按单时登录出错、拣货单打印出错、拣货时造成短货、拣货分类时出错、包装货品时出错、检查作业时失误、搬运装车时出错、配送过程中物品损坏。必须针对上述出错环节逐一整改，加强管理，提高配送中心信誉度

【任务实施】

一、实施步骤

1．将学生以每组 5～8 人进行分组，每组选出一位组长，组织协调完成此次任务。

2．小组根据订单处理员的工作流程，以李某的名义进行合理的订单处理。

3．最终制定订单处理步骤及拣货单，如果库存不足完成补货单。

4．由小组指定代表进行任务汇报。

二、成绩考核

订单处理操作成绩考核标准

考核小组__________ 组长__________ 小组代表__________

考核内容	考核标准	小组得分	实际得分
订单处理操作	1．订单处理步骤制定完整、全面	20 分	
	2．拣货单制定正确、内容全面、考虑优先顺序	30 分	
	3.表格制作标准、完美	20 分	
	4．合理安排补货	20 分	
	5．讲解思路清晰、图文简洁	10 分	
合计		100 分	

任务2　分拣、配货操作

【任务描述】

根据订单信息员小李送交的拣货单，配货员王某要尽快到拣货区进行人工拣取操作。那么配货员王某应如何高效完成该工作？

【任务引导】

1．有一个由原始仓库改建的配送中心，由于长期以来主要以仓储为主，因此配送中心的其他作业效率不高。尤其是分拣作业，效率非常低，往往出现找不着货、分拣商品出错等情况。分拣优化的基本思路是什么？通常有哪些做法可以提高分拣效率？

2．“暴力分拣”何时休？——一些快递企业“暴力分拣”的恶习为人们诟病已久。而2013年3月15日央视《第一时间》栏目对圆通、韵达、顺丰三家快递企业深圳分支机构存在暴力分拣行为的集中曝光，更是将一些企业“暴力分拣”问题集中暴露出来，强化治理已是迫在眉睫。如何能根治这个问题呢？

【知识准备】

分拣作业是按订单或出库单的要求，从储存场所拣出物品，并放置在指定地点的作业《物流术语》（GB/T 18354—2006）。具体是根据客户订货单所规定的商品品名、数量和储存仓位，将商品从货垛或货架上取出，并分放在指定货位，完成用户配货要求的活动。分拣作业的流程如图5-1所示。

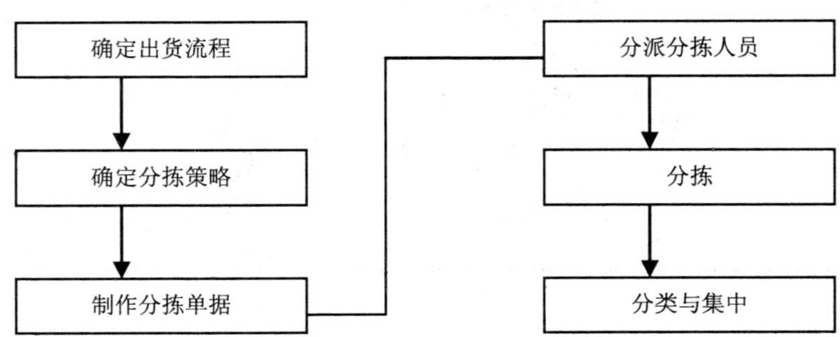

图5-1　分拣作业的流程

一、形成分拣信息

分拣信息的主要目的是指拣货操作如何进行。分拣信息来源于顾客的订单或配送中心的送货计划，再根据配送中心储存与分拣的货物包装单位、分拣与信息传递设备、配送中心平面布置等，在保证拣货正确、快速、低成本的原则上形成。

（一）拣货单位

拣货单位是指拣货单位的包装单位。通常拣货单位可分为托盘、箱（外包装）、单品（小包装）以及特殊货物四种形式。

1. 单品：拣货的最小单位，可由箱中取出，可以用人手单手拣取。

2. 箱：由单品所组成，可由栈板上取出，必须用双手拣取。

3. 托盘：由箱叠栈而成，无法用人手直接搬运，必须利用堆高机或拖板车等机械设备进行搬运。

4. 特殊物品：部分体积大、形状特殊或必须在特殊条件下作业的特殊货物，如大型家具、桶装油料、长杆形货物、冷冻货品等，无法按托盘、箱归类。

拣货单位的选择是根据订单分析结果而决定的。如果订货的最小单位是箱，则拣货单位最小是以箱为单位。对于体积大、形状特殊的无法按托盘和箱来归类的特殊品，则用特殊的拣货方法。通常储存单位必须大于或等于分拣单位，见表5-12。

表 5-12 储存单位与分拣单位组合

模式	储存单位	分拣单位	记录	模式	储存单位	分拣单位	记录
Ⅰ	托盘	托盘	P→P	Ⅴ	箱	箱+单品	C→C+B
Ⅱ	托盘	托盘+箱	P→P+C	Ⅵ	箱	单品	C→B
Ⅲ	托盘	箱	P→C	Ⅶ	单品	单品	B→B
Ⅳ	箱	箱	C→C				

注：P—托盘（Pallet）；C—箱（Case）；B—单品（Bulk）。

（二）分拣与信息传递设备

配送中心的送货对象多为多品种、中小批量、高频率商品。在整个分拣作业过程中使用到的设备非常多，如储存设备、搬运设备、信息处理设备等，这些设备要相互协调才能高效地完成分拣任务。

储存设备可选托盘货架、轻型货架、重力式货架、高层货架、旋转货架、储柜等，要根据储存与分拣包装单位而配置。

二、分拣作业管理拣货方式

分拣作业管理拣货方式有按订单拣取、批量拣取与复合拣取三种。

（一）按订单拣取（也称摘果法）

按订单拣取即让拣货搬运巡回于储存场所，按某个要货单位的订单挑选出每一种商品，巡回完毕也就完成了一次拣取作业。将配齐的商品放置到发货场所指定的货位。然后，再进行下一个要货单位的拣货。这种拣货方式类似于人们进入果园，在一棵果树下摘下了数个的果子后，再转到另一棵树前摘果，所以又形象地称为摘果式或摘取式分拣配货法。

这种拣货方法的优点就是订单处理简单；拣货作业简单；适用于订单较少、品项较多的订单的拣选；人员素质要求低，培训简单；容易实施且弹性大。缺点是拣货行走路线长；拣货效率较低；差错较多；不适于较重类货物的拣选；少量多次拣货情况下，造成大量的重复行走。

（二）批量拣取（也称播种法）

批量拣取是指将每批订单上的同种商品各自累加起来，从储存仓位上取出，集中搬运到整理货物场所，然后将每一场所（即要货单位）所需的数量取出，分放到该要货单位商品暂存待运货位处，直至配货完毕。这种拣货方式类似于农民播种时先准备几亩地的种子，再进行播种，所以又形象地称为播种式分拣配货法。

这种拣货方法的优点是大大缩短拣货行走的距离；消除拣货重复行走；提高拣货效率；适用于订单数量多、品项少的拣货情况。缺点是订单处理时间较长；作业流程复杂；对人员素质要求高；对信息系统的要求高；增加人工搬运次数。

（三）复合拣取

复合拣取就是将订单拣取和批量拣取组合起来的拣货方式，即根据订单的品种、数量及出货频率，确定哪些订单适合按订单拣取，然后分别采取不同的拣货方式。

三、拣选策略

拣选策略是影响拣货作业效率的关键，它主要包括分区、订单分割、订单分批、分类四个因素。

（一）分区

分区就是对拣货作业场地划分区域。可以按照拣货单位分、按拣货方式分，还可以按照工作区分。

（二）订单分割

当订单所订购的商品种类较多，或设计一个要求及时快速处理的拣货系统时，为了使其能在短时间内完成拣货处理，利用订单分割策略将订单分成若干个子订单，交由不同的拣货人员同时进行拣货作业，以加速拣货的完成。订单分割策略与分区策略配合使用，才能有效发挥其优势。

（三）订单分批

订单分批是为了提高拣货作业效率而把多张订单集合成一批，进行批次拣取的作业。

（四）分类

分类策略常常和订单分批策略配合使用，一种就是拣货时分类，还有拣取后集中后分类。

这四种策略可以单独使用，也可联合使用。总之，以最快的速度，高质量地完成客户订单拣货。

【任务实施】

一、实施步骤

1．将学生以每组 5～8 人进行分组，每组选出一位组长，组织协调完成此次任务。

2．小组根据拣货单结合实际商品储存位置合理安排拣货流程。

3．根据拣货单内容制定恰当的拣货方法和策略。

4．根据制定的策略在校内综合实训室进行模拟实训。

二、成绩考核

分拣、配货操作成绩考核标准

考核小组____________ 组长__________ 小组代表_________

考核内容	考核标准	小组得分	实际得分
分拣、配货操作	1．拣货流程安排顺畅	20分	
	2．拣货方法安排恰当	20分	
	3．拣货策略合理、科学	40分	
	4．拣货实施快速、准确	20分	
合计		100分	

任务3　补货作业操作

【任务描述】

配货员王某在拣货区配货，娃哈哈纯净水、好奇尿不湿（M128.L54）、安踏运动鞋（男）。经过这次配货后，发现在拣货区所剩余的存货量过低，已经低于了安全库存量，需要及时补货，那么补货员蔡某应如何完成这次补货作业？

【任务引导】

1．分拣与补货的关系是怎样的？

2．拣货区存量不足如何补货？

3．补货作业应该选择什么时机才能避免拣货途中发觉拣货区货量不够的情形？

【知识准备】

补货作业是将货物从仓库保管区域搬运到拣货区的工作。补货作业的目的是保证拣货区有货可拣。补货作业主要应包括：确定所需补充的货物，领取商品，做好上架前的各种打理、准备工作，补货上架。

一、保管储区与动管储区

（一）保管储区

这是仓库中最大、最主要的保管区域，商品在此的保管时间最长，商品在此区域以比较大的存储单位进行保管，所以是整个仓库的管理重点。为了最大限度地增大储存容量，要考虑合理运用储存空间，提高使用效率。为了对商品的摆放方式、位置及存量进行有效控制，应考虑储位的分配方式、储存策略等是否合适，并选择合适的储放和搬运设备，以提高作业效率。

（二）动管储区

这是在拣货作业时所使用的区域，此区域的商品大多在短时期内即将被拣取出货，其商品在储位上流动频率很高，所以称之为动管储区。由于这个区域的功能是提供拣货的需求，为了缩短拣货时间及距离、降低拣错率，就必须在拣取时能很方便迅速地找到商品所在位置，因此储存的标识与位置指示就非常重要，而要顺利进行拣货及降低拣错率，就得依赖一些拣货设备来完成。例如，电脑辅助拣货系统（CAPS）、自动拣货系统等。动管储区的管理方法就是这些位置指示及拣货设备的应用。

对于现在仓库大多是少量多样高频率出货的现状，一般仓库的基本作业方式已经不能满足现实需要，动管储区这一管理方式的出现，恰恰符合了这一需求，其效率的评估与提高在仓库作业中已被作为重要的一部分。

二、补货方式

（一）整箱补货

由货架保管区补货至流动架的动管区，如图 5-2 所示。

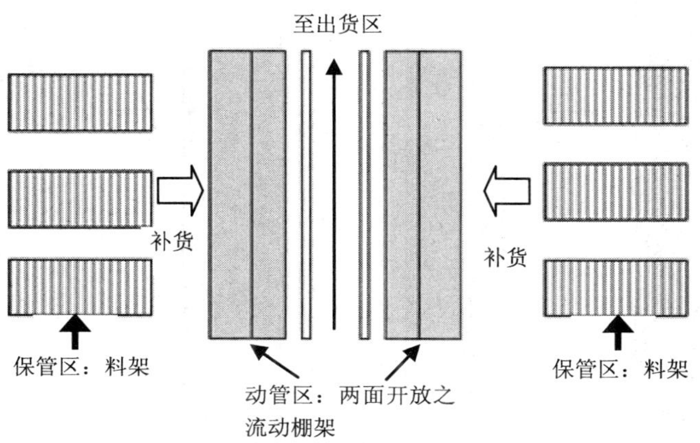

图 5-2 整箱补货

（二）整栈补货

1．由地板堆叠保管区补货至地板堆叠的动管区，如图 5-3 所示。

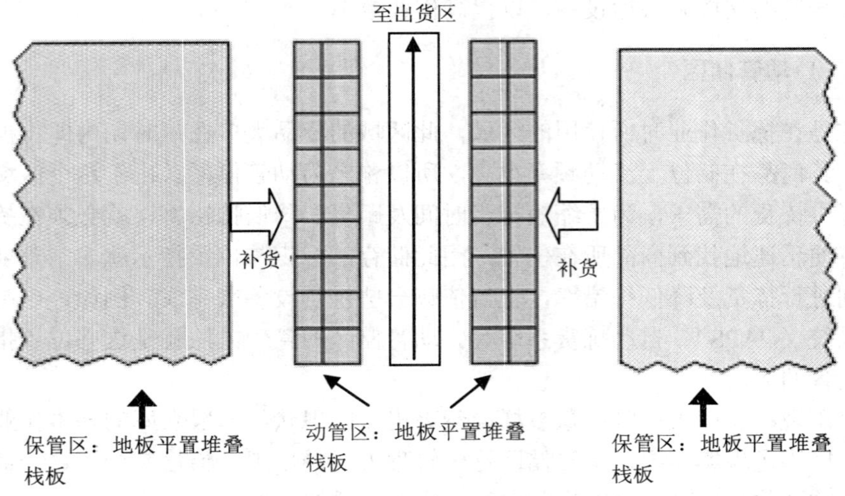

图 5-3　整栈补货

2．由地板堆叠保管区补货至栈板货架的动管区，如图 5-4 所示。

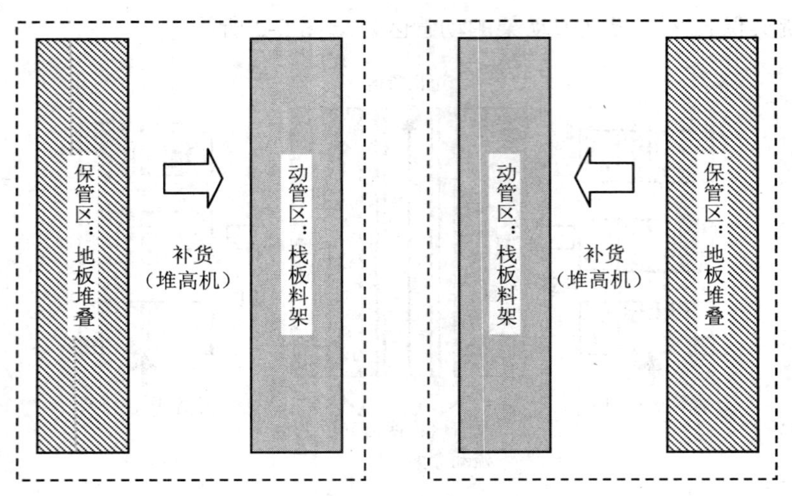

图 5-4　整栈补货

3．由货架上层保管区补货至货架下层的动管区，如图 5-5 所示。

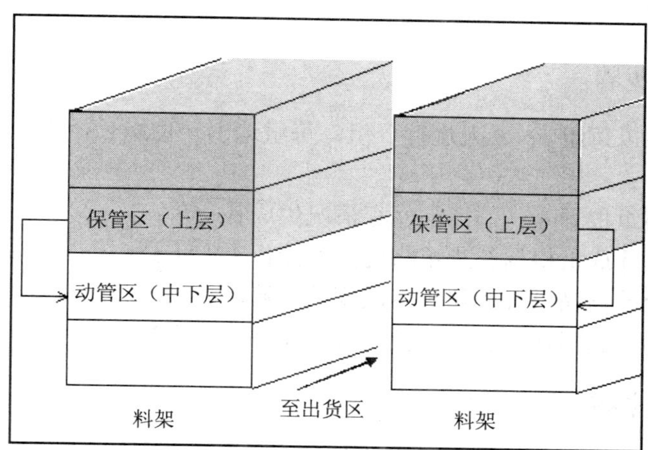

图 5-5 货架上层补中下层

三、补货时机

（一）批次补货

于每天或每一批次拣取前，由电脑计算所有货品的总拣取量，再相对察看动管拣货区的货品量，于拣取前一特定时点补足货品。此为“一次补足”的补货原则，较适合一日内作业量变化不大，紧急插单不多，或是每批次拣取量大并事先掌握的情况。

（二）定时补货

将每天划分为数个时点，补货人员于时段内监视动管拣货区货架上货品存量，若不足马上将货架补满。此为“定时补足”的补货原则，较适合分批拣货时间固定，且处理紧急事件时间也固定的公司。

（三）随机补货

指定专门的补货人员，随时巡视动管拣货区的货品存量，有不足随时补货的方式。此为“不定时补足”的补货原则，较适合每批次拣取量不大，紧急插单多以至一日内作业量不易事前掌握的情况。

【任务实施】

一、实施步骤

1．将学生以每组 5～8 人进行分组，每组选出一位组长，组织协调完成此次任务。

2．每个小组根据具体的商品库存情况生成补货单。

3．小组其他成员根据补货单将商品从储位上取下。

4．将下架的商品进行拆箱拆零放到周转箱，将周转箱运到动管储区。

5．将货物补到指定货位，补货完成后在补货单上签字。

二、成绩考核

补货作业操作成绩考核标准

考核小组__________ 组长__________ 小组代表__________

考核内容	考核标准	小组得分	实际得分
补货作业操作	1．补货单信息完整	20 分	
	2. 补货方式与商品类型匹配	20 分	
	3．补货操作流程合理	40 分	
	4．补货完成质量好	20 分	
合计		100 分	

任务 4　流通加工操作

【任务描述】

主管要求王某配货后，负责该批货物后面包装及出库交接的一系列工作。那么王某现在应如何使用仓库包装设备完成该批货物的包装任务？

【任务引导】

1．只要我们留意超市里的货柜就可以看出，那里摆放着各类蔬菜、水果、肉末、鸡翅、香肠等商品，这些商品的分类、清洗、贴商标和条形码、包装、装袋等在进入货柜之前就已进行了加工作业，这些流通加工都不是在产地，已经脱离了生产领域，进入了流通领域。这些食品的流通加工项目还有哪些？

2．对食品进行流通加工，其作用体现在哪些方面？

3．仓库流通加工还有哪些形式？

【知识准备】

流通加工是指物品在生产地到使用地的过程中，根据需要进行包装、分割、计量、分拣、刷标志、拴标签、组装等简单作业的总称。

一、流通加工在生产、流通、销售领域的位置

如图 5-6 所示。

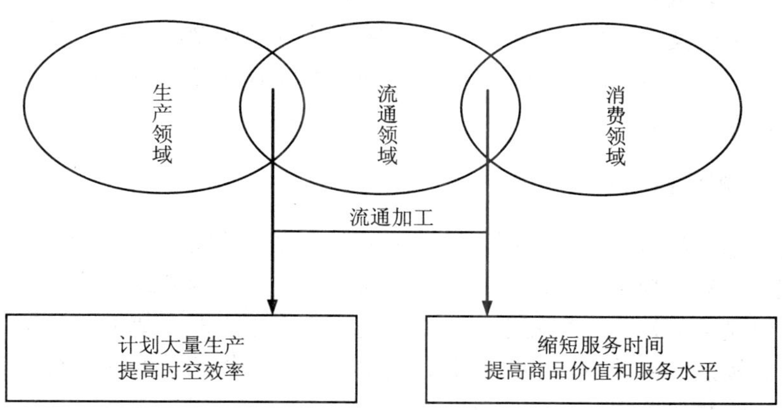

图 5-6　流通加工在生产、流通、销售领域的位置

二、流通加工形式

（一）食品的流通加工

为了便于保存，提高流通效率，食品的流通加工是不可缺少的。比如水产品和肉类的流通加工；牛奶、蔬菜、水果等食品的流通加工；生鲜食品和副食品分装加工；酒类、饮料的流通加工。

（二）水泥熟料的流通加工

在需要长途运入水泥的地区，变运成品水泥为运进熟料这种半成品，在该地区的流通加工点（磨细工厂）磨细，并根据当地资源和需要的情况掺入混合材料及外加剂，制成不同品种及标号的水泥供应给当地用户，这是水泥流通加工的重要形式之一。它可以省去添加剂的运力和运费，可以更好地满足当地的实际需求，降低使用成本，容易以较低成本实现大批量、高效率的输送，可以大大降低水泥的输送损失，能更好地衔接产需，方便用户。

（三）机电产品的组装加工

机电设备储运困难较大，主要原因是不易进行包装，包装成本过大，并且运输装载困难，装载效率低，流通损失严重。但是这些货物有一个共同特点，即装配较简单，装配技术要求不高，装配后不需进行复杂检测及调试。所以，为解决储运问题，降低储运费用，采用半成品（部件）高容量包装出厂，在消费地拆箱组装的流通加工方式。

（四）钢板剪板及下料加工

热连轧钢板和钢带、热轧厚钢板等板材最大交货长度常可达 7～12 米，有的是成卷交货。对于使用钢板的用户来说，大型企业由于消耗批量大，可设专门的剪板及下料设备，按生产需要进行剪板；对使用量不大的多数中、小型企业，可利用钢板剪板及下料的流通加工达到使用要求。和钢板的流通加工类似的还有圆钢、型钢、线材的集中下料、线材冷拉加工等。

（五）木材的流通加工

1. 磨制木屑、压缩输送

木材是容重轻的物质，在运输时占有相当大的容积，往往使车船满装但不能满载，同时，装车、捆扎也比较困难。从林区外送的原木中有相当一部分是造纸材料，美国采取在林木生产地就地将原木磨成木屑，然后压缩使之成为容重较大、容易装运的形状，之后运至靠近消费地的造纸厂，取得较好的效果。根据美国的经验，采取这种方法比直接运送原木节约一半的运费。

2. 集中开木下料

在流通加工点将原木锯截成各种规格锯材，同时将碎木、碎屑集中加工成各种规格板，甚至还可以进行打眼、凿孔等初级加工。过去用户直接使用原木不但加工复杂、加工场地大、加工设备多，更严重的是资源浪费大，木材的平均利用率不到50%，平均出材率不到40%。实行集中下料、按用户要求供应规格下料，可以使原木利用率提高到95%，出材率提高到72%左右，有相当好的经济效果。

（六）煤炭及其他燃料的流通加工

1．除矸加工是以提高煤炭纯度为目的的加工形式

为了多运“纯物质”，少运矸石，充分利用运力，降低成本，可以采用除矸的流通加工排除矸石。

2．为管道输送煤浆进行的煤浆加工

用运输工具载运煤炭，运输中损失浪费较大，又容易发生火灾。将煤炭制成煤浆采用管道运输是一种新兴加工技术。

3．配煤加工

在使用地区设置集中加工点，将各种煤及一些其他发热物质，按不同配方进行掺配加工，生产出各种不同发热量的燃料，称为配煤加工。这种加工方式可以按需要发热量生产和供应燃料，防止热能浪费和“大材小用”，也防止发热量过小，不能满足使用要求。工业用煤经过配煤加工还可以起到便于计量控制、稳定生产过程的作用，在经济上和技术上都有价值。

4．天然气、石油气等气体的液化加工

由于气体输送、保存都比较困难，天然气及石油气往往只好就地使用，如果当地资源充足而用不完，往往就地燃烧掉造成浪费和污染。天然气、石油气的输送可以采用管道，但因投资大、输送距离有限，也受到制约。在产地将天然气或石油气压缩到临界压力之上，使之由气体变成液体，就可用容器装运，使用时机动性较强。这是目前采用较多的方式。

（七）平板玻璃的流通加工

按用户提供的图纸对平板玻璃套裁开片，向用户供应成品，用户可以将其直接安装到采光面上。这种方式的好处是：平板玻璃的利用率可由不实行套裁时的62%～65%提高到 90%以上；可以实现从工厂向套裁中心运输大包装平板玻璃。这不但节约了大量包装用木材，而且可防止流通中大量破损。套裁中心按用户要求裁制有利于玻璃生产厂简化规格，搞单品种、大批量生产，这不但能提高工厂生产率，而且可以简化工厂切裁、包装等工序。现场切裁玻璃劳动强度大，废料也难以处理，搞集中套裁可以广泛采用专用设备进行裁制，废玻璃相对数量少并且易于集中处理，能够满足用户的个性化需要，提高服务水平。

（八）加工定制

企业委托外厂进行加工和改制，是弥补企业加工能力不足或商店不经营的一项措施，如非标准设备、工具、配料、半成品等，可分为带料加工和不带料加工。前者为使用单位供料，加工厂负责加工；后者为加工厂包工包料。

可以看出，由于不同类型的流通加工有不同的加工目的和加工方式（包括加工对象、加工工艺、加工技术、加工程度等），所以也就有不同的加工流程。

三、包装作业

虽然流通加工被认为是物流企业的增值点，但往往专业的流通加工需要一定的设备和人才技能的投入，目前我国大部分物流企业的流通加工还停留在拴标志、贴条码、包装这些基本操作上。下面我们就对包装这一操作进行说明。

物流企业的包装主要是指运输包装，是配货作业后非常重要的一项内容，是保护商品在流通过程中质量完好和数量完整的重要措施，是与商品实体不可分割的统一体。

（一）包装分类

1. 包装以包装容器形状分类：可分为箱、桶、袋、包、筐、捆、坛、罐、缸、瓶等。

2. 以包装材料分类：可分为木制品、纸制品、金属制品、玻璃制品、陶瓷制品和塑料制品包装等。

3. 以包装货物种类分类：可分为食品、医药、轻工产品、针棉织品、家用电器、机电产品和果菜类包装等。

4. 以安全为目的分类：可分为一般货物包装和危险货物包装等。

（二）物流包装材料

物流运输领域常用的包装材料有缠绕膜、气泡膜、编织袋、纸箱、集装箱充气袋、柔性打包带，及配套的打包机、打包扣等。

（三）包装指示性标志

按商品的特点，对于易碎、需防湿、防颠倒等商品，在包装上用醒目图形或文字，标明“小心轻放”、“防潮湿”、“此端向上”等。指示性标志是一种操作注意标志，用来指示运输、装卸、保管人员在作业时需要注意的事项，以保证物资的安全。这种标志主要表示物资的性质，物资堆放、开启、吊运等的方法。常见的包装指示性标志见图 5-7。

易碎物品		禁用手钩	
向上		怕晒	
怕辐射		怕雨	
重心		禁止翻滚	
此面禁用手推车		堆码层数极限	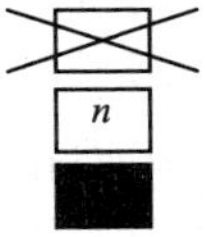 *n*
堆码重量极限	 …kg_{max}	禁止堆码	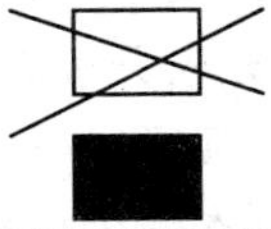

图 5-7 常见的包装指示性标志

【任务实施】

一、实施步骤

（一）捆包机打包

1．教师进行捆包打包机操作的演示步骤，讲解操作要领。

（1）开机前，检查捆包机是否安装好捆包带，检查电源是否正常，检查零部件是否存在松动现象。

（2）开机后，机器预热几分钟，使打包时捆包带能有很好的黏合。

（3）利用打包带将包装物缠绕并拉紧固定。

（4）将打包带一端插入导向板中缝，受力后松开。

（5）（本步骤为机器自动操作）切刀切断带子，并将带头推向烫头，打包带表面受热熔化，两层塑料带在承压板上冷却凝固，两带黏合。

（6）打包工作完毕后，去除机内的灰尘和其他的带屑，保持清洁，而且要时常在运动部件加润滑油以有效延长机器寿命。

2．将学生以每组 4～5 人进行分组，分别进行操作。

3．教师在学生操作过程中，纠正过程中的失误。

（二）手动打包机打包

1．教师进行手动打包机实物讲解，介绍主要部件。

（1）拉紧器的组成。

（2）扁头卡钳的组成。

2．教师介绍手动打包机的正确使用方法。

（1）调整好拉紧器，将包装带两端分别放入前、后夹压紧。

（2）用手推动拉紧器手柄，使包装带收紧。

（3）用铁扣套上包装带的接头。

（4）用卡钳钳紧铁扣。

（5）松开前、后带夹，取出拉紧器。

3．视频进一步展示手动打包机的使用。

4．将学生以每组 4～5 人进行分组，分别进行操作。

5．教师在学生操作过程中，纠正过程中的失误。

6．打包比赛游戏：准备实训室实验箱 10 个，采用手动打包机进行打包，以小组进行考核，评出优胜组。

二、成绩考核

包装操作考核标准

考核小组__________ 组长__________ 小组代表__________

考核内容	考核标准	小组得分	实际得分
包装作业操作	1．捆包机打包规范	30 分	
	2．手动打包操作规范	30 分	
	3．打包速度快	20 分	
	4．包装完成质量高	20 分	
合计		100 分	

任务 5　出库交接业务操作

【任务描述】

王某按照主管的要求，将商品包装好后放在待发货区，等待司机李某来装车，进行出库交接。王某该如何完成后续的出库交接工作？

【任务引导】

1. 假设王某完成了出库交接工作，但是其中一个客户收到货后，发现仓库将2L 可乐 10 箱错误当做 1.5L 可乐发给客户了，请问王某该如何处理该事件？

2. 该事件给公司造成怎样的损失？应该在出库环节如何避免？

【知识准备】

一、一般出库作业流程图的绘制

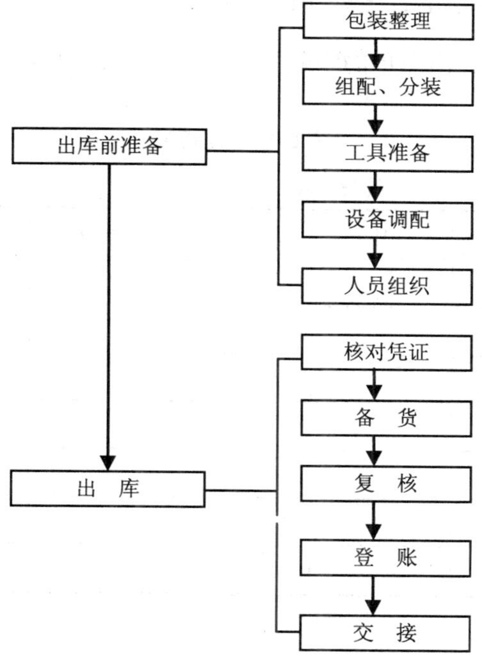

图 5-8　一般出库作业流程

二、物资出库中发生问题的处理

审查凭证，检查有无问题。若有问题，分别进行处理：

1. 出库凭证超过提货期限，用户须先办理手续，按规定缴足逾期仓储保管费，然后方可发货。

2. 任何白条不能作为发货凭证。

3. 品种、规格、数量开错，制票员重新制票。

4. 发现出库凭证假冒、涂改、复制等疑点，及时与制单部门和保卫部门联系，妥善处理。

5. 客户将出库凭证遗失，未与仓库联系挂失，货已被提走，保管方不承担责任；货未被提走，原凭证作废，做好挂失登记，重开票发货。

6. 提货数量大于商品实存数量，需与仓库主管部门及货主单位及时联系后再进行处理。

7. 串发和错发货。若货尚未离库，应重新发货；若货已离库，应会同货主单位和运输单位协商解决。

三、提货单、装箱单、出库单的缮制

提货单、装箱单、出库单的缮制如表 5-13、表 5-14 所示。

表 5-13　提货单

提货单位：　　　　　　　　　发货日期：　　年　　月　　日

货号	品名	规格	牌号	单位	数量	说明

财务审核：　　　　　　　　　制单：

表 5-14 装箱单

毛重： 净重： 箱号：

发货凭证号	品名	规格	单位	数量	备注

装箱日期： 年 月 日 装箱人：

四、复核检查工作

货物备好后，为了避免和防止备货过程中可能发生的差错，出库人员应对照出库凭证，比如出库单（表 5-7）或提货单（表 5-13），对出库货物进行再次核对。核对的内容包括：

1．商品品名、规格是否相符。

2．商品数量是否准确无误。

3．出库商品各种凭证是否齐全。

4．商品包装是否牢固、安全。

5．包装标志是否齐全、正确。

五、登账、交接

1．及时将货物从仓库保管账上核销，更正垛牌，以保证仓库账账相符、账卡相符、账物相符，并将出库凭证、其他单证进行存档处理。

2．经过复核无误后，与运输人员办理好交接手续，当面点清，由对方签章，以便划清责任。

【任务实施】

一、实施步骤

1．将学生分成若干小组，每小组 4～6 人，分工协作。

2．备货员备好货后销卡。

3．1 人根据装箱情况，制作装箱单。

4．1 人根据出库内容，完成出库单。

5．1 人复核所有单证及货物情况，核对无误后签字，签字后交给保管员。

6．保管员在所有复核后的发货单上盖上“发货专用章”，作为出门证。

7．保管员确认后，与司机进行交接，司机确认单证及货物后签字进行装车。

8．1 人及时清理发货后的现场及整理相关档案。

二、成绩考核

出库交接业务操作考核标准

考核小组__________ 组长__________ 小组代表__________

考核内容	考核标准	小组得分	实际得分
出库交接业务操作	1．分工明确合理	10 分	
	2．核销账卡正确	10 分	
	3．装箱单正确	20 分	
	4．出库单完整正确	20 分	
	5．认真复核单证及货物情况	20 分	
	6．交接清楚	10 分	
	7．现场整理及归档	10 分	
合计		100 分	

任务 6　退货作业操作

【任务描述】

退货处理员周某周一接到 5 箱由客户退回的 500mL1×12 怡泉+C，那么周某应如何完成这次退货处理作业？

【任务引导】

1．商品退货如何处理？

2．退货给配送中心带来诸多不便，如何加强平时管理，减少或消除退货现象的发生？

【知识准备】

一、商品退货的原因

商品退货是指仓库按订单或合同将货物发出后，由于某种原因，客户将商品退回仓库。通常发生退货或换货的原因主要有：协议退货、有质量问题的退货、搬运途中损坏退货、商品过期退回、商品送错退回。无论哪种原因造成的退货业务，都应该及时填写退货单。

二、退货作业程序

（一）接收退货

仓库接收退货必须在什么样的货品可以退，由哪个部门来决定，信息如何传递等方面有规范的程序与标准。仓库的业务部门接到客户传来的退货信息后，要尽快将退货信息传递给相关部门，运输部门安排取回货品的时间和路线，出库人员做好接收准备，质量管理部门人员确认退货的原因。一般情况下，退货由送货车带回，直接入库。批量较大的退货，要经过审批程序。

（二）重新入库

对于客户退回的货品，仓库的业务部门要进行初步的审核。由于质量原因产生的退货，要堆放在为不良货品而准备的区域，以免和正常货品混淆。退回商品要进行严格的重新入库登记，及时输入企业的信息系统，核销客户应收账款，并通知货品的供应商。

（三）财务结算

退货发生后，给整个供应系统造成的影响是非常大的，如对客户端的影响、仓库在退货过程中发生的各种费用、商品要承担相应货品的成本等。如果客户已经支付了货品费用，财务要将相应的费用退给客户。同时，由于销货和退货的时间不同，同一货物价格可能出现差异，同质不同价、同款不同价的问题时有发生，故仓库的财务部门在退货发生时要进行退回货品货款的估价，将退货商品的数量、销货时的商品单价以及退货时的商品单价信息输入企业的信息系统，并依据销货退货单办理扣款业务。

（四）跟踪处理

退货发生时，要跟踪处理客户提出的意见，要统计退货发生的各种费用，通知供应商退货的原因并退回原产地或履行销毁程序。退货发生后，首先要处理客户端提出的意见。由于退货所产生的货品短缺、对质量不满意等客户端的问题是业务部门要重点解决的，退货所产生的物流费用比正常送货高得多，所以要认真统计，及时总结，将此信息反馈给相应的管理部门，以便制定改进措施。退回仓库的货品要及时通知供应商，退货的所有信息要传递给供应商，如退货原因、时间、数量、批号、费用、存放地点等，以便供应商能将退货商品取回，并采取改进措施。

三、退货单的缮制（表 5-15）

表 5-15 退货单

客户名称： 传真单号： 退货日期：

材料编号	品名	规格	数量	出货单号	签名
退货管理					

主管： 填表：

【任务实施】

一、实施步骤

1．将学生以每组 5～7 人进行分组，每组选一名组长，组织协调完成此次任务。

2．1 人处理接收退货后，进行货物检验，分析退货原因。

3．1 人进行重新入库，登记账册，核销账款。

4．1 人制作退货单，交给主管审核签字。

5．1 人与供应商沟通，告知退货相关信息。

二、成绩考核

退货作业操作考核标准

考核小组__________ 组长__________ 小组代表__________

考核内容	考核标准	小组得分	实际得分
退货作业操作	1．小组分工合理、任务明确	10 分	
	2．退货原因分析正确	10 分	
	3．退货流程科学	40 分	
	4．退货单信息完整	20 分	
	5．分析退货原因，进行合理建议	20 分	
合计		100 分	

项目六　货物配送作业

【学习目标】

1．掌握基本的送货作业流程。
2．了解车辆配送路线选择技术，掌握车辆配送路线方案制定技能。
3．了解配送车辆积载技术，掌握车辆积载方案制定技能。

任务1　送货作业

【任务描述】

可口可乐仓库的配送区域主要是南通大区包括各县市（崇川区、港闸区、通州区、海门市、启东市、如东县、如皋市、海安县），配送员李某根据具体的交通道路情况及货物需求量如何合理安排配送流程？

【任务引导】

1．百胜物流是肯德基、必胜客等国际连锁餐饮企业的物流配送提供商。对于连锁餐饮配送来说，由于原料特征及客户要求基本稳定，因此送货成本始终是企业降低成本的焦点。据百胜物流统计，在连锁餐饮企业的配送业务中，送货运输成本占到总体配送成本的60%左右，而在这60%中，有55%～60%是可以通过各种手段控制的。因此，该公司把降低成本的核心锁定在送货运输这个核心环节。那么送货作业管理的核心内容是什么？

2．送货过程会受哪些因素影响？

3．按什么顺序进行送货？

4．可以采取什么措施来提高送货效率，降低成本？

【知识准备】

送货作业是配送业务的最后一个环节。送货作业是利用配送车辆把客户订购的物品从配送中心送到客户手中的过程。送货作业过程中有可能受到各种情况的影响，因此送货作业前需要进行周密安排，以保证送货作业的顺利完成。

一、送货管理的重要性

配送作业管理的困难在于其可变因素太多，且因素与因素间往往又相互影响，因而很容易遇到下列问题：

1. 从接收订货至出货非常费时。
2. 配送计划难以制订。
3. 配送路径的选择不顺利。
4. 装卸货时间太长，导致配送效率低下。
5. 无法按时配送交货。
6. 配送业务的评价基准不明确。
7. 驾驶员的工作时间不均衡，产生抱怨。
8. 物品配送过程的损毁与遗失。
9. 送货费用过高，影响整个配送中心的运作成本。

上述这些问题的发生，会严重影响到配送质量，影响配送服务水平。由于配送作业环节直接面对客户，因而显得更加重要。

二、送货服务要求

配送是配送中心作业最终及最具体、最直接的服务表现，其服务要点有下列各项：

（一）时效性

时效是流通业客户最重视的因素，也就是要确保能在指定的时间内交货。由于配送是从客户订货至交货各阶段中的最后一阶段，也是最容易无计划性延误时间的阶段（配送中心内部作业的延迟较易掌握，可随时调整），一旦延误便无法弥补。且即使内部阶段稍稍延迟，若能规划一个良好的配送计划仍可能补救延迟的时间，因而配送作业是掌控时效的关键点。

一般未能掌握配送时效性的原因，除司机本身的问题外，不外乎所选择的配送路径路况不当，或中途客户点卸货不易，以及客户未能及时配合等所引起的，因此往往需慎选配送路径，或增加卸货人员辅助每点的卸货，才能让每位客户都在期望的时间收到期望之货。

（二）可靠性

可靠性是指将物品完好无缺地送达目的地，这主要取决于配送人员的责任心和素质。以配送而言，要达到可靠性目标，关键原则在于：

1. 装卸货时的细心程度。
2. 运送过程对物品的保护。
3. 对客户地点及作业环境的了解。
4. 配送人员的素质。

若配送人员能随时注意这几项原则，物品就能以最好的品质送到客户手中。

（三）沟通性

配送人员不仅仅是把物品交送到客户手中，还是客户最直接接触的人员，其表现出的态度、反应会给客户留下直接的印象，无形中便成为公司形象的体现，因而配送人员应能与顾客相互沟通，且具备良好的服务态度，这将维护公司的形象，并巩固客户的忠诚度。

（四）便利性

配送最主要是让顾客觉得方便，因而对于客户点的送货计划应采取较具灵活性的系统，这样才能随时提供便利的服务，例如紧急送货、信息传送、顺道退货、辅助资源回收等。

（五）经济性

满足客户的服务需求，不仅品质要好，价格也是客户重视的要项。因而若能让配送中心本身运作有效率，成本控制得当，自然对客户的收费也会低廉，也就更能以经济性来抓住客户了。

三、送货的基本作业流程

（一）划分基本配送区域

为使整个配送有一个可循的基本依据，应首先将客户所在地的具体位置作一系统统计，并将其作区域上的整体划分，将每一客户囊括在不同的基本配送区域之中，以作为下一步决策的基本参考。如按行政区域或依交通条件划分不同的配送区域，在这一区域划分的基础上再作弹性调整来安排配送。

（二）车辆配载

由于配送货物品种、特性各异，为提高配送效率，确保货物质量，必须首先对特性差异大的货物进行分类。接到订单后，将货物依特性进行分类，分别采取不同的配送方式和运输工具，如按冷冻食品、速冻食品、散装货物、箱装货物等分类配载；其次，配送货物也有轻重缓急之分，必须初步确定哪些货物可配于同一辆车，哪些货物不能配于同一辆车，以做好车辆的初步配装工作。

（三）暂定配送先后顺序

在考虑其他影响因素，做出确定的配送方案前，应先根据客户订单要求的送货时间将配送的先后作业次序作一概括的安排，为后面车辆积载做好准备工作。计划工作的目的是保证达到既定的目标，所以，预先确定基本配送顺序既可以有效地保证送货时间，又可以尽可能提高运作效率。

（四）车辆安排

车辆安排要解决的问题是安排什么类型、吨位的配送车辆进行最后的送货。一般企业拥有的车型有限，车辆数量也有限，当本公司车辆无法满足要求时，可使用外雇车辆。在保证配送运输质量的前提下，是组建自营车队，还是以外雇车为主，则须视经营成本而定，但无论自有车辆还是外雇车辆，都必须事先掌握有哪些车辆可供调派并符合要求，即这些车辆的容量和额定载重是否满足要求；其次，安排车辆之前，还必须分析订单上货物的信息，如：体积、重量、数量对于装卸的特别要求等，综合考虑各方面因素的影响，做出最合适的车辆安排。

（五）选择配送线路

知道了每辆车负责配送的具体客户后，如何以最快的速度完成对这些货物的配送，即如何选择配送距离短、配送时间短、配送成本低的线路，就需根据客户的具体位置、沿途的交通情况等作出优先选择和判断。除此之外，还必须考虑有些客户或其所在地点环境对送货时间、车型等方面的特殊要求，如有些客户不在中午或晚上收货，有些道路在某高峰期实行特别的交通管制等。

（六）确定最终的配送顺序

做好车辆安排及选择好最佳的配送线路后，依据各车负责配送的具体客户的先后，即可将客户的最终配送顺序加以确定。

另外，对于多个配送点的配送顺序的计算，需要借助电脑建立数学模型，以求得最佳路线，这方面的知识这里就不做详细分析，读者可参考其他相关资料。

（七）完成车辆积载

明确了客户的配送顺序后，接下来就是如何将货物装车，以什么次序装车的问题，即车辆的积载问题。原则上，知道了客户的配送顺序先后，只要将货物依“后送先装”的顺序装车即可。但有时为了有效利用空间，可能还要考虑货物的性质（怕震、怕压、怕撞、怕湿）、形状、体积及重量等作出弹性调整。此外，对于货物的装卸方法也必须依照货物的性质、形状、重量、体积等来做具体决定。

在以上各阶段的操作过程中，需要注意的要点有：

1．明确订单内容。

2．掌握货物的性质。

3．明确具体配送地点。

4．适当选择配送车辆。

四、提高送货效率的措施

为提高送货效率，可采用的措施包括以下几种：

（一）消除交错送货

消除交错送货，可以提高整个配送系统的送货效率。例如，将原直接由各工厂送至各客户的零散路线利用配送中心来做整合并调配转送，这样可缓解交通网路的复杂程度，且可大大缩短运输距离。

（二）开展直配、直送

由于“商物分流”，订购单可以通过信息网络直接传给厂商，因此各工厂的产品可从厂商的物流中心直接交货到各零售店。这种利用直配、直送的方式可大幅简化物流的层次，使得中间的代理商和批发商不设存货，下游信息也能很快地传达到上游。

（三）采用标准的包装器具

配送不是简单的“送货上门”，而要运用科学合理的方法选择配送车辆的吨位、配载方式，确定配送路线，以达到“路程最短、吨公里最小”的目标。采用标准的包装工具，如托盘，可以使送货中货物的搬运、装卸效率提高，并便于车辆配装。

（四）建立完善的信息系统

完善的信息系统能够根据交货配送时间，车辆最大积载量，客户的订货量、个数、重量来选出一个最经济的配送方法；根据货物的形状、容积、重量及车辆的能力等，由电脑自动安排车辆和装载方式，形成配车计划；在信息系统中输入每一客户点的位置，电脑便会依最短距离找出最便捷的路径。

（五）改善运货车辆的通信

健全的车载通信设施，可以把握车辆及司机的状况、传达道路信息或气象信息、掌握车辆作业状况及装载状况、传递作业指示、传达紧急信息指令、提高运行效率及安全运转。

（六）均衡配送系统的日配送量

通过和客户沟通，尽可能使客户的配送量均衡化，这样能有效地提高送货效率。为使客户的配送量均衡，通常可以采用对大量订货的客户给予一定的折扣、制定最低订货量、调整交货时间等办法。

【任务实施】

一、实施步骤

1．将学生以每组 6～8 人进行分组，每组选出一名组长，组织协调完成此次任务。

2．每组成员全面分析此次任务中的线路特点。

3．制定送货流程。

4．总结送货过程中的注意点。

5．每组派个代表发言，接受其他小组的提问。

二、成绩考核

送货作业考核标准

考核小组__________ 组长_________ 小组代表________

考核内容	考核标准	小组得分	实际得分
送货作业	1．分析线路特点全面	40 分	
	2．送货流程科学、可行	20 分	
	3．注意点总结全面	20 分	
	4．思路清晰、回答问题正确	20 分	
合计		100 分	

任务 2　车辆配送路线方案制定

【任务描述】

李某知道了每辆车需要负责的客户点后，就得考虑如何以最快的速度完成对这些商品的配送。李某如何选择配送距离短、配送时间短、配送成本低的线路呢？

【任务引导】

1．UPS 快递司机一天中几乎有无数条路可供选择，对于配送成本来讲，司机每天少开一英里，公司便可以节省 5 000 万美元。因此，找到最佳的路线是很必要的。如何寻找最佳路线呢？

2．路线安排时应该考虑哪些因素？

3．路线安排有什么好方法？

【知识准备】

一、配送路线选择

配送路线选择就是根据客户的具体位置、沿途的交通情况等作出优先选择和判断。除此之外，还必须考虑有些客户或其所在地的交通环境对送货时间、车型等方面的特殊要求，如有些客户不在中午或晚上收货，有些道路在高峰期实行特别的交通管制等。

二、配送路线目标确定

目标的选择是根据配送的具体要求、配送中心的实力及客观条件来确定的。由于目标有多个，因此可以有多种选择方法。

1. 以效益最高为目标的选择，就是指计算时以利润的数值最大为目标值。
2. 以成本最低为目标的选择，实际上也是选择了以效益为目标。
3. 以路程最短为目标。
4. 以吨公里最小为目标的选择。
5. 以准确性最高为目标的选择，它是配送中心重要的服务指标。
6. 其他还有以运力利用最合理、劳动消耗最低等为目标。

三、配送路线约束条件的确定

一般配送的约束条件有：

1. 满足所有收货人对货物品种、规格、数量的要求。
2. 满足收货人对货物发到时间范围的要求。
3. 在允许通行的时间内进行配送。
4. 各配送路线的货物量不超过车辆容积和载重量的限制。
5. 在配送中心现有运力允许的范围内。

四、配送路线的优化

随着配送的复杂化，配送路线的优化一般要结合数学方法及计算机求解的方法来制定合理的配送方案，目前确定优化配送方案的一个较成熟的方法是节约法，也叫节约里程法。利用节约法确定配送路线的主要出发点是：根据配送中心的配送能力（包括车辆的多少和载重量）和配送中心到各个用户以及各个用户之间的距离来制定使总的车辆运输的吨公里数最小的配送方案。利用节约法制定出的配送方案除了使配送总吨公里最小外，还需满足以下条件：① 方案能满足所有用户的要求；② 不使任何一辆车超载；③ 每辆车每天的总运行时间或行驶里程不超过规定的上限；④ 能满足用户对到货时间的要求。

（一）节约里程法的基本思想（如图 6-1）

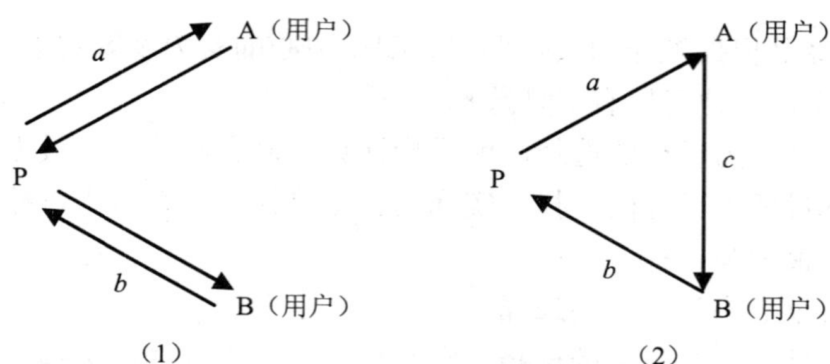

图 6-1 节约里程法

对于图 6-1（1）来说，运距为 $2a+2b$，对于图 6-1（2）来说，运距为 $a+c+b$。则节省里程$=2a+2b-a-c-b=a+b-c>0$（两边之和大于第三边）

（二）节约里程法案例计算

1．基本资料介绍

宝洁公司是广州配送中心最大的服务商，为其配送的客户和货量如表 6-1 所示，我们以广州配送中心为例来说明有装载限制的车辆调度的优化方法。公司客户分布在全国各地，这里主要以广东省内 7 家客户及省外一家特殊客户的一次配送为例。

表 6-1 城市和货运量

客户（i）	东莞	江门	惠州	阳江	汕尾	揭阳	汕头	漳州
货运量（q_i）	4.3	1.8	0.7	2.2	3.6	3.6	1.6	2

广州配送中心为这次配送提供了三种车型，载重量分别为 2 吨、5 吨和 8 吨，不同车型的运输单价不一样，具体见表 6-2。配送中心的配送是由外协商提供车辆，因此汽车的数量没有限制。

表 6-2 运输单价表

车辆载重	2 吨	5 吨	8 吨
运价/（元/千米）	2.4	2.7	3.65

2．步骤

第一步：各城市之间的距离见表 6-3。

表 6-3　城市间距离　　单位：千米

	广州								
东莞	50	东莞							
江门	53	84	江门						
惠州	116	64	152	惠州					
阳江	173	214	136	278	阳江				
汕尾	221	165	231	107	351	汕尾			
揭阳	333	265	338	278	478	126	揭阳		
汕头	344	295	370	235	491	144	35	汕头	
漳州	478	418	492	355	629	289	165	158	漳州

第二步：计算连接城市到同一线路上的距离节约值，见表 6-4。

表 6-4　连接城市到同一线路上的距离

	东莞							
江门	19	江门						
惠州	102	17	惠州					
阳江	9	90	11	阳江				
汕尾	106	43	230	43	汕尾			
揭阳	118	48	171	28	428	揭阳		
汕头	99	27	225	26	421	642	汕头	
漳州	233	39	239	22	410	646	664	漳州

第三步：确定初始方案的运输线路及运输费用，现安排 4 辆 2 吨、4 辆 5 吨的车给每个客户送货。运输线路及运输费用见表 6-5。

表 6-5　运输线路及运输费用

运输路线	车型	距离	单价	运费
广州—东莞	5 吨	50	2.7	135
广州—江门	2 吨	53	2.4	127.2
广州—惠州	2 吨	116	2.4	278.4
广州—阳江	5 吨	173	2.7	467.1

运输路线	车型	距离	单价	运费
广州—汕尾	5 吨	221	2.7	596.7
广州—揭阳	5 吨	333	2.7	899.1
广州—汕头	2 吨	344	2.4	825.6
广州—漳州	2 吨	478	2.4	1 147.2
合计		1 768		4 476.3

第四步：进行线路第一次优化，见表 6-6。第一次修改后的车辆调度结果见表 6-7。

表 6-6 线路第一次优化

货运量		广州								
4.3	东莞	2	东莞							
1.8	江门	2	0	江门						
0.7	惠州	2	0	0	惠州					
2.2	阳江	2	0	0	0	阳江				
3.6	汕尾	2	0	0	0	0	汕尾			
3.6	揭阳	2	0	0	0	0	0	揭阳		
3.6	汕头	2	0	0	0	0	0	0	汕头	
3.6	漳州	2	0	0	0	0	0	0	1	漳州

注：0 表示不连接，1 表示网点之间连接，2 表示和配送中心连接。

表 6-7 第一次修改后的车辆调度结果

运输路线	车型	距离	单价	运费
广州—东莞	5 吨	50	2.7	135
广州—江门	2 吨	53	2.4	127.2
广州—惠州	2 吨	116	2.4	278.4
广州—阳江	5 吨	173	2.7	467.1
广州—汕尾	5 吨	221	2.7	596.7
广州—揭阳	5 吨	333	2.7	899.1
广州—汕头—漳州	5 吨	502	2.7	1 355.4
合计		1 148		3 858.9

第五步：继续进行线路优化，见表 6-8。第二次修改后的车辆调度结果见表 6-9。第三次优化后的配送线路见表 6-10。

表 6-8 线路第二次优化

货运量		广州								
4.3	东莞	2	东莞							
1.8	江门	2	0	江门						
0.7	惠州	2	0	0	惠州					
2.2	阳江	2	0	0	0	阳江				
3.6	汕尾	2	0	0	0	0	汕尾			
7.2	揭阳	2	0	0	0	0	0	揭阳		
7.2	汕头	2	0	0	0	0	0	1	汕头	
7.2	漳州	2	0	0	0	0	0	1	1	漳州

注：0 表示不连接，1 表示网点之间连接，2 表示和配送中心连接。

表 6-9 第二次修改后的车辆调度结果

运输路线	车型	距离	单价	运费
广州—东莞	5 吨	50	2.7	135
广州—江门	2 吨	53	2.4	127.2
广州—惠州	2 吨	116	2.4	278.4
广州—阳江	5 吨	173	2.7	467.1
广州—汕尾	5 吨	221	2.7	596.7
广州—揭阳—汕头—漳州	8 吨	526	3.65	1 919.19
合计		1 139		3 523.59

表 6-10 第三次优化后的配送线路

货运量		广州								
4.3	东莞	2	东莞							
1.8	江门	2	0	江门						
7.9	惠州	2	1	0	惠州					
2.2	阳江	2	0	0	0	阳江				
3.6	汕尾	2	0	0	0	0	汕尾			
7.9	揭阳	2	0	0	1	0	0	揭阳		
7.9	汕头	2	0	0	0	0	0	1	汕头	
7.9	漳州	2	0	0	0	0	0	1	1	漳州

注：0 表示不连接，1 表示网点之间连接，2 表示和配送中心连接。

从表中可以看出，广州—惠州—揭阳—汕头—漳州路线上的总货运量达到7.9吨，再连接任何一个城市都将使货运量超过最高限制（8吨），则不能继续配载，所以可以首先确定的是这一条线路。然后在剩下的东莞、江门、阳江和汕尾重复以上的优化步骤。得到最终配送计划。

第六步：最终方案的确定，见表6-11、表6-12。

表 6-11　最终线路

货运量		广州								
4.3	东莞	2	东莞							
4	江门	2	0	江门						
7.9	惠州	2	1	0	惠州					
4	阳江	2	0	1	0	阳江				
3.6	汕尾	2	0	0	0	0	汕尾			
7.9	揭阳	2	0	0	1	0	0	揭阳		
7.9	汕头	2	0	0	0	0	0	1	汕头	
7.9	漳州	2	0	0	0	0	0	1	1	漳州

注：0表示不连接，1表示网点之间连接，2表示和配送中心连接。

表 6-12　最终修改后的车辆调度结果

运输路线	车型	距离	单价	运费
广州—东莞	5吨	50	2.7	135
广州—江门—阳江	5吨	189	2.7	510.3
广州—汕尾	5吨	221	2.7	596.7
广州—惠州—揭阳—汕头—漳州	8吨	587	3.65	2 142.55
合计		1 047		3 384.55

通过对比初始方案与最终方案可知，通过优化可节约里程 1 768−1 047=721（千米），节约成本=4 476.3−3 384.55=1 091.75（元），仅8家客户的一次配送就节约了物流配送成本1 091.75元。只有利用先进的管理方法，不断地提高效率，才可能大幅降低整个业务成本。

【任务实施】

一、实施步骤

1．将学生以每组6～8人进行分组，每组选一位组长，组织协调完成此次任务。

2．每组成员全面分析此次任务中的线路选择影响的各项因素。

3．每组最终确立路线选择的目标。

4．根据目标合理采用路线优化方法，进行路线安排。

5．根据以上步骤完成车辆配送路线方案。

二、成绩考核

车辆配送路线方案制定考核标准

考核小组________ 组长________ 小组代表________

考核内容	考核标准	小组得分	实际得分
车辆配送路线方案	1．考虑路线选择因素全面	20 分	
	2．路线选择目标明确、合理	20 分	
	3．路线优化方法科学	20 分	
	4．车辆配送路线方案完整、科学	40 分	
合计		100 分	

任务 3 车辆积载方案制定

【任务描述】

李某安排好送货路线后，要进行车辆积载方案的制定。李某根据出库商品的包装及性质，选择 1 200 毫米×1 000 毫米的平栈板来进行载货，以车厢内尺寸 5 140 毫米×2 300 毫米×2 100 毫米为例，李某该如何进行车辆积载呢？

【任务引导】

1．大家平时出去旅游或者假期回家，都得整理行李，使行李箱能够整齐地装纳行李。这时会考虑哪些因素？

2．车辆积载应该考虑哪些因素？

3．如何积载？

【知识准备】

一、车辆积载

配送中心的货物品种多样，为了提高运输工具的使用效率，进一步降低运输综合成本，为客户提高利润空间，增强市场的竞争力，科学、合理的车辆积载方案及运输路线方案尤其重要。

积载是指对货物在运输工具上的配置与堆装方式作出合理安排，即在配载的基础上根据装货清单确定货物在各货仓、隔层仓或车辆配装的品种、数量及堆码位置及正确的堆装工艺。积载的结果是编制计划积载图。

二、车辆积载的原则

1. 轻重搭配的原则。车辆装货时，必须将重货置于底部，轻货置于上部，避免重货压坏轻货，并使货物重心下移，从而保证运输安全。

2. 大小搭配的原则。货物包装的尺寸有大有小，为了充分利用车厢的内容积，可在同一层或上下层合理搭配不同尺寸的货物，以减少箱内的空隙。

3. 货物性质搭配原则。拼装在一个车厢内的货物，其化学性质、物理属性不能互相抵触。如不能将散发臭味的货物与具有吸臭性的食品混装；不将散发粉尘的货物与清洁货物混装。

4. 到达同一地点的适合配装的货物应尽可能一次积载。

5. 确定合理的堆码层次及方法。可根据车厢的尺寸、容积，货物外包装的尺寸来确定。

6. 装载时不允许超过车辆的最大载重量。

7. 装载易滚动的卷状、桶状货物，要垂直摆放。

8. 货与货之间，货与车辆之间应留有空隙并适当衬垫，防止货损。

9. 装货完毕，应在门端处采取适当的稳固措施，以防开门卸货时，货物倾倒造成货损。

10. 尽量做到“后送先装”。

三、装载与卸载

1. 因货物性质不同，装车前需对车辆进行清扫、清洗、消毒，达到规定的要求。

2. 确定最恰当的装卸方式。考虑货物的性质及包装，选择最适当的装卸方法。

3.合理配置和使用装卸机具，力求减少装卸次数和缩短装卸路径。

4. 防止货物装卸时的混杂、散落、漏损、砸撞，特别要注意危险货物不得与普通货物混装，性质相抵触及灭火方法不同的货物不能混装。

5. 货物应捆扎牢靠，码放、堆放整齐，标志向外，箭头向上。

6. 提高货物集装化或散装化作业水平，成件货物集装化，粉粒状货物散装化，不仅可以提高作业效率，同时减少作业次数，降低事故风险。所以，成件货物应尽可能集装成托盘系列、集装箱、货捆、货架、网袋等货物单元再进行装卸作业。各种粉粒状货物尽可能采用散装化作业，直接装入专用车、船、库。

7. 做好装卸现场组织工作，装卸现场的作业场地、进出口通道、作业流程、人机配置等布局设计应合理，避免由于组织管理工作不当造成装卸现场拥挤、紊乱，以确保装卸工作安全顺利完成。

四、装车堆积

装车堆积是在具体装车时，为充分利用车厢载重量、容积而采用的方法。一般是根据所配送货物的性质和包装来确定堆积的行、列、层数及码放的规律。

1. 堆码方式要有规律、整齐。

2. 堆码高度不能太高。车辆堆装高度一是受限于道路高度；二是道路运输法规规定，如大型货车的高度从地面起不得超过 4 米；载重量 1 000 千克以上的小型货车不得超过 2.5 米；载重量 1 000 千克以下的小型货车不得超过 2 米。

3. 货物在横向不得超出车厢宽度，前端不得超出车身，后端不得超出车厢的长度为：大货车不超过 2 米；载重量 1 000 千克以上的小型货车不得超过 1 米；载重量 1 000 千克以下的小型货车不得超过 50 厘米。

4. 堆码时应重货在下，轻货在上；包装强度差的应放在包装强度好的上面。

5. 货物应大小搭配，以利于充分利用车厢的载容积及核定载重量。

6. 按顺序堆码，先卸车的货物后码放。

五、绑扎

1. 绑扎时主要考虑以下几点：① 绑扎端点要易于固定而且牢靠；② 可根据具体情况选择绑扎形式；③ 应注意绑扎的松紧度，避免货物或其包装损坏。

2. 绑扎的形式有：① 单件捆绑；② 单元化、成组化捆绑；③ 分层捆绑；④ 分行捆绑；⑤ 分列捆绑。

【任务实施】

一、实施步骤

1．教师分配任务，按组讨论完成上述商品的车辆合理积载的任务。

2．积载过程中合理考虑车辆尺寸及包装尺寸、商品重量及性能，同时还要能考虑积载顺序等综合因素。

3．各小组讨论并决定车辆合理积载方案。由小组代表进行阐述。

4．按照所制定的积载方案，在运输积载、捆扎实训室进行操作。

5．教师在实训过程中对积载方案进行评价。

二、成绩考核

车辆积载方案制定考核标准

考核小组___________ 组长__________ 小组代表_________

考核内容	考核标准	小组得分	实际得分
车辆积载方案	1．考虑积载因素全面	20 分	
	2．积载方案科学	30 分	
	3．方案阐述思路清晰	10 分	
	4．积载实训质量	40 分	
合计		100 分	

项目七　仓储安全作业

【学习目标】

1. 了解仓储治安保卫组织、制度及其工作的内容，具备治安保卫管理制度制定技能。

2. 了解仓库火灾知识，掌握防火与灭火方法，掌握灭火器材使用操作技能，并会制定消防管理制度。

任务1　仓库治安保卫管理制度制定

【任务描述】

林森物流集团有限公司的刘某在组织盘点时发现库存数量比账面数量少了很多，损失近4万元，这无疑是发生了盗窃事件，公司立即向警方报案。这起事件直接反映了公司治安保卫工作不力，必须加强治安保卫工作。公司指派崔某重新修订仓库治安保卫管理制度。那么崔某应如何完成该项任务？

【任务引导】

1. 安全保卫的重要性是什么？

2. 哪些安全管理的做法能进一步强化仓储管理的安保措施？

【知识准备】

一、仓储安全工作

仓储安全，就是要保证人和物（包括劳动资料和劳动对象）在生产中的安全，这是仓库生产必须要遵循的基本原则，因为在仓储工作中存在着一些不安全因素，如在装卸、搬运笨重物资时有被碰撞的危险；在操作电器设备时有触电的危险；在搬运和保管危险物资时有中毒、爆炸的危险等。仓储安全工作是关系到国家财产和人民生命安全的一件大事，是做好仓储业务的基本前提。同时，做好仓库的安全管理工作直接影响到企业的生存和发展，是仓储工作的首要任务，也是每个工作人员的基本职责。仓储安全管理工作要以消防工作为核心，认真贯彻“预防为主”的方针，确保人身、货物和设备的安全。

安全工作贯穿于物资储存保管作业的各个环节，从物资验收、堆码、保管、保养、运输、装卸到物资的出库，都离不开安全工作。归纳起来，可分为下列几方面：

1．保卫、警卫工作。是指物资储运的治安、警卫方面的工作，如防盗、防破坏等。

2．消防工作。是指物资储存中的防火、灭火工作。

3．安全操作技术。是指在物资装卸、搬运、堆码、存储等方面作业时的安全技术问题。

4．安全运输。指车辆安全运行及燃料油的安全贮存。

5．有毒有害和危险品的安全技术。是指对有毒有害及危险品的安全保管、保养和装卸、搬运中的安全操作技术等。

二、治安保卫管理的内容

治安保卫管理是仓库执行国家安全保卫的规章制度，防盗、防抢、防骗、防破坏、防火、防止财产侵害、维护仓库内交通秩序、防止交通意外事故等仓库治安灾难事故，协调与外部的治安保卫关系，维持仓库内的货物和人员人身安全。仓库治安保卫管理的原则是：坚持预防为主、严格管理、确保重点、保障安全和主管负责制。

三、治安保卫管理组织

仓储企业或部门除了要明确一位主要领导负责治安保卫工作外，还应该建立各级治安保卫组织机构。一般来说，根据仓库规模大小、人员多少、任务繁重程度，适当地设置专职保卫科负责仓库货物安全问题。治安保卫组织机构如图 7-1 所示。

各级组织自上而下一级管一级，自下而上一级对一级负责，哪一级出问题，就追究哪一级责任，严格执行“谁主管谁负责”的原则。因此，各级领导都要高度重视仓储安全管理工作，并亲自抓安全，层层落实安全责任制。

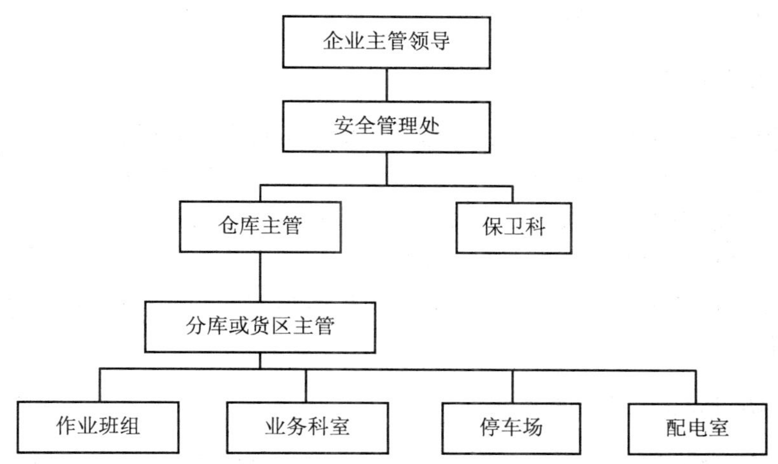

图 7-1 治安保卫组织机构

四、治安保卫工作的内容

仓库的治安保卫工作主要有防盗、防火、防抢、防破坏、防骗以及员工人身安全保护、保密等工作。治安保卫工作不仅有专职保安员承担的工作（如门卫管理、治安巡查、安全值班等），还有大量可由在岗的员工负责的治安工作（办公室防火防盗、财务防骗、商务保密、仓库防火、锁门关窗等）。

仓库主要的治安保卫工作及要求如下：

（一）守卫大门和要害部门

大门守卫是维持仓库治安的第一道防线。大门守卫除了要负责开关大门，限制无关人员、接待入库办事人员，并及时审核身份与登记以外，还要检查入库人员是否携带火源、易燃易爆物品，检查入库车辆的防火条件，放行条件内容是否相符，收留放行条，查问和登记出库人员随身携带的物品，特殊情况下有权检查当事者物品、封闭大门。危险品仓、贵重品仓、特殊品仓等要害部门，需要安排专职守卫看守，限制无关人员接近，防止危害、破坏和失窃。

（二）治安检查

治安责任人应按规章准则经常检查治安保卫工作。治安检查实行定期检查与不定期检查相结合的制度。班组每日检查、部门每周检查、仓库每月检查，及时发现治安保卫漏洞、安全隐患，通过有效手段消除各种隐患。

（三）巡逻检查

巡逻检查一般由两名保安员共同进行。保安员携带保安器械和强力手电筒不定时、不定线、经常地巡视整个仓库的安全保卫工作。保安员应查问可疑人员，检查各部门的防卫工作，关闭无人办公的办公室、管好仓库门窗、关闭电源，禁止挪用消防器材，检查仓库内有无异常现象、停留在仓库内过夜的车辆是否符合规定等，巡逻检查中发现不符合治安保卫制度要求的，应采取相应的措施处理或者告知主管部门处理。

（四）防盗设施、设备的使用

仓库的防盗设施大至围墙、大门、防盗门，小到门锁、窗。仓库应该根据法规规定和治安保管的需要设置来安装这些设施。仓库使用的防盗设备除了专职保安员的警械外，主要有视频监控设备、自动报警设备、人工报警设备。仓库应按照规定合理利用配置的设备，派专人负责操作和管理，确保其有效运作。

（五）治安应急

治安应急是指仓库发生治安事件时，采取紧急措施，防止和减少事件造成损失的制度。治安应急需要通过制定应急方案，明确应急人员的职责，规定发生事件时的信息（信号）发布和传递方法。这些应急方案要在平时经常进行演习。

五、治安保卫管理制度

仓库应通过规章制度明确工作规范、工作行为、岗位责任；通过制度建立管理系统，及时顺畅地交流信息，随时堵塞保卫漏洞，确保工作及时有效地进行。仓库治安规章制度有安全防火责任制度，安全设施设备保管使用制度，门卫值班制度，人员、车辆进出库管理制度，保卫人员值班巡查制度等。

为了使治安保卫规章制度得以有效执行，规章制度需要有相对的稳定性，使每一位员工都清楚，以便依照规章制度有效执行和严格行事。随着形势的发展、技术的革新、环境的变化，规章制度也要适应新的需求进行相应修改。仓库需要依据国家法律、法规，结合仓库治安保卫的实际需要，以保证仓储高效率进行、确保仓储安全、防止治安事故的发生为目的，科学地制定治安保卫规章制度。仓库的规章制度不得违反法律，不能侵害公民人身权或者其他合法权益，避免或者最大限度地减少治安事故对社会秩序的影响。

【任务实施】

一、实施步骤

1．教师向学生讲解仓库安全基本知识，使其熟悉一些仓库安全的事例情况。

2．将学生以每组5～8人进行分组，每组选出一位组长，组织协调完成此次任务。

3．小组参考仓库的安全理论内容，上网收集资料，小组讨论后以崔某名义完成仓库治安保卫管理制度的制定。

4. 由小组指定代表进行任务汇报，小组其余同学补充或接受别组同学的提问。

二、成绩考核

仓库治安保卫管理制度制定考核标准

考核小组__________ 组长__________ 小组代表__________

考核内容	考核标准	小组得分	实际得分
仓库治安保卫管理制度制定	1．制度制定完整	60分	
	2．讲解思路清晰	20分	
	3．回答问题正确	20分	
合计		100分	

任务2 灭火器材使用操作

【任务描述】

鉴于前面发生的货物失窃事件，公司加大了对管理制度的制定和完善。仓库又是企业消防工作的重点场所，小崔又被要求为公司重新设计合理的消防管理制度，那么小崔该如何完成该项任务？公司规定人人都要会使用消防器材，掌握一定的消防安全知识，由小崔进行负责此项培训，小崔如何完成？

【任务引导】

1．仓库是生产、生活资料集中储存的地方，一旦发生火灾，就会在短时间内烧毁大量物资，造成巨大经济损失。仓库应采取哪些火灾防范措施？

2. 随着社会生产的发展，各种物资日益增多，特别是化工原料、农药、化肥、医药制品、化学试剂等，它们具有不同程度的爆炸、易燃、毒害、腐蚀等危险性，一旦发生火灾，后果会非常严重。对于危险品仓库，应采取哪些安全措施？

【知识准备】

仓库消防工作应认真贯彻执行“以防为主、以消为辅、消防结合”的方针，采取积极有效措施加强防范，消除火灾隐患，杜绝火灾的发生，保证储存物资的安全。

一、燃烧的条件

火灾的发生，必须同时具备三个条件：可燃物质、助燃物质及着火源。可燃物质包括火柴、草料、棉花、纸张、油品等；助燃物质，一般指空气中的氧和氧化剂；着火源是指能引起可燃物质燃烧的热能源，如明火、电气火、摩擦冲击产生的火花等。以上三个条件必须同时具备，并且相互结合、相互作用才能发生燃烧。因此仓库防火和灭火的基本原理和一切防火措施都是为了破坏已经产生的燃烧条件。

二、火源的种类

仓库内存放着大量物资，其中大部分物资是可燃物资，这是引起火灾的因素之一，但决定因素是火源。在仓库中能引起火灾的着火源很多，常见的有以下几种：

1. 明火与明火星：有生产、生活活动使用的炉火，灯火，焊接火，火柴、打火机火焰，未熄灭的烟头、火柴梗的火星，车辆、内燃机械的排烟管火星，飘落的未熄灭的烟花爆竹等。

2. 电火花：由于电线短路、用电超负荷、漏电引起的电路电火花，电器设备的电火花、电器设备升温等引起燃烧。

3. 雷电与静电：雷电是带有不同电荷的云团接近时瞬间放电而形成的电弧，电弧的高能量能引起可燃物燃烧。静电则是因为摩擦、感应使物体表面电子大量集结，向外以电弧的方式传导的现象，同样也能使易燃物燃烧。

4. 自燃：指在既无明火又无外来热源的条件下，货物本身自行发热，燃烧起火。

5. 加热引起的火灾：有时如棉布、纸张靠近灯泡，木板、木器靠近火炉烟道容易被烤焦起火等。

三、防火措施

防火的基本原则是提高警惕，防止破坏，严格遵守各项安全操作规程和安全保卫制度，消除火灾隐患。具体措施有：

1．加强对全体职工的安全防火教育。

2．在规定禁止明火的工地和库区内，严禁明火和吸烟。库区要有“禁止吸烟”的明显字样，严禁携带火种进入库内。

3．若要在库内或库外进行明火作业，必须经保卫部门批准并保证在安全条件下作业。作业完毕，应彻底消灭明火残迹，防止死灰复燃。

4．做好库内电线、电器设备的维修、检查，防止短路或超负荷运转。

5．仓库应安装避雷器装置，库内必须有防火通道。

6．库房周围不准堆放柴草及易燃、易爆物品。仓库应定期检查，并铲除库房四周杂草。

7．对物资一定要根据性质不同分开存放；并要按灭火方法不同分开存放。对危险品仓库还要注意库房的通风，保持设备容器的完整性、可靠性、密封性，防止渗漏，及时消除遗留在地面的危险品。

8．每个职工都应熟记火警电话，以便发生火情时及时通知消防部门。

四、灭火方法

各种灭火方法必须根据当时火灾现场的环境和需要，适当地运用。

1．隔离法

将燃烧物与其周围的可燃物隔离或把周围的可燃物移开，把火控制在一定范围内的灭火方法。

2．窒息法

阻止空气流入燃烧区域，使其周围空气中的氧浓度低于维持物质燃烧的浓度，从而燃烧物得不到足够的氧气而终止燃烧。如用不燃烧的砂子、石棉布、浸透水的毛毯等覆盖在燃烧物上。

3．冷却法

冷却燃烧区的温度，使其温度下降到可燃物质的燃点以下而使火熄灭的灭火方法。如用水冷却火源。

4．拆除法（破坏法）

用人力拆除部分建筑进行灭火的方法。当火场毗连的一小部分建筑物不能用水灭火时，可以用挠钩、斧、铲等拆除建筑物的构架，并用拆除的泥土、瓦、石等压服火势，也能使火熄灭。

5．分散法

将燃烧区和火场附近尚未燃烧的可燃物质搬走，用分散可燃物质的方法破坏燃烧条件的一种灭火方法。

6．化学中断法

用化学物品使可燃气体转化的方法来阻止火焰燃烧、连锁反应的进行，而使火熄灭的灭火方法。如用“1211”、干粉等。

五、不能用水扑救的火灾

水是常用的灭火物质，但有一定的使用范围，下列火灾不能用水扑救：

1．易燃液体和油类物质

如汽油、苯、煤油等着火，此类易燃液体的比重一般都比水小，又不溶于水，若用水去扑救往往使这类物质浮到水面上继续燃烧，不能起到灭火作用。

2．忌水物质

如电石、生石灰、金属钾、钠等着火。这些物质能与水起强烈化学反应，产生大量的热，或产生能自燃的气体，使火势更加炽烈，甚至产生爆炸。

3．电气设备或带电系统着火

如未切断电源，用水施救会造成触电或爆炸事故。

4．当火势大、水量不足的情况下

少量的水遇热后会急剧地变成水蒸气，通过灼热的焦炭，使水蒸气还原成一氧化碳和氢的混合物，即水煤气，是可燃气体，会使火势更大。

5．精密仪器不能用水扑救

高温的仪器被水急骤冷却后会产生变形，影响仪器精密度和灵敏度。

六、几种常用的灭火器

1．泡沫灭火器

泡沫灭火器是通过筒内酸性溶液与碱性溶液混合后发生化学反应，喷射出泡沫，覆盖在燃烧物表面上，隔绝空气起到灭火效果的工具。它适用于扑救油脂类、石油产品及一般固体物质的初始火灾。

2．酸碱灭火器

酸碱灭火器利用浓硫酸和碳酸氢钠两种药液混合后喷射出来的液体扑灭火焰。适用于扑救竹、木、棉、毛、草、纸等一般可燃物质的初起火灾，但不宜用于油类、忌水、忌酸物质及电气设备的火灾。

3．干粉灭火器

干粉灭火器是以高压二氧化碳作为动力，喷射干粉灭火剂的灭火工具。适用于扑救石油及其产品、可燃气体和电器设备的初起火灾。

4．二氧化碳灭火器

二氧化碳主要适用于扑救贵重设备、档案资料、仪器仪表、600 伏以下的电器及油脂的火灾。二氧化碳灭火，不导电、不损害物质、不留污迹，但在室外效果欠佳。

5．“1211”灭火器

“1211”灭火器是一种轻便、高效的灭火器材，适用于扑救油类、精密机械设备、仪表、电子仪器、文物、图书、档案等贵重物品的初起火灾。

七、手提式泡沫灭火器的使用

使用手提式泡沫灭火器时，应手提筒体上部的提环，迅速赶到起火点。

在运送灭火器的过程中，不能过分倾斜和摇晃，更不能横置或颠倒。当距离起火点大约 10 米时，使用者的一只手握住提环，另一只手抓住筒体的底圈，将灭火器颠倒过来，泡沫即可喷出。在喷射过程中，灭火器一直保持颠倒的垂直状态，不能横置或直立过来，否则，喷射会中断。如扑救可燃固体物质火灾，应把喷嘴对准燃烧最猛烈处喷射；如扑救容器内的油品火灾，应将泡沫喷射在容器的壁上，从而使得泡沫沿器壁流下，再平行地覆盖在油品表面上，避免泡沫直接冲击油品表面；如扑救流动油品火灾，操作者应站在上风方向，并尽量减少泡沫射流与地面的夹角，使泡沫由近而远地逐渐覆盖在整个油面。

（一）手提式二氧化碳灭火器的使用

二氧化碳灭火器内充装的是加压液化的二氧化碳，它主要用于扑救易燃、可燃液体、可燃气体和带电设备的初起火灾。由于二氧化碳灭火时不污损物件，灭火后不留痕迹，所以二氧化碳灭火器更适于扑救精密仪器和贵重设备的初起火灾。使用手提式二氧化碳灭火器时，可手提灭火器的提把，或把灭火器扛在肩上，迅速赶到火场。在距离起火点大约 5 米处，放下灭火器，一只手握住喇叭形喷筒根部的手柄，把喷筒对准火焰，另一只手旋开手轮（对鸭嘴式二氧化碳灭火器，压下压把），二氧化碳就会喷射出。扑救流散液体火灾时，应使二氧化碳由近而远向火焰喷射，如燃烧面积大，操作者可左右摆动喷筒，直至把火扑灭。扑救容器内火灾时，操作者应手持喷筒根部的手柄，从容器上部的一侧向容器内喷射，但不要使二氧化碳直接冲击到液面上，以免将可燃液体冲出容器而扩大火灾。使用手提式二氧化碳灭火器时应注意以下六点：

（1）应设法使二氧化碳尽量多地喷射到燃烧区域内，使之达到灭火浓度而使火焰熄灭；

（2）灭火器在喷射过程中应始终保持直立状态，切不可平放或颠倒使用；

（3）不要用手直接握住喷筒或金属管，以防冻伤手；

（4）室外使用时，应在上风方向喷射（如在室外大风条件下使用，则灭火效果很差，因喷射的二氧化碳气体易被风吹散）；

（5）在狭小的室内使用时，灭火后操作者应迅速撤离，以防被二氧化碳窒息而发生意外；

（6）扑救室内火灾后，应先打开门窗通风，然后再进入，以防窒息。

（二）手提式干粉灭火器的使用

使用手提式干粉灭火器时，应手提灭火器提把，迅速赶到着火处。在距离起火点 5 米左右处，放下灭火器。在室外使用时，应站上风方向。使用前，先把灭火器上下颠倒几次，使筒内干粉松动。如使用的是内装式（动力气体钢瓶装置在灭火器筒体内）或贮压式（动力气体与干粉共贮于灭火器的筒体内）干粉灭火器，应先拔下保险销，一只手握住喷嘴，另一只手用力压下压把，干粉便会从喷嘴喷射出来。如使用的是外置式（动力气体钢瓶装置在灭火器筒体外）干粉灭火器，则一只手握住喷嘴，另一只手提起提环，握住提柄，干粉便会从喷嘴喷射出来。用干粉灭火器扑救流散液体火灾时，应从火焰侧面对准火焰根部喷射，并由近而远，左右扫射，快速推进，直至把火焰全部扑灭。用干粉灭火器扑救容器内可燃液体火灾时，也应从侧面对准火焰根部，左右扫射。当火焰被赶出容器时，应快速向前，将余火全部扑灭。灭火时应注意不要把喷嘴直接对准液面喷射，以防干粉气流的冲击力使油液飞溅，引起火势扩大，造成灭火困难。用干粉灭火器扑救固体物质火灾时，应使灭火喷嘴对准燃烧最猛烈处，左右扫射，并应尽量使干粉灭火剂均匀地喷洒在燃烧物表面，直至把火全部扑灭。使用干粉灭火器在灭火过程中应注意以下两点：一是干粉灭火器在灭火过程中应始终保持直立状态，不得横卧或颠倒使用，否则不能喷射干粉；二是注意干粉灭火器灭火后防止复燃，因为干粉灭火的冷却作用甚微，在着火点存在着炽热物的条件下，灭火后易产生复燃。

（三）手提式 1211 和 1301 灭火器的使用

使用手提式 1211 和 1301 灭火器时，应手提灭火器手把，迅速赶到起火点。

在距离起火点大约5米处，放下灭火器，先拔掉保险销，然后右手紧握压把，左手握住喷射软管前端的喷嘴（没有喷射软管的，左手可扶住灭火器底圈），对准燃烧处喷射。灭火时，应把喷嘴对准火焰根部，由近而远，左右扫射，并迅速向前推进，直至火焰全部扑灭。

使用手提式1211和1301灭火器时，应注意以下四点：

（1）在喷射过程中，灭火器保持直立状态，不得颠倒或水平使用。

（2）室外使用时，应注意在上风方向使用。

（3）在狭小的室内空间灭火时，灭火后迅速撤离。

（4）注意防止复燃。

【任务实施】

一、实施步骤

1．教师向学生讲解仓库消防知识。

2．将学生以每组5～8人进行分组，每组选出一位组长，组织协调完成此次任务。

3．各组上网查资料，小组讨论后制定消防管理制度。

4．各小组指定一名代表介绍小组报告，小组其余同学补充或接受别组同学的提问。

5．教师以多媒体演示灭火器操作视频。

6．教师带学生到实训基地，示范演示灭火器操作。

7．每组学生进行实际演练。

二、成绩考核

灭火器材使用操作成绩考核标准

考核小组__________ 组长__________ 小组代表__________

考核内容	考核标准	小组得分	实际得分
灭火器材使用操作	1．消防管理制度制定全面、合理	30分	
	2．讲解思路清晰	20分	
	3．回答正确	20分	
	4．消防器材操作正确、熟练	30分	
合计		100分	

项目八　仓储与配送成本管理与绩效评估

【学习目标】

1. 了解仓储与配送成本的构成，能进行该项成本的分析和计算，具备仓储与配送成本预算方案制定的技能，并且能提出降低和控制仓储成本的措施。

2. 了解仓储企业绩效考核方法，掌握绩效考核指标体系的设计及考核指标的计算技能。

任务 1　仓储与配送成本预算方案制定

【任务描述】

林森物流集团有限公司的发展驶入快速发展轨道，一方面客户群不断增加，业务量不断攀升，另一方面公司现有资源出现“瓶颈”，除了严重的人才瓶颈之外，企业的现有设施设备资源严重不足，尤其是现有仓容已经严重制约了企业的快速发展。公司要得到快速的发展，迫切需要解决这一矛盾，所以公司打算针对一些新客户配送货品的特性，建立一个专业仓库来满足自身的仓储需求，比如针对客户货品需要低温冷藏的要求，建立一个冷藏仓库。企划部门的杨某应如何制定一份仓储成本预算方案？

【任务引导】

1. 仓储与配送成本构成项目有哪些？

2. 仓储与配送成本控制方法和策略有哪些？

【知识准备】

成本管理是企业管理的重要内容之一。通过成本分析，可以揭示企业生产经营中存在的问题，找到问题的根源，提高经济效益。

一、仓储成本的概念

仓储成本是物流仓储活动过程中所消耗的物化劳动与活劳动的货币表现，它是伴随着物流仓储活动而发生的各种费用。其中，一部分用于仓储相关设备设施的折旧、维修费及商品的自然损耗；一部分用于仓储作业所消耗的人工费、动力费等；一部分是商品储存量增加所消耗的资金成本和风险成本；还有一部分是对仓储活动进行综合管理的费用。

二、仓储收入及成本分析

（一）仓储业务收入构成

仓储企业的收入是根据仓储企业为客户提供仓储服务的种类和数量确定的。主要包括货物进出库的装卸收入、货物保管费收入、流通加工收入、库场租赁的租金收入等。

1．货物出入库装卸收入

根据装卸货物的数量（吨数、件数等）、使用的装卸机械、装卸作业的难度确定，一般有相关的费率表。

2．货物保管收入

根据货物的种类、数量、存储时间、货物价值及存储条件要求等因素确定。

3．货物的流通加工收入

仓储企业为客户提供的流通加工作业而收取的相应费用。

4．租金收入

为客户提供库场、设备租赁业务时，按协议和合同收取的相应租金，一般按时间收取租金，如租用仓库、堆场、装卸设备、货架、集装箱、铁路专用线等。

（二）物流仓储成本的构成

专门的仓储企业和持有库存的生产型及销售型企业对仓储成本考察的角度是不同的，在此分别进行讲述。

1．物流仓储企业仓储成本

对于物流仓储企业来说，仓储成本是因存储货物而产生的成本，可以分为固定成本和变动成本两大类。

（1）固定成本。固定成本是不随着存储货物的数量变化而变化的成本。主要包括以下几个方面：

① 仓库、堆场的折旧及仓储机械、设备的折旧。对固定资产的折旧一般按年度提取，不同的设施及设备折旧年限不同，一般国家有相应的标准，如基础设施的折旧一般为 30 年，设备的折旧期为 5～20 年。在市场经济快速发展的今天，为使仓库技术水平更具有竞争力，许多仓库采用加速折旧等方法，以求尽快收回投资进行仓储设施的更新和改造。

② 工资和福利。从业人员的工资主要包括固定工资、各种补贴等。福利主要包括国家规定的各种保险、住房公积金等。

③ 仓储设施、设备的大修基金。一般按其投资额的 3%～5%提取。

（2）变动成本。变动成本主要包括以下各项：

① 保管成本。为储存货物的养护和保管等费用。包括用于货物保管的货架、托盘等费用的分摊，为保管货物消耗的相应耗材的费用、仓库堆场的房地产税等。

② 货物搬运成本。货物在库场内移动产生的成本。

③ 流通加工成本。货物包装、选择、整理、成组等业务发生的费用。

④ 电力、燃料成本。仓库、堆场的照明及机械设备电力、燃料而消耗的费用。

⑤ 机械设备的修理费。除大修之外的修理费用。

⑥ 货物仓储保险费。为了避免在发生货物灭损时承担经济损失，对存储的货物按其价值和存储期限进行投保是十分必要的，它是仓储成本的一个组成部分。

⑦ 资金利息。仓储经营中占用资金的利息。

⑧ 劳动保护成本。为从业人员提供的保护用品的成本。

⑨ 员工的奖励。

⑩ 营销成本。在现代企业的发展过程中营销工作是十分重要的工作，只有营销活动搞得好，企业才能快速发展，创造更大的效益。

⑪ 外协成本。与其他相关单位合作发生的成本。如铁路线、码头、汽车等设施和设备的租用费等。

⑫ 营业税金。经营过程中企业承担的各种税金。

仓储成本是仓储经营过程中以上各项成本的总和，对于仓储企业来讲，必须重视仓储成本的核算，了解企业的成本构成，为制订合理的仓储计划、仓储费率，控制企业的经营成本提供依据。

2．生产型和销售型企业仓储成本

对于持有库存的生产型及销售型企业，仓储成本主要包括以下几方面：仓储持有成本、订货或生产准备成本、缺货成本和在途库存持有成本。

（1）仓储持有成本。

① 仓储持有成本的含义。仓储持有成本是指为保持适当的库存而发生的成

本，它可以分为固定成本和变动成本。固定成本与一定限度内的仓储数量无关，如仓储设备折旧、仓储设备的维护费用、仓库职工工资等；变动成本与仓储数量的多少相关，如库存占用资金的利息费用、仓储物品的损毁和变质损失、保险费用、搬运装卸费用、挑选整理费用等。变动成本主要包括以下四项成本：资金占用成本、仓储维护成本、仓储运作成本、仓储风险成本。

第一，资金占用成本。资金占用成本也称为利息费用或机会成本，是仓储成本的隐含费用。资金占用成本反映失去的盈利能力，如果资金投入其他方面，就会要求取得回报，因此资金占用成本就是这种尚未获得的回报的费用。资金占用成本通常用持有库存货币价值的百分比表示，也有用确定企业新投资的最低回报率来计算资金占用成本的。因为从投资的角度来说，库存决策与做广告、建新厂、增加机器设备等投资决策是一样的。为了核算上的方便，一般情况下，资金占用成本是指占用资金能够获得的银行利息。

第二，仓储维护成本。仓储维护成本主要包括与仓库有关的租赁、取暖、照明、设备折旧、保险费用和税金等费用。仓储维护成本随企业采取的仓储方式不同而有不同的变化。如果企业利用自用的仓库，大部分仓储维护成本是固定的；如果企业利用公共的仓库，则有关存储的所有成本将直接随库存数量的变化而变化。在做仓储决策时，这些成本都要考虑。另外，根据产品的价值和类型，产品丢失或损坏的风险高，就需要较高的保险费用。同时，许多国家将库存列入应税财产，高水平库存导致高税费。保险费用和税金将随着产品不同而有很大变化，在计算仓储维护成本时，必须考虑它们。

第三，仓储运作成本。仓储运作成本主要与商品的出入仓库有关，即通常所说的搬运装卸成本。

第四，仓储风险成本。作为仓储持有成本的最后一个主要组成部分的仓储风险成本，反映了一个非常的可能性，即由于企业无法控制的原因，造成库存商品贬值、损坏、丢失、变质等损失。

② 仓储持有成本与仓储水平的关系。随着库存水平的提高，年储存成本将随之增加，也就是说，储存成本是可变动成本，与平均存货数量或存货平均值成正比。

（2）订货或生产准备成本。订货成本或生产准备成本是指企业向外部的供应商发出采购订单的成本或指企业内部自己生产加工而产生的生产准备成本。

① 订货成本。订货成本是指企业为了实现一次订货而进行的各种活动的费用，包括处理订货的差旅费、办公费等支出。订货成本中有一部分与订货次数无关，如常设机构的基本开支等，称为订货的固定成本；另一部分与订货的次数有

关，如差旅费、通信费等，称为订货的变动成本。具体来讲，订货成本包括与下列活动相关的费用：检查和清点存货；编制并提出订货申请；对多个供应商进行调查比较，选择最合适的供应商；填写并发出订单；填写并核对收货单；验收发来的货物；筹集资金并进行付款。

② 生产准备成本。生产准备成本是指当某些产品不由外部供应而是由企业自己生产时，企业为生产一批货物而进行准备的成本。其中，更换模具、增添某些专用设备等属于固定成本，与生产产品的数量有关的费用如材料费、加工费、人工费等属于变动成本。

（3）缺货成本。库存决策中另一项主要成本是缺货成本，是指由于库存供应中断而造成的损失。包括原材料供应中断造成的停工损失（还应包括商誉损失）。缺货成本主要包括以下几个方面：

① 保险库存的持有成本。许多企业都会考虑保持一定数量单位的保险库存或称缓冲库存以防在需求方面的不确定性，但是安全库存的存在自然会产生一定的库存成本，同时应该注意到安全库存每一追加的增量都将造成效益的递减：超过期望需求量的第一个单位的保险库存所提供的防止缺货的预防效能的增值最大，第二个单位所提供的预防效能比第一个单位稍少，依次类推。在某一保险存货水平，储存额外数量的存货成本加期望缺货成本会有一个最小值，这个水平就是最优水平。高于或低于这个水平，都将产生净损失。

② 缺货成本。缺货成本是由于外部和内部中断供应所产生。当企业的客户得不到全部订货，叫做外部缺货，而当企业内部某个部门得不到全部订货时，叫做内部缺货。如果发生外部缺货，将导致以下情况发生：

a. 延期交货。延期交货可以有两种形式：一种是缺货商品可以在下次规则订货时得到补充，另一种利用快递延期交货，如果客户愿意等到下一个规则订货，那么企业实际上并没有什么损失。如果缺货商品需要快递延期交货，那么就会发生特殊订单处理和额外运输费用，从而提高了物流成本，因为快递延期交货经常是小规模装运，或者需要利用速度快、收费较高的运输方式运送。这时延期交货成本可根据额外订单处理费用和额外运费计算。

b. 失销。尽管一些用户允许延期交货，但是仍有一些用户会转向其他供应商，也就是说，许多公司都有生产替代产品的竞争者。当一个供应商没有客户所需的商品时，客户就会从其他供应商那里订货，在这种情况下，缺货导致失销，对于企业来说，直接损失就是这种商品的利润损失。这样，可以通过计算这批商品的利润来确定直接损失。关于失销，需要指出三点：首先，除了利润的损失，还包括当初负责这批销售业务的销售人员的精力损失；其次，很难确定在一些情况下的失销总量。比如，许多客户习惯电话订货，在这种情况下，客户只是询问是否有货，而未指明要订货多少，如果这种产品没货，那么客户就不会说明需要多少，企业也不会知道损失的总量；再次很难估计一次缺货对未来销售的影响。

c. 失去客户。第三种可能发生的情况是由于缺货而失去客户，也就是说，客户永远转向另一个供应商。如果失去了客户，企业也就失去了未来一系列收入，这种缺货造成的损失很难估计，需要用管理科学技术以及市场营销的研究方法来分析和计算。除了利润损失，还有由于缺货造成的商誉损失。商誉很难度量，在仓储决策中常被忽略，但它对未来的销售及企业的经营活动非常重要，特别是在目前竞争十分激烈的情况下。

为了确定必要的库存量，有必要确定如果发生缺货而造成的损失。

第一步，分析发生缺货可能产生的后果，包括延期交货、失销和失去客户。

第二步，计算与结果可能相关的成本，即利润损失。

第三步，计算一次缺货的损失。

如果增加库存的成本少于一次缺货的损失，那么就应该增加库存避免缺货。

如果发生内部短缺，则可能导致生产损失（及设备和人员闲置）和交货期的延误。如果由于某项物品短缺而引起整个生产线停工，这时的缺货成本可能就非常高。尤其对于 JIT 管理方式生产的企业来说更是灾难性的。

（4）在途库存持有成本。在途持有成本不像前面讨论的三项成本那么明显，然而在某些情况下，企业必须考虑这项成本。如果企业以目的地交货价销售商品，就意味着企业要负责将商品运达客户，当客户收到订货商品时，商品的所有权才转移。从理财的角度来看，在途运输的商品仍是销售方的库存。因为这种在途商品在交给客户之前仍然属于企业所有，运货方式及所需的时间是储存成本的一部分，企业应该对运输成本与在途存货持有成本进行分析。

一个重要的问题是如何计算在途库存成本。前面讨论过库存持有成本的四个方面，即资金占用成本、仓储维护成本、仓储运作成本和仓储风险成本。这些成本对于在途存货来说有所变化：

① 在途库存的资金占用成本一般等于仓库中库存的资金占用成本。

② 仓储运作成本、仓储维护成本一般与在途库存不相关，但要考虑保险费用。

③ 由于运输服务具有短暂性，货物过时或变质的风险要小一些，因此，仓储风险成本较小。

一般来说，在途库存持有成本要比仓库持有成本小。在实际中，需要对每一项成本进行仔细分析，才能准确计算出实际成本。

三、仓储成本控制

（一）仓储成本控制的概念

仓储成本控制是指运用以成本会计为主的各种方法，预定仓储成本限额，按限额分配储存成本和储存费用，以实际仓储成本与仓储成本限额比较，衡量仓储活动的成绩和效果，并以例外管理原则纠正不利差异，以提高工作效率，实现超过预期的仓储成本控制限额。仓储成本控制是仓储成本管理的同义词，包括一切降低储存成本的努力。企业在仓储管理方面对任何必要的仓储作业采取的控制手段，目的是以最低的储存成本，达到预先规定的储存质量和仓储数量。

（二）仓储成本控制的内容

1．仓储材料成本的管理

物资在储存过程中所消耗的衬垫材料在仓储成本中占很大比重。因此，降低仓储成本的最大潜力在于节约衬垫与苫盖材料以及有关人工费用的支出，寻找既能节省这部分成本费用的开支，又能保证物资管理质量的物资管理方法，开展技术革新和技术改造，充分挖掘设备的潜力。同时，在仓储成本的管理上也要实行分口、分类管理，加强经济核算，促使仓储成本不断降低。

2．仓库内装卸搬运成本的管理

物资进出仓库主要依靠装卸搬运作业来完成。装卸搬运机械的设备折旧费用，是仓库内搬运装卸成本中比重最大的费用。因此，仓储部门应首先注意在选择适用的机械设备时的经济性和实用性。应防止那种不顾实际需要，贪大求洋，无端增大仓储设备折旧的做法。

3．仓储人工费用的管理

仓储人工费用的支出主要有两个方面：① 仓储管理人员的工资、奖金、福利费、津贴等；② 仓储生产工人的工资、奖金、津贴、福利费等。仓储人工费用的管理，应着重于尽量减少非生产工人的工资支出，因为这部分成本费用支出与仓储作业量没有直接关系。同时，应不断提高劳动生产率，不断降低仓储成本中活劳动的消耗成本。此外，选择合理的劳动组织形式、工资形式，对于降低人工费用也有重要影响。

4．仓储其他成本费的管理

在仓储成本中，如油料、燃料、电力、低值易耗品等成本，虽然所占的比重小，但这部分成本的管理也是不可忽视的。仓储成本管理应注重不断降低上述成本项目水平。

（三）降低仓储成本的途径

1. 充分利用现代仓储技术和设备，提高各工作环节的作业效率

在一个库场中，一定量的工作费用支出，由于实际工作效率不一，所耗费的劳动力、机械设备消耗、燃料费有所不同，若仓储管理经营得好，则整个仓储费用就会降低，经济效益就会增加。因此，在仓储作业中要利用现代仓储技术和设备，提高劳动生产率。如采用计算机定位系统、计算机存取系统、计算机监控系统等计算机管理技术，仓储条码技术，现代化货架，专业作业设备、叉车、新型托盘等。

2. 加速货物周转，充分发挥库场使用效能，提高仓容利用率

存货周转速度加快，能使企业的资金循环周转快、资本增值快、货损货差小、仓库吞吐能力增强、成本下降。充分发挥库场使用效能是降低仓储成本的前提。仓储保管的货物成本，与库场面积利用率、货物储存量密切相关。从某种意义上说，不研究库场利用率，要降低仓储费用则无从谈起。一个库场的各项费用支出在相对稳定的情况下，单位面积储存量的增加与每吨货物的储存费用成反比。即前者越大，后者越小；反之，则越大。

3. 加强货物在库场的质量管理，减少货物保管中非正常损耗

库场储存的货物质量完好、数量准确，一定程度上反映了仓储管理质量。仓储保管的货物不仅品种多，而且数量大，由于各种货物性质各异，因此，所产生的货物损耗原因和具体情况也有所不同。为了避免或降低货物耗损，则应了解货物发生耗损的原因，以便采取有效的措施。

4. 加强劳动管理，降低管理成本

人工费是仓储成本的重要组成部分，明确岗位责任，加强责任考核，避免人力浪费和劳动效率低下。经营管理费用的支出时常不能产生直接的收益和回报，要控制管理费用的不合理支出。

5. 努力使物流、信息流、资金流保持一致，增强管理的有效性

充分利用电子商务下仓储管理信息化、网络化、智能化的优势，有效地控制进、销、存系统，使物流、资金流、信息流保持一致。运用物流、资金流、信息流的动态资料辅助决策，能有效降低库存的成本费用，提高仓储服务的效率。

6. 加强仓储成本核算与分析，降低仓储服务产品价格

仓储服务成本是制定仓储服务价格的主要依据。通过对仓储服务产品成本的科学管理，在逐步提升服务质量的前提下，使仓储服务成本降到最低，便可在社

会平均利润率的基础上降低其产品成本价格，企业就可能争取到更多客户，从而占有更大的市场份额。

7．采取有效方法，降低库存成本

降低库存成本是降低仓库管理成本的重要环节，降低库存成本的主要方法如下：

（1）分类管理。进行储存物的 ABC 分析，确定重点管理和一般管理的分类。ABC 分析是实施储存合理化的基础分析，在此基础上可进一步解决各类的结构关系、储存量、重点管理、技术措施等合理化问题。在 ABC 分析基础上实施重点管理，分别决定各种物资的合理储备数量即经济地采用合理储备的办法，分门别类地进行仓储成本控制。

（2）追求经济规模，适当集中库存。适度集中储存是合理化的重要内容。适度集中库存是利用储存规模优势，以适度集中储存代替小规模分散的储存以实现合理化。

（3）加速周转，提高单位产出。储存现代化是要把静态储存变为动态储存，周转速度一快，就会带来一系列的好处：资金周转快，资本效益高，货损小，仓库吞吐能力增加，成本下降等。具体做法诸如采用集装储存、建立快速分拣系统等都有利于实现快进快出、大进大出。

（4）采用有效的“先进先出法”方式。保证每个被储存物品的储存期不过长。它是一种有效的方式，也成了储存管理的准则之一。

（5）提高储存密度，提高仓容利用率。主要目的是减少储存设施的投资，提高单位存储面积和利用率，以降低成本、减少土地占用。仓库部门可以采取高垛的方法，增加储存的高度；缩小库内通道宽度以增加储存有效面积；采用侧叉车、推拉式叉车，以减少叉车转弯所需的宽度；减少库内通道数量以增加储存有效面积。

（6）采用有效的储存定位系统。储存定位的含义是被储物位置的确定。如果定位系统有效，能大大节约寻找、存放、取出的时间。节约不少物化劳动及活劳动，而且能防止差错，便于清点及实行订货点等的管理方式。储存定位可采取先进的计算机管理，也可采取一般人工管理。

（7）采取有效的监测清点方式。对储存物资数量和质量的监测，不但是库存管理的基本工作，也是进行科学控制库存的有效措施。在实际工作中稍有差错，就会使账物不符，所以，必须及时准确地掌握实际储存情况，经常与账卡核对，无论是计算机管理还是人工管理这都是不可缺少的。此外，经常的监测也是掌握被储存物的质量状况的重要工作。

四、配送成本及其控制

配送是物流企业重要的作业环节，它是指在经济合理区域范围内，根据客户要求，对物品进行拣选、加工、包装、分割、组配等作业，并按时送达指定地点的物流活动。通过配送，物流活动才得以最终实现，但完成配送活动是需要付出代价的，即需配送成本。配送成本是配送过程中所支付的费用总和。

从整个物流系统来讲，配送几乎包括了所有的物流功能要素，是物流活动的一个缩影或在某个范围中物流全部活动的体现。一般的配送集装卸搬运、包装、保管、运输于一体，通过一系列物流活动将货物送达目的地。配送的主体活动是配送运输、分拣、配货及配载。以送货为目的的配送运输是最后实现配送的主要手段，从这一点出发，常常将配送简化看成运输中的一种。

（一）配送成本的构成

根据配送流程及配送环节，配送成本实际上是含配送运输费用、分拣费用、配装及流通加工费用等全过程。其成本应由以下费用构成：

1．配送运输费用

配送运输费用主要包括以下方面：

（1）车辆费用。车辆费用指从事配送运输生产而发生的各项费用。具体包括驾驶员及助手的工资及福利费、燃料、轮胎、修理费、折旧费、养路费、车船使用费等项目。

（2）营运间接费用。这是指营运过程中发生的不能直接计入各成本计算对象的站、队经费。包括站、队人员的工资及福利费、办公费、水电费、折旧费等内容，但不包括管理费用。

2．分拣费用

（1）分拣人工费用。这是指从事分拣工作的作业人员及有关人员的工资、奖金、补贴等费用的总和。

（2）分拣设备费用。这是指分拣机械设备的折旧费用及修理费用。

3．配装费用

（1）配装材料费用。常见的配装材料有木材、纸、自然纤维和合成纤维、塑料等。这些包装材料功能不同，成本相差很大。

（2）配装辅助费用。除上述费用外，还有一些辅助性费用，如包装标记、标志的印刷，拴挂物费用等的支出。

（3）配装人工费用。这是指从事包装工作的工人及有关人员的工资、奖金、补贴等费用总和。

4．流通加工费用

（1）流通加工设备费用。流通加工设备因流通加工形式不同而不同，购置这些设备所支出的费用，以流通加工费用的形式转移到被加工产品中去。

（2）流通加工材料费用。这是指在流通加工过程中，投入加工过程中的一些材料消耗所需要的费用。

（3）在流通加工过程中从事加工活动的管理人员、工人及有关人员的工资、奖金等费用的总和。

实际应用中，应该根据配送的具体流程归集成本，不同的配送模式其成本构成差异较大。相同的配送模式下，由于配送物品的性质不同，其成本构成差异也很大。

（二）物流配送成本的核算

配送成本费用的核算是多环节的核算，是各个配送环节或活动的集成。配送各个环节的成本费用核算都具有各自的特点，如流通加工的费用核算与配送运输费用的核算具有明显的区别，其成本计算的对象及计算单位都不同。

配送成本费用的计算由于涉及多环节的成本计算，对每个环节应当计算各成本计算对象的总成本。总成本是指成本计算期内成本计算对象的成本总额，即各个成本项目金额之和。配送成本费用总额是由各个环节的成本组成。其计算公式如下：

配送成本=配送运输成本+分拣成本+配装成本+流通加工成本

需要指出的是，在进行配送成本费用核算时要避免配送成本费用重复交叉。

（三）配送成本控制

1．加强配送的计划性

在配送活动中，临时配送、紧急配送或无计划的随时配送都会大幅度增加配送成本。临时配送由于事先计划不善，未能考虑正确的装配方式和恰当的运输路线，到了临近配送截止时期时，不得不安排专车，单线进行配送，造成车辆不满载，里程多。紧急配送往往只要求按时送货，来不及认真安排车辆配装及配送路线，从而造成载重和里程的浪费。而为了保持服务水平，又不能拒绝紧急配送。但是如果认真核查并有调剂准备的余地，紧急配送也可纳入计划。随时配送对订货要求不做计划安排，有一笔送一次。这样虽然能保证服务质量，但是不能保证配装与路线的合理性，也会造成很大浪费。

为了加强配送的计划性，需要制定配送申报制度。所谓配送申报制度，就是零售商店订货申请制度。解决这个问题的基本原则是：在尽量减少零售店存货、尽量减少缺货损失的前提下，相对集中各零售店的订货。应针对商品的特性，制定相应的配送申报制度。

（1）对鲜活商品，应实行定时定量申报、定时定量配送。为保证商品的鲜活，零售店一般一天申报一次，商品的量应以当天全部销售完为度。实行定时定量申报的商品，在商品量确定以后，分店除特殊情况外，不必再进行申报。由配送中心根据零售店的定量，每天送货。

（2）对普通商品，应实行定期申报、定期配送。定期申报是指零售店定期向配送中心订货，订货量为两次订货之间的预计需求量。实行定期申报的优点是：第一，各零售店的要货相对集中。零售店同时发出订货申请，配送中心将订货单按商品分类、汇总，统一完成配送。第二，零售店不必经常清点每种产品的盘存量，减少了工作量。第三，零售店是向众多单个消费者销售商品，不确定因素多。实行定期申报，零售店只需预测订货周期较短时间内的需求量，降低了经营风险。零售店定期发出订货申请，配送中心定期送货。送货的时间间隔与订货的时间间隔一致，例如，每七天订一次，每七天送一次货。问题的关键是如何确定合理的时间间隔。时间太长，每次的发货量必定很多，这无疑将配送中心的存货分散到零售店储备；时间太短，每次发的货太零星，既增加了配送难度，也增加了配送次数。一个合理的时间间隔应该使零售店保持较少的库存而又不缺货的前提下，集中零售店的订货。在实际操作中应通过数据来分析和经验来确定。

2．确定合理的配送路线

配送路线合理与否对配送速度、成本、效益影响很大，因此，采用科学方法确定合理的配送路线是配送的一项重要工作。确定配送路线可以采用各种数学方法和在数学方法的基础上发展和演变出来的经验方法。无论采用何种方法都必须满足一定的约束条件。

一般的配送，约束条件有：

（1）满足所有零售店对商品品种、规格、数量的要求。

（2）满足零售店对货物到达时间范围的要求。

（3）在交通管理部门允许通行的时间内进行配送。

（4）各配送路线的商品量不超过车辆容积及载重量的限制。

（5）要在配送中心现有的运力允许的范围之内配送。

【任务实施】

一、实施步骤

1．将学生以每组 5～8 人进行分组，每组选出一位组长，组织协调完成此次任务。

2．指导老师向学生讲解仓储成本分析的要点。

3．小组以小杨的名义根据仓储管理系统中的数据来进行仓储成本分析。

4．最终形成完整的仓储成本分析报告。

5．由小组指定代表进行任务汇报。

二、成绩考核

仓储与配送成本预算方案制定成绩考核标准

考核小组__________ 组长__________ 小组代表__________

考核内容	考核标准	小组得分	实际得分
仓储与配送成本预算方案制定	1．能正确地进行仓储成本的计算	30 分	
	2.能够分析仓储管理现状中造成成本上升的不合理现象	20 分	
	3．结合仓储实际业务情况，提出仓储成本降低的方法	30 分	
	4．讲解思路清晰、图文简洁	20 分	
合计		100 分	

任务 2　仓储企业绩效考核表制定

【任务描述】

近些年公司业务量快速增加，项目增加迅速。随之管理上出现了很多问题，总公司决定推行精细化管理，配送中心要重新全面设计考核指标和标准，详细制定考核表，考核时要本着公平公正的原则，考核内容也要全面科学。作为仓储经理，如何配合人事部门完成本部门的绩效考核任务？

【任务引导】

1．适合本公司的绩效考核表才能充分发挥绩效考核的作用，提高公司的管理水平，提高员工的工作效率。仓储企业绩效考核从哪些方面考虑？

2．什么是 KPI 指标？仓储企业的 KPI 指标有哪些？

【知识准备】

一、仓储绩效评价标准及原则

（一）仓储绩效评价标准

仓储绩效评价标准是对评价对象进行分析评价的标尺，是评价工作的准绳和前提。评价标准可以分为以下四类：

1．计划（预算）标准

计划（预算）标准是仓储绩效评价的基本标准，是指以事先制订的计划、预算和预期目标为评价标准，将仓储绩效实际达到的水平与其进行对比。该标准反映了仓储绩效计划的完成情况，并在一定程度上代表了现代企业经营管理水平。但该标准人为因素较强，主观性较大，要科学合理地制定才能取得较好的激励效果。

2．历史标准

历史标准是以历史同期水平或历史最好水平为衡量标准，将仓储绩效实际达到的水平与其自身历史水平进行纵向比较。这种比较能够反映仓储绩效指标的发展动态和方向，为进一步提升仓储绩效提供决策依据。但历史标准的评价结果缺乏横向可比性，具有排他性。

3．客观标准

客观标准是以国际或国内同行业绩效状况作为评价本企业仓储绩效的标准。采用这一评价标准，评价结果较为真实且具有横向可比性，便于企业了解自身在行业中所处的位置，有助于企业制定仓储发展战略。

4．客户标准

客户标准是以客户来衡量企业的仓储绩效，以客户的满意程度来评价仓储企业动态服务水平的关键要素，是企业改进和提高仓储水平的重要依据。

（二）仓储绩效评价原则

1．科学性原则

科学性原则要求设计的指标体系应能够客观、如实地反映仓储管理的实际水平。

2．可行性原则

可行性原则要求指标简单易行，数据容易获取，便于统计计算和分析比较，使现有人员能够很快地灵活掌握和运用。

3．协调性原则

协调性原则是指各项指标之间相互联系、互相制约，应使之相互协调，互为补充，不能使指标之间相互矛盾或彼此重复。

4．可比性原则

在对指标的分析过程中，重要的是要对指标进行比较，比如将现在与过去比，本企业与同类企业比等，所以要求指标必须具有可比性。

5．稳定性原则

指标体系一旦确定之后，应在一定时间内保持相对稳定，不宜经常变动、频繁修改。在执行一段时间后，可以通过总结不断地进行改进和完善。

二、仓储绩效评价指标

（一）顾客满意类指标

顾客满意度是经常被提及的一项评价指标，这反映了企业对客户满意度的重视。

1．服务水平

$$服务水平=\frac{满足要求次数}{用户要求次数}\times 100\%$$

或以缺货率来表示。缺货率反映仓库保证供应、满足客户需求的程度。计算公式为：

$$缺货率=\frac{缺货次数}{顾客订货次数}\times 100\%$$

通过这项指标的考核，可以衡量仓库库存分析的能力和及时组织补货的能力。

2．顾客满足程度

$$顾客满足程度=\frac{满足顾客要求数量}{顾客要求数量}\times 100\%$$

（二）货物储存的数量指标

这是反映仓库容量、能力以及货物储存数量的指标。

1．计划期物资吞吐量

物资吞吐量也叫物资周转量。它是指计划期内进出库物资的总量，一般以吨为单位表示。计划期指标常以年吞吐量计算，计算公式为：

$$计划期物资吞吐量=计划期物资总进库量+计划期物资总出库量+计划期物资在拨量$$

2．物资平均库存量

物资平均库存量是指计划期内的平均库存量，一般按月、年计算。

$$月平均库存量=\frac{月初库存量+月末库存量}{2}$$

$$年平均库存量=\frac{各月平均库存量之和}{12}$$

3．库房使用面积

库房使用面积=库房墙内面积−墙、柱、楼（电）梯等固定建筑物面积（米^2）

4．货场使用面积

货场使用面积=货场总面积−排水明沟、灯塔、水塔等固定建筑面积（米^2）

5．单位面积储存量

$$单位面积储存量=\frac{日平均存储量(吨)}{库房或货场使用面积(米^2)}$$

6．职工人数

一般计算年或月的平均职工人数。其计算公式如下：

$$月平均人数=\frac{月内每日实际人数之和}{该月天数}$$

$$或=\frac{月初人数+月末人数}{2}$$

$$年平均人数=\frac{年内各月平均人数之和}{12}$$

7．设备数量

设备数量是反映在仓储工作中所用各种设备的数量指标。通常以统计的在籍设备台数和处于良好状态的设备台数来表示。

8．库用物资消耗指标

储存作业的物资消耗指标即库用材料（如防锈油等）、燃料（如汽油和机油等）、动力（如耗电量）的消耗定额。

（三）物资储存的效率指标

1．仓库利用率指标

它是指仓库在面积、容积、地面载荷等方面利用程度的指标。

（1）全库面积利用率：

$$\text{全库面积利用率}=\frac{\text{库房、货棚、货场占地面积之和}}{\text{仓库占地面积}}\times 100\%$$

（2）库房（货棚、货场）面积利用率：

$$\text{库房（货棚、货场）面积利用率}=\frac{\text{库房（货棚、货场）内物资占用面积}}{\text{库房（货棚、货场）的使用面积}}\times 100\%$$

仓库面积利用率越大，表明仓库面积的利用情况越好。

（3）库房容积利用率：

$$\text{库房容积利用率}=\frac{\text{报告期内平均库存量}}{\text{库房的容量}}\times 100\%$$

库房容积利用率值越大，表明仓库的利用情况越好。

（4）地面载荷利用率：

$$\text{地面载荷利用率}=\frac{\text{各类物资平均堆载量}}{\text{地面建筑承载量}}\times 100\%$$

上式各类物资平均堆载量和地面建筑承载量分别表示每平方米面积实际堆载量和设计承载重量。

2．设备利用率指标

设备利用率可以用设备能力利用率、设备时间利用率来表示。

设备能力利用率计算公式如下：

$$\text{设备能力利用率}=\frac{\text{实际载荷量}}{\text{额定载荷量}}\times 100\%$$

设备时间利用率也可分别按班、日或年计算。

$$班设备利用率=\frac{班内实际作业时数}{8}\times100\%$$

$$日设备利用率=\frac{日内实际作业时数}{24}\times100\%$$

$$年设备利用率=\frac{年内实际作业天数}{365-节假日停工天数}\times100\%$$

以上计算是指单台设备利用率，若对多台设备，可用加权平均数计算。

3．资金使用效率

资金使用效率反映资金的利用水平、资金的周转及资金使用的经济效果。

$$单位货物固定资产平均占用量=\frac{报告期固定资产平均占用量}{报告期平均货物储存量}$$

$$单位货物流动资金平均占用量=\frac{报告期流动资金平均占用量}{报告期平均货物储存量}$$

报告期固定资产和流动资金平均占用量可以用期初数和期末数的平均数计算得到。

$$流动资金周转次数=\frac{年仓储业务总收入}{全年流动资金平均占用额}$$

$$流动资金周转天数=\frac{360}{流动资金周转次数}$$

$$=\frac{全年流动资金平均占用量\times360}{年仓储业务总收入}$$

4．劳动生产率指标

仓储单位的劳动生产率是用平均每人每日完成的进出库量来表示的。进出库量就是吞吐量减去在拨量。

$$全员劳动生产率=\frac{全年物资进出库量}{全员年工日总数}$$

$$工人劳动生产率=\frac{全年物资进出库量}{工人年工日总数}$$

5．物资周转速度指标

库存物资周转速度是反映企业仓储工作水平的重要指标。

（1）周转次数。计算公式如下：

$$年内物资周转次数=\frac{年物资消耗量}{年平均物资库存量}(次/年)$$

（2）周转天数。计算公式如下：

$$物资周转天数=\frac{年日历日数}{年内物资周转次数}=\frac{平均库存量}{平均日消耗量}(天/次)$$

（四）**货物储存的经济性指标**

存货的经济性指标主要是指有关存货的成本和效益的指标，它可以综合反映经济效益水平。其包括的具体指标及公式如下所述。

1．储运成本指标

储运成本是指一定时期内完成物资储运任务所支出的费用总额。

（1）进出库成本。进出库成本反映每吨进出库物资所耗费用，计算公式如下：

$$进出库成本=\frac{期内进出库费用}{期内进出库量}(元/吨)$$

（2）储存成本。储存成本反映每保管一吨物资所支出的费用，即储存吨成本。其计算公式为：

$$物资储存成本=\frac{计划期内商品保管费用}{同期商品吞吐量}(元/吨)$$

2．利润指标

利润指标是反映仓储生产经营活动的综合性指标。

$$利润=期内仓库总收入额-同期内仓库总支出额$$

3．资金利润率

资金利润率是指仓库所得利润与全部资金占用之比。它可以用来反映仓库的资金利用效果。资金利润率的计算公式为：

$$资金利润率=\frac{利润总额}{固定资产平均占用+流动资产平均占用}\times100\%$$

4．收入利润率

收入利润率是指仓库实现利润总额与实现的仓库营业收入之比。它的计算公式为：

$$收入利润率=\frac{利润总额}{仓库营业收入}\times100\%$$

5．每吨货物保管利润

该指标是指报告年度实现的利润总额与报告期内货物储存总量（吨）之比。它的计算公式为：

$$每吨货物保管利润=\frac{报告期利润总额}{报告期货物储存总量}\times 100\%$$

（五）货物储存的质量指标

1．物资收发差错率

收发差错率是以收发货所发生差错的累计次数占收发货总次数的百分比来计算，此项指标反映仓储部门收、发货的准确程度。计算公式如下：

$$物资收发差错率=\frac{收发差错累计次数}{储存货物总次数}\times 100\%$$

2．业务赔偿费率

业务赔偿费率是以仓储部在计划期内发生的业务赔偿金额占同期业务总收入的百分比来计算，此项指标反映仓储部门履行仓储合同的质量。计算公式如下：

$$业务赔偿费率=\frac{业务赔偿总额}{业务总收入}\times 100\%$$

3．物资损耗率

物资的损耗率是指保管期中，某种物资自然减量的数量占该种物资入库数量的百分比，此项指标反映仓库物资保管和维护的质量水平。计算公式如下：

$$物资损耗率=\frac{物资损耗量}{期内物资保管总量}\times 100\%$$

或：

$$物资损耗率=\frac{物资损耗额}{期内物资保管总额}\times 100\%$$

4．物资缺损率

物资的缺损率是指保管期中，物资缺损的数量占该期内入库物资数量的百分比，此项指标也反映仓库物资保管和维护的质量和水平。计算公式为：

$$物资缺损率=\frac{期内物资缺损量}{期内物资总数}\times 100\%$$

5．账实相符率

账实相符率是指在进行货物盘点时，仓库保管的货物账面上的结存数与库存实有数量的相互符合程度。计算公式如下：

$$账实相符率=\frac{账实相符笔数}{储存货物总笔数}\times100\%$$

或：

$$账实相符率=\frac{账实相符件数}{期内储存总件数}\times100\%$$

6．物资及时验收率

物资及时验收率表明物资仓库按照规定时限验收执行的情况，计算公式如下：

$$物资及时验收率=\frac{及时验收笔数}{期内收料总笔数}\times100\%$$

7．设备完好率

设备完好率是指处于良好状态、随时能投入使用的设备占全部设备的百分比。其计算公式表示为：

$$设备完好率=\frac{完好设备台日数}{设备总台日数}\times100\%$$

（六）货物储存的安全性指标

货物储存的安全性指标，用来反映仓库作业的安全程度。它主要可以用发生的各种事故的大小和次数来表示，主要有人身伤亡事故、仓库失火、爆炸、被盗事故、机械损坏事故几类。这里可以用安全率指标来反映仓储作业的安全程度，其计算公式为：

$$安全率=\frac{无事故天数}{作业天数}\times100\%$$

以上六大类指标构成了仓储管理比较完整的指标体系，从不同侧面反映了仓储部门经营管理、工作质量及经济效益的水平。

三、仓储绩效评价的步骤

（一）确定评估工作实施机构（选聘有关专家组成专家咨询组）

1．评价组织机构

评价组织机构直接组织评价实施，评价组织机构负责成立评价工作组，并选聘有关专家组成专家工作组。如果委托社会中介机构实施评价，先同选定的机构签订委托书，然后由评价机构组成评价工作组或专家组。

仓储绩效评价指标体系结构

顾客满意	服务水平
	顾客满意程度
数量	计划期物资吞吐量
	物资平均库存量
	库房使用面积
	货场使用面积
	单位面积储存量
	职工人数
	设备数量
	库用物资消耗指标
效率	仓库利用率指标
	设备利用率指标
	资金使用效率
	劳动生产率指标
	物资周转速度指标
经济	储运成本指标
	利润指标
	资金利润率
	收入利润率
	每吨货物保管利润
质量	物资收发差错率
	业务赔偿费率
	物资损耗率
	物资缺损率
	账实相符率
	物资及时验收率
	设备完好率
安全	安全率

2．评价工作人员应具备的基本条件

（1）具有较丰富的物流管理、仓储管理、财务会计、资产管理与法律等专业知识。

（2）熟悉企业绩效评价业务，有较强的综合分析判断能力。

（3）评价工作人员应有较长的经济管理工作经历，并能坚持原则，秉公办事。

（4）专家咨询组的专家应在物流领域具有较高的技术职称，有一定的知名度与相关专业的技术资格。

（二）制定评价工作方案

由评价工作组根据有关规定制定物流企业评价工作方案，经评价组织机构批准后开始实施，并送至专家咨询组的每位专家。

（三）收集并整理基础资料与数据

1. 选择行业内同等规模企业的评价方法及评价标准值。

2. 收集连续三年的会计决算报表、有关统计数据及定性评价的基础资料，并确保资料的准确性、真实性与全面性。

（四）评价计分

运用计算机软件计算评价指标的实际分数，这是企业绩效评价的关键步骤。

1. 根据选定的标准，计算出各项基本标准的得分，形成“企业绩效初步评价表”。

2. 利用修正指标对初步评价结果进行修正，形成“企业绩效基本评价分析表”。

3. 根据已核实的定性评价基础资料，参照绩效评价指标参考标准进行评议指标打分，形成“企业绩效评价汇总表”。

4. 对评价的分数和计分过程进行复核，为了确保计分准确无误，必要时用手工计算校验。

（五）评价结论

将绩效评价的结果与同行业及同规模的企业最高分数进行比较，对企业绩效进行分析判断，形成综合评价结论，并听取企业有关方面负责人的意见，进行适当的修改和调整。

（六）撰写评价报告

评价报告主要内容包括评估结果、评估分析、评估结论及相关附件等，送专家咨询组征求意见。评价项目主持人签字，报送评价组织机构审核认定，如果是委托中介机构进行评价，需加盖单位公章。

（七）评价工作的总结

将评价工作背景、时间地点、基本情况、评价结果、工作中的问题及措施、工作建议等形成书面材料，建立评价工作档案，以便查阅及保证绩效评价的连续性。

【任务实施】

一、实施步骤

1．将学生以每组 5～8 人进行分组，每组选出一位组长，组织协调完成此次任务。

2．指导老师向学生讲解仓储企业绩效评价的步骤及指标体系。

3．小组成立评价小组进行绩效评价。

4．最终形成完整的绩效评价报告。

5．由小组指定代表进行任务汇报。

二、成绩考核

仓储企业绩效考核表制定成绩考核标准

考核小组__________ 组长__________ 小组代表__________

考核内容	考核标准	小组得分	实际得分
仓储企业绩效考核表制定	1．合理地确定企业绩效评价的标准	20 分	
	2.能够利用历史数据正确地计算企业绩效评价的指标	30 分	
	3．评价小组选用适当的评价方法对仓储企业进行绩效评价并且形成完整的评估报告	30 分	
	4．讲解思路清晰、图文简洁	20 分	
合计		100 分	

项目九　综合实训

【项目名称】

现代物流储存与配送作业优化设计与实施

【实训目标】

1．测试学生仓储与配送管理知识掌握情况，是对教学实践应用最好的一次验证。

2．培养学生组织管理、专业团队协作、现场问题分析与处理、工作效率、质量与成本控制、安全及文明生产等方面的职业素养。

3．提高学生的实践动手能力。

【实训内容】

1．制定储存与配送作业优化设计方案

学生做好工作准备；根据所获取的储存、配货的场地，货物、货架、托盘、各种包装箱、叉车、手推车、月台、客户基本信息、客户需求、配送车辆、配送点及路径信息、工时资料，各种租赁费、货位占用费、外包咨询服务费、安全要求等相关信息，进行分析处理；进行货位优化及制定货物入库方案；编制拣选作业计划，进行订单处理及生成拣选单；制定配装配载方案；撰写外包委托书；编制可实施的储配作业计划；预测实施方案可能出现的问题和应对方案。

2．实施储存与配送作业优化设计方案

学生根据上述储配方案的设计结果，在实训场所实施方案。执行入库作业计划；执行出库作业计划。学生在实施过程中要体现物流企业作业过程所需要的专业知识、操作技能，团队合作，精益管理，服务质量与安全意识。学生实施方案过程中，可修改方案，也可外包。修改方案和外包均将按预定的比例增加成本。以操作规范程度、方案是否可行、方案实施效率、成本核算、服务质量、安全意识等要素为依据，计算综合成本为评价标准。

【实训指标体系】

一级指标	二级指标	三级指标	三级指标说明
制定物流储配作业优化方案	工作准备	1. 封面	题目：物流储配作业优化方案 参赛队名称：本队抽签序号，如 01 选手：胸牌号码如 01A、01B、01C
		2. 队员分工	储配作业方案执行时的分工，01A 为主管（队长）
	入库作业计划	3. 物动量 ABC 分类表	能够体现出分类过程和分类结果
		4. 制定货物组托示意图	包括奇数层俯视图、偶数层俯视图
		5. 绘制上架存储货位图	以托盘式货架的排为单位，将货位存储情况反映在存储示意图上，在相应货位上标注货物名称
		6. 编制托盘条码	编制托盘条码并打印。码制：CODE39、8 位、无校验码
	出库作业计划	7. 订单有效性分析	参赛队收到客户订单后，应对订单的有效性进行判断，对确定的无效订单予以锁定，陈述理由，主管签字并标注日期
		8. 客户优先权分析	当多个客户针对某一货物的要货量大于该货物库存量时，应对客户进行优先等级划分以确定各自的分配量，并阐明理由
		9. 库存分配计划表	依据客户订单和划分后的客户优先等级顺序制定库存分配计划表，将相关库存依次在不同的客户间进行分配并显示库存余额
		10. 拣选作业计划	拣选作业计划设计要规范、项目齐全，拣选作业流畅；拣选单设计应能减少拣选次数、优化拣选路径、缩短拣选时间，注重效率
		11. 月台分配示意图	将月台在客户间进行分配，便于月台集货
		12. 配装配载方案	绘制配送车辆积载图，以体现配送的先后顺序（按客户绘制，不显示货物品种）

<table>
<tr><th>一级指标</th><th>二级指标</th><th>三级指标</th><th>三级指标说明</th></tr>
<tr><td rowspan="3">制定物流储配作业优化方案</td><td>外包准备</td><td>13. 外包委托书</td><td>各参赛队都要撰写外包委托书，要求格式规范，内容齐全，主要包括委托事项、受托人、委托人、委托时间等，但要留存空白项，以便发生委托时填写。当各参赛队在进行货物入库、拣选、出库、货物配装等作业过程中，遇到不能独立解决的问题时，可委托外包给本队的指导教师协助解决，此时要填写委托书交给裁判备案，无须委托时则不需填写</td></tr>
<tr><td rowspan="2">编制计划</td><td>14. 作业计划</td><td>按照时间先后顺序将每位参赛队员在方案执行过程中的工作内容编制成作业计划，包括设备租赁情况及可能出现的问题预案</td></tr>
<tr><td>15. 预算表</td><td>包括作业过程可能发生的各种费用项目及相应的预算金额，以便与实际发生的费用比较，满足预算编制信息的内容</td></tr>
<tr><td rowspan="8">实施储配作业设计方案</td><td>租赁</td><td>1. 租赁作业</td><td>选择最佳时机及作业任务需求向租赁中心租赁托盘、叉车、地牛、手推车等</td></tr>
<tr><td rowspan="4">执行入库作业计划</td><td>2. 入库准备工作</td><td>粘贴托盘条码，整理作业现场</td></tr>
<tr><td>3. 验货、组托</td><td>验收无误后，按照堆码要求，将散置堆放的货物科学、合理地码放在托盘上</td></tr>
<tr><td>4. 启动 WMS</td><td>完成货物信息录入</td></tr>
<tr><td>5. 入库</td><td>完成货物入库操作并指挥叉车工上架作业</td></tr>
<tr><td rowspan="3">执行拣选作业计划</td><td>6. 拣选作业</td><td>根据客户订单及拣选作业计划进行拣选作业及拆零货的再包装</td></tr>
<tr><td>7. 出库</td><td>完成各客户所要货物的出货复核、月台点检、理货</td></tr>
<tr><td>8. 货物配装</td><td>根据所给车辆完成货物的配装</td></tr>
</table>

【实训安排】

1．将学生按每组 4～6 人分组。

2．团队中选出 1 人为主管，其余几人为理货员（保管员）。主管对方案的设计、修订、客户优先等级、外包与否等负主要责任，并安排其余几人工作。

3．根据客户需求，编制货位、物料、设施设备、工具、人工等使用计划，并进行成本核算和时间安排。成本核算精确到分，时间安排精确到秒，结果保留整数。

4．要预测出实施方案时可能出现的问题并做出应对方案。

5．执行方案时，学生应严格按照计划执行，不得擅自修改计划，修改计划应由主管提出并实施。方案修改时，其他选手应停止作业，工作时间连续计算。

6．实训过程中出现不文明和不安全的现象、操作不规范、出现质量问题、分工协作不合理等现象，均按比例增加成本和费用。

7．若在规定的时间内未完成比赛，按未完成比例增加成本和费用。

【实训考核】

只计团体竞赛成绩，不计参赛选手个人成绩。竞赛成绩分两部分计算，满分100 分。其中：制定储配作业优化设计方案部分占 40%；实施储配作业设计方案部分占 60%。

制定储配作业优化设计方案部分由教师计分，以分数的形式给出；实施储配作业设计方案部分以执行过程成本与费用核算为依据，以成本与费用作为评定标准，在核定成绩时，成本折合成分数。按分数从高到低排列参赛队的名次，当分数相同时，作业时间短的名次在前。

【实训案例】

一、出库作业报表

出库作业月报一（物动量统计）

制表人：　　　　　　　　　　　　　　　　　　　　制表时间：2012 年 10 月 1 日

货品编码/条码	货品名称	出库量/箱
6911989331808	联想便携式电脑	60
6921317905038	康师傅矿物质水	150
6939261900108	好娃娃薯片	900
6901521103123	诚诚油炸花生仁	146
6920907800173	休闲黑瓜子	122
6932010061914	雅比沙拉酱	88
6902563688999	奥利奥夹心饼干	475

货品编码/条码	货品名称	出库量/箱
6901424333948	王老吉凉茶	720
6932010061860	金谷精品杂粮营养粥	0
6921200101102	旺旺饼干	80
6922100321100	罗技键盘	400
6925011022012	红牛方便面	397
6922266437342	戴尔台式电脑	342
6922654700112	喜洋洋背包	100
6920226613033	精灵鼠标	30
6921100369990	联想台式电脑	37
6920380201108	创意记事本	21

出库作业月报二（物动量统计）

制表人： 制表时间：2012 年 11 月 1 日

货品编码/条码	货品名称	出库量/箱
6911989331808	联想便携式电脑	25
6902563688999	奥利奥夹心饼干	200
6901424333948	王老吉凉茶	850
6932010061860	金谷精品杂粮营养粥	42
6922266437342	戴尔台式电脑	107
6932010061914	雅比沙拉酱	30
6921200101102	旺旺饼干	47
6921317905038	康师傅矿物质水	76
6939261900108	好娃娃薯片	806
6901521103123	诚诚油炸花生仁	56
6920907800173	休闲黑瓜子	41
6920226613033	精灵鼠标	30
6921100369990	联想台式电脑	38
6920380201108	创意记事本	0
6922100321100	罗技键盘	36
6925011022012	红牛方便面	120
6922654700112	喜洋洋背包	45

出库作业月报三（物动量统计）

制表人：　　　　　　　　　　　　　　　　　　　　制表时间：2012 年 12 月 1 日

货品编码/条码	货品名称	出库量/箱
6920226613033	精灵鼠标	50
6921100369990	联想台式电脑	25
6920380201108	创意记事本	0
6922100321100	罗技键盘	59
6921317905038	康师傅矿物质水	167
6932010061914	雅比沙拉酱	10
6921200101102	旺旺饼干	189
6901521103123	诚诚油炸花生仁	1 270
6939261900108	好娃娃薯片	655
6920907800173	休闲黑瓜子	59
6925011022012	红牛方便面	39
6922654700112	喜洋洋背包	25
6911989331808	联想便携式电脑	0
6902563688999	奥利奥夹心饼干	25
6901424333948	王老吉凉茶	920
6932010061860	金谷精品杂粮营养粥	0
6922266437342	戴尔台式电脑	113

出库作业月报四（物动量统计）

制表人：　　　　　　　　　　　　　　　　　　　　制表时间：2013 年 1 月 1 日

货品编码/条码	货品名称	出库量/箱
6932010061914	雅比沙拉酱	50
6921200101102	旺旺饼干	125
6920226613033	精灵鼠标	40
6921100369990	联想台式电脑	80
6920380201108	创意记事本	100
6922100321100	罗技键盘	26
6921317905038	康师傅矿物质水	250
6911989331808	联想便携式电脑	176
6902563688999	奥利奥夹心饼干	220

货品编码/条码	货品名称	出库量/箱
6901424333948	王老吉凉茶	580
6932010061860	金谷精品杂粮营养粥	45
6922266437342	戴尔台式电脑	269
6901521103123	诚诚油炸花生仁	450
6939261900108	好娃娃薯片	400
6920907800173	休闲黑瓜子	139
6925011022012	红牛方便面	25
6922654700112	喜洋洋背包	80

出库作业月报五（物动量统计）

制表人： 制表时间：2013 年 2 月 1 日

货品编码/条码	货品名称	出库量/箱
6902563688999	奥利奥夹心饼干	50
6901424333948	王老吉凉茶	420
6932010061860	金谷精品杂粮营养粥	60
6921100369990	联想台式电脑	63
6920380201108	创意记事本	97
6922100321100	罗技键盘	0
6921317905038	康师傅矿物质水	230
6911989331808	联想便携式电脑	97
6920907800173	休闲黑瓜子	227
6925011022012	红牛方便面	46
6922654700112	喜洋洋背包	40
6922266437342	戴尔台式电脑	82
6901521103123	诚诚油炸花生仁	200
6939261900108	好娃娃薯片	517
6932010061914	雅比沙拉酱	43
6921200101102	旺旺饼干	154
6920226613033	精灵鼠标	27

出库作业月报六（物动量统计）

制表人：　　　　　　　　　　　　　　　　　　　　制表时间：2013 年 3 月 1 日

货品编码/条码	货品名称	出库量/箱
6901521103123	诚诚油炸花生仁	150
6939261900108	好娃娃薯片	1 250
6932010061914	雅比沙拉酱	50
6921200101102	旺旺饼干	458
6921317905038	康师傅矿物质水	148
6911989331808	联想便携式电脑	27
6920226613033	精灵鼠标	0
6902563688999	奥利奥夹心饼干	217
6920907800173	休闲黑瓜子	74
6925011022012	红牛方便面	45
6922654700112	喜洋洋背包	44
6922266437342	戴尔台式电脑	243
6920380201108	创意记事本	100
6922100321100	罗技键盘	65
6901424333948	王老吉凉茶	100
6932010061860	金谷精品杂粮营养粥	12
6921100369990	联想台式电脑	17

二、客户订单

华伟商贸有限公司采购订单（订单号 1604）

	商品名称	单位	单价/元	订购数量	金额/元
1	好娃娃薯片	箱	196.00	7	1 372
2	诚诚油炸花生仁	箱	172.00	5	860
3	尝响油多多超级蛋王	只	2.00	25	50
4	Vida 维达双抽（绵柔）纸面巾	盒	6.00	10	60
	合计				2 342

惠民超市采购订单（订单号：1602）

	商品名称	单位	单价/元	订购数量	金额/元
1	好娃娃薯片	箱	196.00	7	1 372
2	诚诚油炸花生仁	箱	172.00	10	1 720
3	旺旺饼干	箱	486.00	3	1 458
4	雪碧	瓶/支	3.00	15	45
5	椰树椰汁	瓶/支	4.00	15	60
	合计				4 655

四季青商贸有限公司采购订单（订单号：1605）

	商品名称	单位	单价/元	订购数量	金额/元
1	诚诚油炸花生仁	箱	172.00	10	1 720
2	旺旺饼干	箱	486.00	3	1 458
3	康师傅矿物质水	箱	24.00	10	240
	合计				3 418

万家乐超市采购订单（订单号：1601）

	商品名称	单位	单价/元	订购数量	金额/元
1	康师傅矿物质水	箱	24.00	10	240
2	好娃娃薯片	箱	196.00	6	1 176
3	诚诚油炸花生仁	箱	172.00	5	860
4	旺旺饼干	箱	486.00	2	972
5	可口可乐	瓶/支	3.00	10	30
6	心相印（优选）面巾纸	盒	5.00	14	70
	合计				3 348

旺旺超市采购订单（订单号：1603）

	商品名称	单位	单价/元	订购数量	金额/元
1	旺旺饼干	箱	486.00	5	2 430
2	联想台式电脑	箱	3 800.00	6	22 800
3	可口可乐	瓶/支	3.00	10	30
	合计				25 260

三、客户资料

客户档案一

<table>
<tr><td>客户编号</td><td colspan="7">20030401</td></tr>
<tr><td>公司名称</td><td colspan="5">华伟商贸有限公司</td><td>代码</td><td>HW</td></tr>
<tr><td>法人代表</td><td>黄××</td><td>家庭地址</td><td colspan="3">××市西湖区高技街翠苑四区4-301</td><td>联系方式</td><td>87535678</td></tr>
<tr><td>证件类型</td><td>营业执照</td><td>证件编号</td><td colspan="3">120109278362905</td><td>营销区域</td><td>杭州市区</td></tr>
<tr><td>公司地址</td><td colspan="3">××市西湖区文一路129号</td><td>邮编</td><td>310010</td><td>联系人</td><td>刘××</td></tr>
<tr><td>办公电话</td><td colspan="2">87530864</td><td>家庭电话</td><td colspan="2">略</td><td>传真号码</td><td>87530865</td></tr>
<tr><td>开户银行</td><td colspan="3">××××银行</td><td>银行账号</td><td colspan="3">62839047352</td></tr>
<tr><td>公司性质</td><td>中外合资</td><td>所属行业</td><td>商业</td><td>注册资金</td><td>200万</td><td>经营范围</td><td>食品、办公用品</td></tr>
<tr><td>信用额度</td><td>8万元</td><td>忠诚度</td><td>一般</td><td>满意度</td><td>较高</td><td>应收账款</td><td>4.8万元</td></tr>
<tr><td>客户类型</td><td colspan="3">普通型</td><td>客户级别</td><td colspan="3">B</td></tr>
<tr><td>建档时间</td><td colspan="3">2003年4月</td><td>维护时间</td><td colspan="3">2012年2月</td></tr>
</table>

客户档案二

<table>
<tr><td>客户编号</td><td colspan="7">20040602</td></tr>
<tr><td>公司名称</td><td colspan="5">旺旺超市</td><td>代码</td><td>WW</td></tr>
<tr><td>法人代表</td><td>王××</td><td>家庭地址</td><td colspan="3">××市拱墅区信义坊6-1-1102</td><td>联系方式</td><td>87654878</td></tr>
<tr><td>证件类型</td><td>营业执照</td><td>证件编号</td><td colspan="3">120108776875375</td><td>营销区域</td><td>拱墅区</td></tr>
<tr><td>公司地址</td><td colspan="3">××市拱墅区湖墅南路154号</td><td>邮编</td><td>310011</td><td>联系人</td><td>王×</td></tr>
<tr><td>办公电话</td><td colspan="2">83976580</td><td>家庭电话</td><td colspan="2">87654996</td><td>传真号码</td><td>83976581</td></tr>
<tr><td>开户银行</td><td colspan="3">××××银行</td><td>银行账号</td><td colspan="3">8654909785</td></tr>
<tr><td>公司性质</td><td>民营</td><td>所属行业</td><td>零售</td><td>注册资金</td><td>80万</td><td>经营范围</td><td>日用品、食品、办公用品</td></tr>
<tr><td>信用额度</td><td>10万元</td><td>忠诚度</td><td>一般</td><td>满意度</td><td>高</td><td>应收账款</td><td>9.8万元</td></tr>
<tr><td>客户类型</td><td colspan="3">普通型</td><td>客户级别</td><td colspan="3">B</td></tr>
<tr><td>建档时间</td><td colspan="3">2004年6月</td><td>维护时间</td><td colspan="3">2012年5月</td></tr>
</table>

客户档案三

客户编号	20030203						
公司名称	家佳福超市				代码	JJF	
法人代表	陈××	家庭地址	××市上城区平海路平海家园5-505			联系方式	83557890
证件类型	营业执照	证件编号	120213432567876			营销区域	上城区
公司地址	××市上城区清泰街204			邮编	310012	联系人	刘×
办公电话	88293647		家庭电话	略		传真号码	88293600
开户银行	××××清泰支行			银行账号	9372528903		
公司性质	民营	所属行业	零售	注册资金	70万	经营范围	日用品、食品、办公用品
信用额度	12万元	忠诚度	一般	满意度	高	应收账款	9.7万元
客户类型	普通			客户级别	B		
建档时间	2003年2月			维护时间	2012年4月		

客户档案四

客户编号	20060504						
公司名称	天天超市				代码	TT	
法人代表	王××	家庭地址	××市下城区和家园5-2-502			联系方式	86554489
证件类型	营业执照	证件编号	120106754788763			营销区域	下城区
公司地址	××市下城区星潮王路243号			邮编	310013	联系人	陈×
办公电话	88654896		家庭电话	略		传真号码	88654897
开户银行	××××银行			银行账号	8643989642		
公司性质	民营	所属行业	零售业	注册资金	400万	经营范围	食品、办公用品
信用额度	50万元	忠诚度	高	满意度	高	应收账款	42万元
客户类型	重点型			客户级别	A		
建档时间	2006年5月			维护时间	2012年2月		

客户档案五

<table>
<tr><td>客户编号</td><td colspan="7">20090105</td></tr>
<tr><td>公司名称</td><td colspan="4">惠民超市</td><td>代码</td><td colspan="2">HM</td></tr>
<tr><td>法人代表</td><td>何××</td><td>家庭地址</td><td colspan="3">××市江干区定海路百年家园 3-301</td><td>联系方式</td><td>83438679</td></tr>
<tr><td>证件类型</td><td>营业执照</td><td>证件编号</td><td colspan="3">120103789346338</td><td>营销区域</td><td>华东地区</td></tr>
<tr><td>公司地址</td><td colspan="3">××市江干区庆春东路 193 号</td><td>邮编</td><td>310014</td><td>联系人</td><td>易××</td></tr>
<tr><td>办公电话</td><td colspan="2">82641893</td><td>家庭电话</td><td colspan="2">略</td><td>传真号码</td><td>82641890</td></tr>
<tr><td>开户银行</td><td colspan="3">××××银行庆春支行</td><td>银行账号</td><td colspan="3">1566331510296580</td></tr>
<tr><td>公司性质</td><td>民营</td><td>所属行业</td><td>零售</td><td>注册资金</td><td>2000 万</td><td>经营范围</td><td>食品、日用百货、办公用品</td></tr>
<tr><td>信用额度</td><td>180 万元</td><td>忠诚度</td><td>高</td><td>满意度</td><td>高</td><td>应收账款</td><td>152.5 元</td></tr>
<tr><td>客户类型</td><td colspan="3">重点型</td><td>客户级别</td><td colspan="3">A</td></tr>
<tr><td>建档时间</td><td colspan="3">2009 年 1 月</td><td>维护时间</td><td colspan="3">2012 年 5 月</td></tr>
</table>

客户档案六

<table>
<tr><td>客户编号</td><td colspan="7">20011206</td></tr>
<tr><td>公司名称</td><td colspan="4">四季青商贸有限公司</td><td>代码</td><td colspan="2">SJQ</td></tr>
<tr><td>法人代表</td><td>聂××</td><td>家庭地址</td><td colspan="3">××市西湖区大华西溪风情别墅 12 号</td><td>联系方式</td><td>87918998</td></tr>
<tr><td>证件类型</td><td>营业执照</td><td>证件编号</td><td colspan="3">120243132587676</td><td>营销区域</td><td>杭州市区</td></tr>
<tr><td>公司地址</td><td colspan="3">××市西湖区体育场路 56 号</td><td>邮编</td><td>310015</td><td>联系人</td><td>葛××</td></tr>
<tr><td>办公电话</td><td colspan="2">83287689</td><td>家庭电话</td><td colspan="2">略</td><td>传真号码</td><td>83287688</td></tr>
<tr><td>开户银行</td><td colspan="3">××××银行</td><td>银行账号</td><td colspan="3">87965687975</td></tr>
<tr><td>公司性质</td><td>中外合资</td><td>所属行业</td><td>商业</td><td>注册资金</td><td>3200 万</td><td>经营范围</td><td>日用品、食品、办公用品</td></tr>
<tr><td>信用额度</td><td>200 万元</td><td>忠诚度</td><td>高</td><td>满意度</td><td>高</td><td>应收账款</td><td>99.5 万元</td></tr>
<tr><td>客户类型</td><td colspan="3">母公司</td><td>客户级别</td><td colspan="3">A</td></tr>
<tr><td>建档时间</td><td colspan="3">2001 年 12 月</td><td>维护时间</td><td colspan="3">2012 年 3 月</td></tr>
</table>

客户档案七

<table>
<tr><td>客户编号</td><td colspan="7">20080807</td></tr>
<tr><td>公司名称</td><td colspan="4">万家乐超市</td><td>代码</td><td colspan="2">WJL</td></tr>
<tr><td>法人代表</td><td>毛××</td><td>家庭地址</td><td colspan="3">××市滨江区江红小区丹霞苑11-2-803</td><td>联系方式</td><td>67655865</td></tr>
<tr><td>证件类型</td><td>营业执照</td><td>证件编号</td><td colspan="3">120108754377888</td><td>营销区域</td><td>滨江、萧山区</td></tr>
<tr><td>公司地址</td><td colspan="3">××市滨江区滨康路 43 号</td><td>邮编</td><td>310019</td><td>联系人</td><td>唐××</td></tr>
<tr><td>办公电话</td><td colspan="2">63876590</td><td>家庭电话</td><td colspan="2">略</td><td>传真号码</td><td>63876591</td></tr>
<tr><td>开户银行</td><td colspan="3">××××银行</td><td>银行账号</td><td colspan="3">5357899765569</td></tr>
<tr><td>公司性质</td><td>中外合资</td><td>所属行业</td><td>零售业</td><td>注册资金</td><td>1600 万</td><td>经营范围</td><td>食品、日用品、办公用品</td></tr>
<tr><td>信用额度</td><td>150 万元</td><td>忠诚度</td><td>一般</td><td>满意度</td><td>高</td><td>应收账款</td><td>125 万元</td></tr>
<tr><td>客户类型</td><td colspan="3">普通型</td><td>客户级别</td><td colspan="3">B</td></tr>
<tr><td>建档时间</td><td colspan="3">2008 年 8 月</td><td>维护时间</td><td colspan="3">2012 年 5 月</td></tr>
</table>

客户档案八

<table>
<tr><td>客户编号</td><td colspan="7">20070708</td></tr>
<tr><td>公司名称</td><td colspan="4">一点红商贸有限公司</td><td>代码</td><td colspan="2">YDH</td></tr>
<tr><td>法人代表</td><td>付×</td><td>家庭地址</td><td colspan="3">××市萧山区红旗家园 2-3-302</td><td>联系方式</td><td>67543885</td></tr>
<tr><td>证件类型</td><td>营业执照</td><td>证件编号</td><td colspan="3">120108765436754</td><td>营销区域</td><td>江浙沪地区</td></tr>
<tr><td>公司地址</td><td colspan="3">××市萧山区市心中路 33 号</td><td>邮编</td><td>310022</td><td>联系人</td><td>吴××</td></tr>
<tr><td>办公电话</td><td colspan="2">66548965</td><td>家庭电话</td><td colspan="2">略</td><td>传真号码</td><td>66548966</td></tr>
<tr><td>开户银行</td><td colspan="3">××××银行</td><td>银行账号</td><td colspan="3">5357865795569</td></tr>
<tr><td>公司性质</td><td>外资</td><td>所属行业</td><td>商业</td><td>注册资金</td><td>600 万</td><td>经营范围</td><td>食品、日用百货、办公用品</td></tr>
<tr><td>信用额度</td><td>15 万元</td><td>忠诚度</td><td>一般</td><td>满意度</td><td>一般</td><td>应收账款</td><td>9.5 万元</td></tr>
<tr><td>客户类型</td><td colspan="3">普通型</td><td>客户级别</td><td colspan="3">B</td></tr>
<tr><td>建档时间</td><td colspan="3">2007 年 7 月</td><td>维护时间</td><td colspan="3">2012 年 3 月</td></tr>
</table>

客户档案九

客户编号	20090809						
公司名称	鼎先商贸有限公司			代码	DS		
法人代表	周××	家庭地址	××市拱墅区湖州街紫荆花园4-201			联系方式	83415468
证件类型	营业执照	证件编号	58966324770041			营销区域	拱墅区
公司地址	××市拱墅区东新路107号			邮编	310016	联系人	王××
办公电话	89912861		家庭电话	略		传真号码	89912880
开户银行	××××银行德胜支行			银行账号	1574784563131450		
公司性质	国有	所属行业	商业	注册资金	400万	经营范围	服装、食品、办公用品
信用额度	15万元	忠诚度	一般	满意度	一般	应收账款	13万元
客户类型	普通型			客户级别	B		
建档时间	2009年8月			维护时间	2012年3月		

客户档案十

客户编号	20050510						
公司名称	零点超市			代码	LD		
法人代表	张××	家庭地址	××市余杭区世纪大道玉园2-302			联系方式	66712398
证件类型	营业执照	证件编号	120105679898388			营销区域	余杭区
公司地址	××市余杭区临平东大街52号			邮编	310033	联系人	谢××
办公电话	63546029		家庭电话	略		传真号码	63546030
开户银行	××××××银行			银行账号	7368203765		
公司性质	中外合作	所属行业	零售	注册资金	60万	经营范围	日用品、食品、办公用品
信用额度	24万元	忠诚度	一般	满意度	高	应收账款	19万元
客户类型	普通型			客户级别	B		
建档时间	2005年5月			维护时间	2012年4月		

四、仓库库存表

重力货架库存表

序号	商品编号	商品名称	货位	数量	单位
1	6921004208601	王老吉凉茶	Z1-01-02-01	10	箱
2	6921004208601	王老吉凉茶	Z1-02-01-01	20	箱
3	6924512320231	红牛方便面	Z1-01-03-02	20	箱
4	6925674823487	戴尔台式电脑	Z1-02-02-02	22	箱
5	6945815421783	喜洋洋背包	Z1-01-02-03	30	箱
6	6941278128971	精灵鼠标	Z1-02-01-03	18	箱

阁楼式货架库存表

序号	商品编号	商品名称	货位	数量	单位
1	6908512108419	可口可乐	G1-01-01-02	18	瓶
2	6901347800053	椰树椰汁	G1-01-02-02	20	瓶
3	6908512109416	雪碧	G1-01-03-02	20	瓶

摘取式电子标签库存表

序号	商品编号	商品名称	货位	数量	单位
1	6922868286874	心相印（优选）面巾纸	D1-01-03-02	19	包
2	6949085300053	尝响油多多超级蛋王	D1-01-05-01	20	个
3	6901236340363	Vida 维达双抽（绵柔）纸面巾	D1-01-01-02	21	包
4	6901236341056	维达纸面巾	D1-01-06-02	20	包
5	6922233613045	五月花盒装面纸	D1-01-06-01	2	盒
6	6922266436192	真真纸手帕（18 包）	D1-01-02-01	12	袋

五、订单有效性判断

订单有效性判断：可的配送中心累计应收账款超过信用额度的 15%，其订单视为无效订单。

六、配送中心与客户距离

可的配送中心到各客户的距离：

例：浙江可的配送中心有额定载重量为 500 千克、$L1600\times W1200\times H1200$（长×宽×高）的 2 辆配送车（实际操作时只配载一辆）可供送货。该配送中心的配送网络如下图所示：

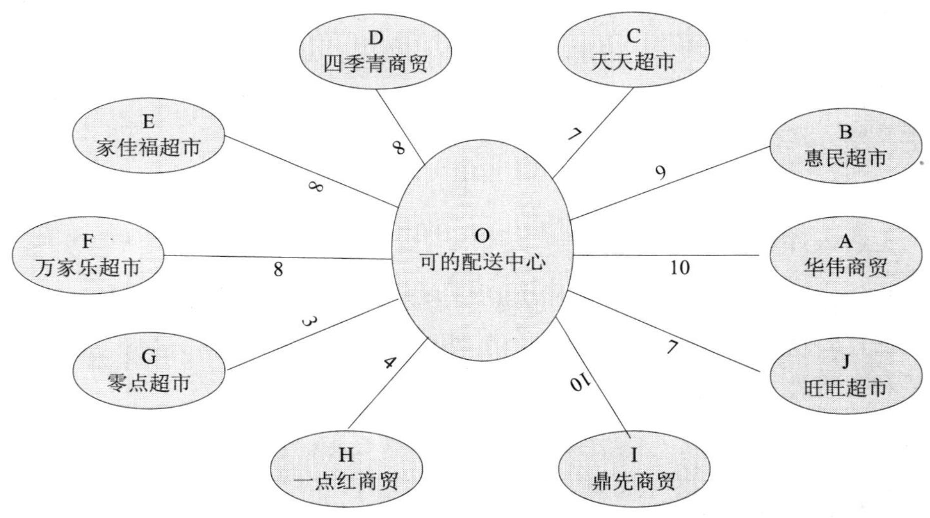

浙江可的配送中心到各客户及两两客户之间的最低里程数值如下表：

	可的配送中心										
华伟商贸	10	华伟商贸									
惠民超市	9	4	惠民超市								
天天超市	7	9	5	天天超市							
四季青商贸	8	14	10	5	四季青商贸						
家佳福超市	8	18	14	9	6	家佳福超市					
万家乐超市	8	18	17	15	13	7	万家乐超市				
零点超市	3	13	12	10	11	11	6	零点超市			
一点红商贸	4	14	13	11	12	12	8	2	一点红商贸		
鼎先商贸	10	11	15	17	18	18	17	11	9	鼎先商贸	
旺旺超市	7	4	8	13	15	15	15	10	11	8	旺旺超市

七、入库任务

1．浙江可的配送中心接到供应商发来的一批货物（入库单号 20130315），货物已通过验收，现在需要进行组托、上架入库至重型货架，其货物名称、规格、数量和包装尺寸见下表：

序号	货品条码	货品名称	单价/（元/箱）	数量/箱	重量/（千克/箱）	外包装尺寸/毫米
1	6921317905038	康师傅矿物质水	24.00	20	13	200×360×270
2	6939261900108	好娃娃薯片	196.00	18	9	330×245×280
3	6901521103123	诚诚油炸花生仁	172.00	46	10	275×215×200
4	6921200101102	旺旺饼干	486.00	26	12	320×220×320
5	6921100369990	联想台式电脑	3 800.00	10	25	595×395×340

2．如上述货物入库后直接码垛存放，已知该仓库的地坪载荷为 2000 千克/米 ^{2}，库高 12 米，且由于包装的原因，堆高限高 3 层，作为仓库的管理人员，如果该批货物堆垛宽度不超过 1 米，请规划出该批货物大概需要多大的储存面积以及规划的货垛的长与宽（只做规划，实施过程中不执行）。

八、设备清单

该配送中心目前配备有下列设备，在方案实施阶段需要下列设备用于货物的装卸搬运及上架。设备种类规格型号及使用成本见下表：

序号	设备名称	设备规格	设备型号	使用成本	可供数量	计费规则
1	托盘	长×宽×高 1 200 毫米×1 000 毫米×150 毫米	托盘	20 元/个	6	按使用个数计算
2	地牛	2 000 千克	手动	0.01 元/辆•秒	1	每种设备只允许租赁二次（入库一次，出库一次）
3	半电动堆高车	载重 1 吨 起升高度 2.5 米	半电动	0.05/辆•秒	1	
4	重型货架	2 排 3 列 3 层货架	重型托盘货架	30 元/个	见货位存储图	按使用个数计算
5	摘取式电子标签及流利式货架	瑞意博 RY10-1360	瑞意博 RY10-1360	免费	1 组	
6	播种式电子标签及货架	瑞意博 RY10-1350	瑞意博 RY10-1350	免费	1 组	
7	阁楼货架			免费	1 组	模拟
8	计算机	PC 机	DELL330	免费	1 台	
9	WMS 系统	中诺思 WMS	V2.0	免费	1 套	
10	手持终端	M0T0	C500W	免费	1 台	队员都可使用
11	条形码标签纸	104×45		10 元/组	50 张	托盘、周转箱条码标签需要自己打印，按实际使用数量计费
12	无动力滚筒输送机	*L*1500×*W*550×*H*750		免费	1 套	
13	半自动传输机	*L*4500×*W*550×*H*750		免费	1 套	输送摘取式电子标签货架拣选的货物

序号	设备名称	设备规格	设备型号	使用成本	可供数量	计费规则
14	简易配送车	L1600×W1200×H1200	载重量 500 千克	0.05 元/辆·秒	1 辆	从租赁开始计费直到比赛结束
15	折板箱	L590×W400×H350	塑料折板箱	免费	10 个	
16	周转箱	L602×W402×H267	塑料周转箱	免费	4 个	
17	手推车	50 千克	ST50	免费	1 辆	
18	人工费成本	主管一人、仓库管理员二人		0.05 元/人 秒	3 人	从方案实施比赛计费直到比赛结束
19	超常租赁成本	增加一次租赁设备的费用		50 元/次		第一次租赁免费，以后每增加一次租赁，增加 50 元/次的成本

注意：

1．设备使用时应按照相关设备的操作规程进行。

2．托盘长距离移动应使用地牛拖拉。托盘上不允许货物间堆压混装。

3．电动堆高车仅允许在仓储区和托盘交接区使用。使用时注意安全。

4．拖拉地牛时不允许跑动。

5．手持终端设备使用时轻拿轻放，手持终端传递信息需要一定时间，请不要反复按键，以免死机。

6．方案实施完成时，所有设备必须放回设备存放区，空托盘放回托盘存放区。

7．托盘编码 10000001-10000009；周转箱编码 20000001-20000005。购买条码 10 元/组（每组两个条码），在实施储配方案时粘贴条码。

8．重型货架说明：2 排 3 列 3 层货架。货位条码编制规则为库区、排、列、层 4 号定位法，如 Z1020103，代表的信息是 Z1 库区第 2 排第 1 列第 3 层。各参赛队所在赛区均指定为 Z1 库区。

九、重型货架库存图

精灵鼠标
Z1-02-03-03
Z1-02-02-03
Z1-02-01-03
戴尔台式电脑
Z1-02-03-02
Z1=02=02=02
Z1=02=01=02
王老吉凉茶
Z1-02-03-01
Z1-02-02-01
Z1-02-01-01
A
A
B
喜洋洋背包
Z1-01-01-03
Z1-01-02-03
Z1-01-03-03
红牛方便面
Z1-01-01-02
Z1-01-02-02
Z1-01-03-03
王老吉凉茶
Z1-01-01-01
Z1-01-01-02
Z1-01-01-03
B

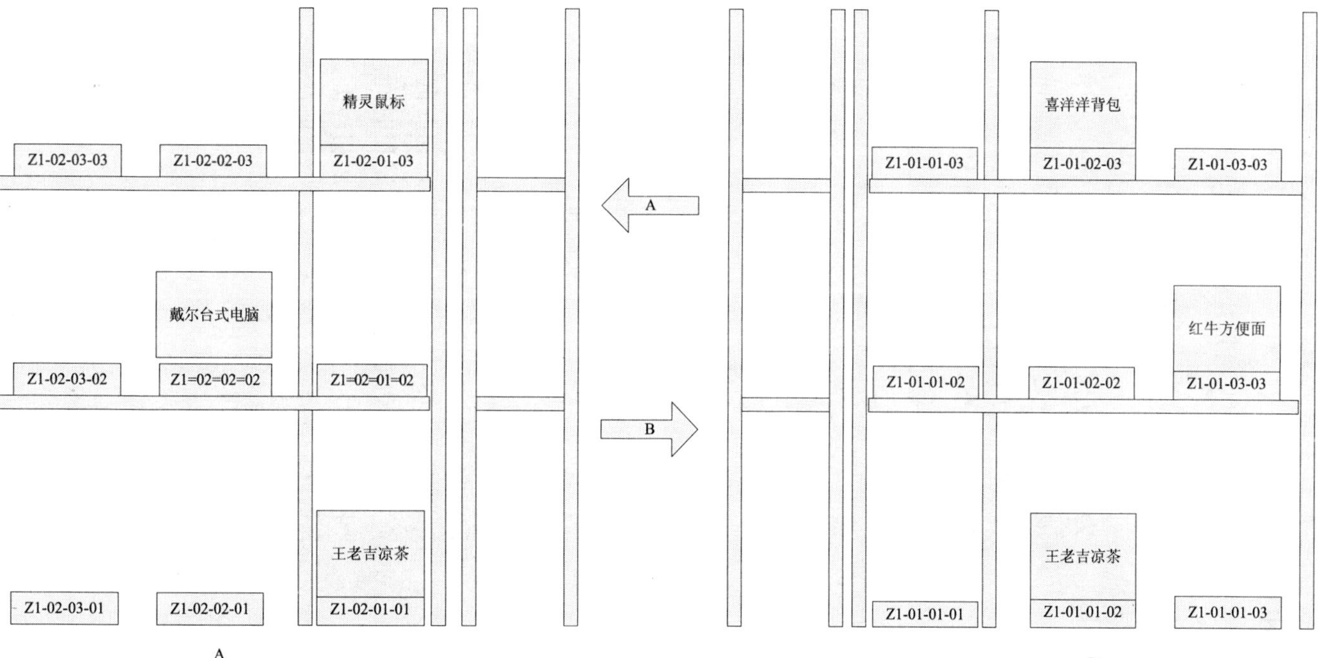

十、租赁申请书

租赁申请书

为完成储配作业第____参赛队特此申请租赁
地牛______（台），　　　　　　租赁起始时间：
叉车半电动堆高车（台），　租赁起始时间：
托盘_____（个），　　　　　　租赁起始时间：
简易配送车_____（台），　　　租赁起始时间：

申请人签字：　　　　　　　　　　裁判签字：

退　租

地牛______（台），　　　　　　退租时间：
叉车半电动堆高车（台），　退租时间：
托盘_____（个），　　　　　　退租时间：
简易配送车_____（台），　　　退租时间：

申请人签字：　　　　　　　　　　裁判签字：

参考文献

[1] 季敏. 仓储与配送管理实务[M]. 北京：北京大学出版社，2011.
[2] 郑丽. 仓储与配送管理实务[M]. 北京：清华大学出版社，2014.
[3] 李怀湘. 仓储管理实务[M]. 北京：北京大学出版社，2011.
[4] 张卓远. 仓储管理实务[M]. 北京：航空工业出版社，2012.
[5] 张向春. 仓储管理实务[M]. 北京：北京理工大学出版社，2012.
[6] 张莉. 现代物流管理[M]. 沈阳：东北大学出版社，2014.
[7] 姜苹. 仓储与配送管理[M]. 青岛：中国海洋大学出版社，2011.
[8] 薛威. 仓储作业管理[M]. 北京：高等教育出版社，2012.
[9] 刘彦平. 仓储与配送管理[M]. 北京：电子工业出版社，2011.
[10] 唐秀丽. 物流仓储管理[M]. 上海：上海交通大学出版社，2013.
[11] 王郁葱. 仓储操作与管理[M]. 北京：中国铁道出版社，2013.
[12] 李陶然. 仓储与配送管理实务[M]. 北京：北京大学出版社，2012.
[13] 蓝仁昌. 仓储与配送实务[M]. 北京：中国物资出版社，2011.
[14] 钱芝网. 仓储管理实务情景实训[M]. 北京：电子工业出版社，2011.
[15] 钱廷仙. 现代物流管理[M]. 北京：高等教育出版社，2012.
[16] 宋文官. 物流基础[M]. 北京：高等教育出版社，2012.
[17] 田源. 仓储管理[M]. 北京：机械工业出版社，2009.
[18] 许宝良. 商品保管与配送[M]. 北京：高等教育出版社，2012.
[19] 郑丽. 配送作业与管理[M]. 北京：中国传媒大学出版社，2011.
[20] 吉亮. 仓储与配送管理[M]. 北京：北京大学出版社，中国农业大学出版社，2010.
[21] 马跃月. 物流管理与实训[M]. 北京：清华大学出版社，2013.
[22] 李永生，郑文岭. 仓储与配送管理 [M]. 北京：机械工业出版社，2011.
[23] 高等职业院校技能大赛现代物流储配作业优化设计和实施赛项竞赛规程.